Bärbel Schwertfeger/Norbert Lewandowski
Die Körpersprache der Bosse

Bärbel Schwertfeger/Norbert Lewandowski

Die
Körpersprache
der Bosse

ECON Verlag
Düsseldorf · Wien · New York

CIP-Titelaufnahme der Deutschen Bibliothek

Schwertfeger, Bärbel:
Die Körpersprache der Bosse / Bärbel Schwertfeger; Norbert
Lewandowski. – Düsseldorf; Wien; New York: ECON Verl.,
1990
ISBN 3-430-18231-X
NE: Lewandowski, Norbert:

Gesetzt aus der Times der Fa. Berthold
Satz: Dörlemann-Satz, Lemförde
Papier: Papierfabrik Schleipen GmbH, Bad Dürkheim
Druck und Bindearbeiten: Ebner Ulm
Printed in Germany
ISBN 3-430-18231-X

Inhalt

Vorwort

Der Boß: Was er sagt, das meint er nicht. Und was er meint, das sagt er nicht. Aber sein Körper verrät ihn.

Körpersprache – der Schlüssel zu einer besseren Menschenkenntnis? Seit jeher will der Mensch wissen, was in seinem Gesprächspartner vor sich geht, was dieser denkt und fühlt. Nach wie vor besteht dabei die bereits von Darwin vertretene Auffassung, Sprache drücke die Gedanken, der Körper dagegen die Gefühle aus. Während sich die psychologische Schule mit der Körpersprache des einzelnen Menschen befaßt und in ihr den Ausdruck von Gefühlen sieht, ist vor etwa vierzig Jahren eine andere Sicht menschlichen Verhaltens aufgekommen. Im Mittelpunkt der Kommunikationsforschung steht nicht mehr die Deutung einzelner körpersprachlicher Signale, sondern ihre Bedeutung in sozialen Prozessen. Die Grundannahme dieser Betrachtungsweise ist, daß menschliches Verhalten stets im sozialen Kontext auftritt und deshalb abhängig von der Situation und den beteiligten Personen ist.

Damit hat Körpersprache immer auch eine soziale und kommunikative Komponente. Sie dient dazu, menschliches Verhalten zu regulieren und somit die bestehende soziale Ordnung innerhalb einer Gesellschaft festzulegen und aufrechtzuerhalten. Wer Macht hat, demonstriert dies auch mit seiner Körpersprache und sorgt mit einer Fülle scheinbar unwichtiger Kleinigkeiten dafür, daß seine Position unantastbar bleibt. Wortlose Mittel, wie ein strenger Blick, eine kurze Berührung, eine Handbewegung, sichern die Position und verweisen untergeordnete Personen in ihre Schranken.

Häufig ist das Machtwort erst das letzte Mittel der Wahl. Nur wenn der Einsatz der wortlosen Mittel erfolglos war, versucht man es mit der Kraft der Worte. So spiegelt sich im Beisammensein mehrerer Menschen stets wider, wer weiter oben und weiter unten ist, wer »das Sagen« hat – auch wenn er nichts sagt.

7

Ist Körpersprache also ein Schlüssel zur Macht? Wer die Mächtigen in Politik und Wirtschaft beobachtet, der erkennt, wie eng der Zusammenhang von Macht und Körpersprache tatsächlich ist. Mächtige Personen gestalten die Umgebung ihrer Position entsprechend und sorgen häufig bis ins kleinste Detail dafür, daß ihre Machtstellung durch nichts gefährdet wird. Trotzdem bleiben auch sie Menschen, in deren Körpersprache sich hin und wieder unbeabsichtigt Schwäche oder Unsicherheit ausdrücken. Körpersprache läßt sich weit schwerer kontrollieren, als man denkt. Sie ist daher vielfach ehrlicher als die Sprache. In ihr drücken sich jedoch nicht nur Gefühle aus, sie gibt auch wichtige Aufschlüsse über die soziale Stellung einer Person.

Dennoch ist das Interesse an der Körpersprache leider recht einseitig gefärbt; man glaubt, anhand eines bestimmten körpersprachlichen Signals sein Gegenüber zu durchschauen, und immer noch geistern diese scheinbar allgemeingültigen Interpretationen durch die Literatur wie: Wer seine Arme verschränkt, gilt als verschlossen, wer sich an der Nase reibt, hegt Zweifel, und wer seine Beine beim Sitzen übereinanderschlägt, ist verspannt.

Eine solche Betrachtungsweise ist jedoch naiv und eindimensional. Sie vernachlässigt die wichtigen Zusammenhänge zwischen der Körpersprache und der jeweiligen Situation, in der sie auftritt, die Beziehung der beiden Kommunikationspartner zueinander sowie die Bedeutung der sie begleitenden gesprochenen Sprache.

Wer sich von diesem Buch ein Lexikon körpersprachlicher Signale erhofft, das ihm zu einer besseren Taxierung seiner Mitmenschen verhilft, sei daher auf eine Enttäuschung vorbereitet.

Körpersprache ist eine sehr komplexe Sprache. Sie ist so etwas wie ein geheimer Code, den jeder versteht, aber keiner kennt und erklären kann. Absicht dieses Buches ist es nicht, die Körpersprache der Bosse eindeutig zu interpretieren, sondern die Leser auf die Zusammenhänge von Körpersprache und Macht aufmerksam zu machen und sie zu genaueren Beobachtungen anzuregen.

Dabei umfaßt Körpersprache in diesem Buch weit mehr als nur die klassischen Kategorien Körperhaltung, Gestik, Mimik und Blickkontakt. Berücksichtigt werden auch Aspekte wie der Umgang mit Raum und Zeit, die Kleidung, die verschiedenen Arten der Berührungen, der Klang der Stimme, Gesellschaftsspiele, sogar das Machtgebaren der Kirche: ein Kaleidoskop von Untersuchungen, Beobachtungen, Portraits und auch ungewöhnlichen Spielarten der Macht.

Der erste Teil des Buches soll dem Leser einen Einblick in die theoretischen Grundlagen der Körpersprache geben. Inhalt des zweiten Teils sind die Körpersignale der Macht – Beispiele von Politikern und Wirtschaftsbossen.

Der dritte Teil gibt Anregungen, wie man selbst sinnvoll mit dem neu erworbenen Wissen umgehen kann. Dazu gehören eine Anzahl von Übungen sowie ein Überblick darüber, was ein Körpersprachetraining leisten kann.

Wer sich intensiver mit dem Thema Körpersprache beschäftigt, dem wird sich eine neue Welt erschließen. Er wird andere, aber auch sich selbst aufmerksamer beobachten und feststellen, welche faszinierenden Informationen ihm die Sprache des Körpers vermittelt. Dabei ist dieses Buch eine wertvolle Hilfe – eine Art Entdeckungsreise durch die seltsame und manchmal absurde Welt der Chefetagen.

I.
Wissen ist Macht

1.
Körpersprache – ein geheimer Code?

Warum finden wir einen fremden Menschen auf Anhieb sympathisch oder unsympathisch? Warum vertrauen wir einem Menschen beinahe blindlings, während wir einem anderen gegenüber scheinbar grundlos mißtrauisch sind? Warum wirken manche Menschen überzeugend und glaubwürdig, andere nicht? Wie entsteht der erste Eindruck, den wir uns von einer Person machen und an dem wir so häufig verbissen festhalten, auch wenn er sich im nachhinein als falsch erweist?

Führt uns eine gute Menschenkenntnis – was auch immer das sein mag – oder eine unerklärliche Intuition aus den Tiefen unserer Seele zu unseren Bewertungen?

Vieles von dem, was wir als Intuition bezeichnen, ist nichts weiter als die unterschwellige und unterbewußte Wahrnehmung körpersprachlicher Signale. Wie zahlreiche Untersuchungen zeigten, werden körpersprachliche Signale viel schneller und instinktiver als sprachliche Signale wahrgenommen. So reicht in der Regel bereits 1/24 Sekunde aus, um den Gesichtsausdruck einer Person richtig wahrzunehmen und zu identifizieren. Die schnelle Wahrnehmung ist auch notwendig, um die Fülle der körpersprachlichen Signale überhaupt verarbeiten zu können. Denn im Kontakt mit einem anderen Menschen werden wir unaufhörlich mit solchen Signalen bombardiert, da der Mensch zwar aufhören kann zu sprechen, aber niemals aufhören kann, mit seinem Körper zu kommunizieren. Egal, wie sich eine Person verhält, durch ihre Haltung, Gestik, Mimik oder ihren Tonfall liefert sie ständig neue Informationen. Auch wenn ihr Gesicht maskenhaft, ihre Haltung steif und ihre Stimme monoton ist, beinhalten diese Signale Informationen, die beim Gesprächspartner bestimmte Empfindungen auslösen. Dazu kommt, daß Körpersprache sehr viel schwerer zu kontrollieren und zu manipulieren ist, als vielfach angenommen wird. Deshalb zeigen sich gerade hier oft – wenn auch ungewollt – die echten Gefühle und Einstellungen. Die

12

Kontrolle der eigenen Körpersprache ist nur begrenzt möglich, und je mehr eine Person ihre Körpersprache kontrolliert oder zu kontrollieren versucht, um so genauer wird auch die Wahrnehmung des Kommunikationspartners. Dann deuten häufig Winzigkeiten, wie beispielsweise ein Zucken der Mundwinkel, auf die Unsicherheit einer auf den ersten Blick selbstsicher wirkenden Person hin. So hieß es etwa in einer Berichterstattung zum US-Wahlkampf 1988 in der *Süddeutschen Zeitung*:»Allenfalls an seinem tanzenden Adamsapfel konnte das Zoomobjektiv der Fernsehkamera beobachten, wie sehr ihm das Bohren der Journalisten zusetzte. Ansonsten blieb der junge Senator cool, ja staatsmännisch. Die blauen Augen blickten fest in das Antlitz der Nation; die Handbewegungen suggerierten Manneskraft und Disziplin.«

Auch gute Menschenkenntnis ist häufig nichts anderes als die präzise – den Betroffenen allerdings oft nicht bewußte – Wahrnehmung körpersprachlicher Signale. Sie reagieren dabei häufig unbewußt auf ihrerseits unbewußt gesendete Signale. So wird guten Pokerspielern nachgesagt, daß ihr Glück im Spiel unter anderem auch auf der exakten Beobachtung der Pupillen ihrer Gegner beruht. Wenn das Auge etwas Angenehmes oder Erfreuliches – wie etwa ein gutes Blatt – wahrnimmt, erweitert sich automatisch die Pupille. Diese Reaktion erfolgt unbewußt und läßt sich nicht steuern. Ein Spieler, der nun auch unbewußt diese Reaktion bei seinem Mitspieler wahrnimmt, kann diesen besser einschätzen und hat damit größere Chancen, das Spiel zu gewinnen. Dabei ist sich in der Regel keiner der beiden Spieler dieser Vorgänge bewußt.

Auch von arabischen Kaufleuten sagt man, daß sie das Interesse eines potentiellen Käufers an der Größe seiner Pupillen erkennen und ihren Preis dementsprechend festlegen. Ein bekanntes Beispiel für die Wahrnehmung minimaler Ausdrucksignale hat der deutsche Psychologe Pfungst 1907 in seinem Buch über »Das Pferd des Herrn von Osten – der kluge Hans« beschrieben. Das Pferd mit dem Namen »Kluger Hans« sorgte damals aufgrund seiner außergewöhnlichen Klugheit für Aufsehen. Hans beherrschte die Grundzahlen von 1 bis 100, kannte den Wert sämtlicher deutscher Münzen und hatte den gesamten Kalender des laufenden Jahres im Kopf. Jede ihm gestellte Rechenaufgabe löste das Pferd, indem es dem Fragesteller das Ergebnis durch Aufklopfen mit dem rechten Vorderfuß anzeigte. Der Psychologe Pfungst, der dem Geheimnis des klugen Pferdes auf den Grund ging, fand heraus, daß das Pferd immer dann versagte, wenn der Fragesteller selbst die Antwort auf seine Frage nicht wußte. Weitere Beobachtungen ergaben, daß das Pferd in Wirklichkeit nicht rechnen konnte, sondern lediglich auf Veränderungen der Kopfhaltung bei den Fragestellern reagierte. Stellten diese ihre Aufgabe, so beugten sie nämlich ihren Kopf und ihren Oberkörper leicht nach vorn – wohl auch, um die Antwort, die das Pferd mit seinem Vorderfuß gab, zu sehen. Daraufhin begann das Tier mit seinem Vorderfuß zu klopfen. War die richtige Anzahl erreicht, bewegten sie ihren Kopf minimal zurück. Auf dieses Signal reagierte das Pferd und hörte mit dem Klopfen auf. Zahlreiche Untersuchungen belegen, daß die Hypothese der Reaktion auf minimale Ausdrucksbewegungen auch beim Menschen gültig ist. Neuere Forschungen zeigen immer deutlicher den Zusammenhang von gedanklichen und physiologischen Prozessen. Bestimmte gedankliche Einstellungen spiegeln sich nicht nur in der Körpersprache wider, sie können sogar körperliche Krankheiten mitverursachen. Andererseits kann die Kraft der Gedanken auch zu – rein medizinisch bisher unerklärlichen – körperlichen Heilungsprozessen führen. Aufgrund des engen Zusammenhangs von Körper und Geist erscheint auch die Theorie, nach der sich jeder Gedanke und jede Vorstellung eines Menschen in minimalen Muskelbewegungen äußern, als durchaus plausibel.

Es läßt sich daher kaum erahnen, wie häufig solche minimalen und unwillkürlichen Ausdrucksbewegungen Ursache für unsere manchmal so unerklärlichen Intuitionen sind. Viele dieser wertvollen Informationen gehen in unserer sprachgläubigen Gesellschaft verloren. Denn die Überbetonung der Sprache führt mehr und mehr zu einer Verkümmerung unserer Wahrnehmung. Für viele Menschen zählen nur die Worte. An sprachlichen Aussagen wird selten gezweifelt, auch wenn die Person körpersprachlich etwas anderes ausdrückt. Was bleibt, ist bestenfalls ein flaues Gefühl, daß irgend etwas nicht stimmt. Besonders Wortgläubige nehmen nicht einmal mehr dieses wahr. Wer jedoch die Signale der Körpersprache nicht beachtet, dem gehen wertvolle Informationen verloren, ohne die eine erfolgreiche Kommunikation erheblich erschwert wird.

Wie aber läßt sich nun der geheime Code der Körpersprache entschlüsseln? Körpersprache ist ein sehr vielschichtiges Kommunikationsmittel. Dementsprechend unterschiedlich sind auch ihre Verwendungsbereiche. Körpersprachliche Signale können Ausdruck von Gefühlen wie Angst, Wut, Müdigkeit oder Freude sein. Manche dieser Gefühle sind unmittelbare physiologische Reaktionen auf äußerliche Reize – wie beispielsweise Ekel, wenn man etwas Widerliches gegessen hat –, ohne daß der Sender damit anderen irgend etwas mitteilen will. Die Äußerung von Gefühlen kann aber auch ein soziales Signal sein, um etwa dem Partner seinen Ärger mitzuteilen. Schließlich können Gefühlsäußerungen bewußt eingesetzt werden, um beim anderen einen bestimmten Eindruck zu erwecken. Dabei spiegeln diese Signale nicht immer den tatsächlichen emotionalen Zustand einer Person wider, wie zum Beispiel übertriebene Herzlichkeit oder gespielte Überraschung.

Körpersprachliche Zeichen beinhalten auch Mitteilungen über die Persönlichkeit eines Menschen. Allerdings gibt es für den Begriff Persönlichkeit keine einheitliche Definition. Die Persönlichkeit eines Menschen umfaßt daher je nach Betrachtungsweise verschiedene Dimensionen. Dazu gehören zunächst einmal die – nur in Grenzen manipulierbaren – Merkmale wie Körperbau, Größe, Hautfarbe, Alter und Geschlecht. Weitere Aspekte sind die soziale Rolle einer Person, ihre gesellschaftliche Position, ihr Beruf und ihre Religion. Psychologen verstehen Persönlichkeit meist im Sinne von Wesenszügen, wie etwa Extraversion und Introversion, Dominanz oder Ängstlichkeit. Persönlichkeitsmerkmale erzeugen wiederum nonverbale Signale ohne jede Mitteilungsabsicht. Ein nervöser oder ängstlicher Mensch zittert, ein aufgeregter Mensch bekommt einen roten Kopf oder feuchte Hände. Andere körpersprachliche Signale werden dagegen gezielt zur Selbstdarstellung eingesetzt. Dazu gehört insbesondere die äußere Erscheinung, aber auch der allgemeine Verhaltensstil. Wiederum andere Funktionen übernimmt die Körpersprache im Zusammenspiel mit der Sprache.

Körpersprache dient aber auch der Mitteilung von Einstellungen anderen Menschen gegenüber. Körpersprachliche Zeichen signalisieren, ob man einer Person freundlich oder feindlich gegenübersteht, überlegen oder unterlegen ist. Dabei sind nonverbale Signale – wie zahlreiche Experimente zeigten – weitaus wirksamer als gleichbedeutende verbale Signale. Der Ausdruck von zwischenmenschlichen Einstellungen – und damit auch von Machtverhältnissen durch die Körpersprache – ist Schwerpunkt dieses Buches.

Aufgrund der Vielfalt der Funktionen von Körpersprache innerhalb der menschlichen Kommunikation läßt sich erkennen, daß es keine eindeutigen und allgemeingültigen Interpretationen geben kann. Die Deutung körpersprachlicher Signale ist stets abhängig von der Person, die sie zeigt, und von der Situation, in der sie auftritt. Wer also auf die Richtigkeit vermeintlicher Lexika über die Körpersprache schwört, der erreicht lediglich eins: Er schränkt seine in der Regel verbesserungsbedürftige Wahrnehmung noch mehr ein. Denn er neigt dazu – von der Allgemeingültigkeit der angebotenen Deutungen überzeugt –, ein bestimmtes körpersprachliches Signal automatisch mit der entsprechenden Interpretation zu verknüpfen und die betreffende Person danach zu beurteilen und zu behandeln. Eine Überprüfung der Richtigkeit der Deutung erfolgt meist nicht. Die Folge sind häufig mehr oder weniger schwere Kommunikationsstörungen. So werden etwa verschränkte Arme als eindeutiges Signal für die Verschlossenheit des Gesprächspartners gedeutet. Im schlimmsten Fall bricht der Betroffene aufgrund dieser Erkenntnis das Gespräch ab – auch wenn diese Interpretation hier falsch ist. Der Kontakt ist gestört, zumal der vermeintlich verschlossene Gesprächspartner seinerseits nicht den Grund für den Abbruch kennt.

Wer daher Körpersprache richtig verstehen will, der muß stets mehrere Deutungsmöglichkeiten in Kauf nehmen. Nicht nur Person und Situation beeinflussen die Bedeutung einzelner Signale, auch die Fehlerquellen bei der Deutung sind vielfältig. Wird beispielsweise ein einziges Signal in der Fülle der abgegebenen Signale übersehen – etwa ein kurzes Lächeln in einer ernsten Ansprache –, verändert sich der Gesamteindruck. Oft werden

Signale fälschlicherweise auf die gegenwärtige Situation bezogen, während der Gesprächspartner vielleicht gerade mit seinen Gedanken ganz woanders ist. Ein abwesender Blick muß daher nicht zwangsläufig Desinteresse signalisieren. Ebenso können Wörter oder Namen beim Gesprächspartner angenehme oder unangenehme Assoziationen auslösen, die jedoch mit der augenblicklichen Situation nichts zu tun haben. Schließlich kann es sein, daß körpersprachliche Signale gar keine besondere Bedeutung haben: Man kneift die Augen zusammen, weil die Sonne blendet.

Möglichkeiten für Mißverständnisse gibt es viele, Garantien für die Richtigkeit der Deutung dagegen äußerst selten. Dazu kommt, daß körpersprachliche Signale häufig unbewußt und ungewollt gesendet werden und so manchmal eine Empfindung widerspiegeln, die der Betroffene gerade nicht zeigen will. Spricht man ihn daher darauf an, fühlt er sich ertappt und streitet vehement alles ab. Was bleibt, ist meist ein Gefühl der Unsicherheit. Wem soll man nun vertrauen – der eigenen Wahrnehmung oder den Beteuerungen des anderen, das wahrgenommene Signal gar nicht gezeigt zu haben? Wichtigstes Kriterium ist hier sicher die Art der Beziehung zum Gesprächspartner. Dabei wird der Grad der Offenheit um so geringer, je formeller und distanzierter die Beziehung zweier Personen ist und um so mehr die Personen darauf bedacht sind, das Bild, das andere von ihnen haben sollen, zu bewahren.

2.
Zerbrechliche Fassaden

»Dicht dahinter . . . füllt die luxuriöse, von acht Trägern getragene
Sänfte des Mandarins den freien Straßenraum. Er ist der Bürgermeister der Stadt, und für alle praktischen Bereiche ihr höchster
Machthaber. Er hat die ideale Erscheinung eines Beamten, denn
er ist von großer und umfangreicher Gestalt und besitzt zugleich
jenen strengen, kompromißlosen Gesichtsausdruck, der für jeden
Beamten, der seine Untergebenen in Zucht halten will, als uner-
läßlich gilt. Er wirkt streng und abweisend, als sei er auf dem Weg
zum Richtplatz, um einen Verbrecher enthaupten zu lassen. Das
ist das Gehabe, das ein Mandarin zur Schau trägt, wenn er sich in
der Öffentlichkeit sehen läßt.« (J. Macgowan, 1908)

Der Mandarin, der hier durch die Straßen einer chinesischen
Stadt getragen wird, spielt seine Rolle gut. Erscheinung und Verhalten stimmen überein und entsprechen den Erwartungen des
Publikums. Aber nicht nur mächtige Personen sind darauf bedacht, bei ihren Mitmenschen einen bestimmten Eindruck zu
hinterlassen. Jeder Mensch verhält sich so, daß bei der anderen
Person der von ihm gewünschte Eindruck erweckt wird, der seinerseits wiederum die erwünschte Reaktion dieser Personen bewirken
soll. So spielen wir alle ein bißchen Theater. Die Selbstdarstellung
erfolgt dabei mehr oder weniger bewußt. Während sich viele
Menschen dabei von unbewußten Wünschen leiten lassen (ich
möchte klug und beliebt sein), schreiben soziale Positionen meist
eine bestimmte Art der Selbstdarstellung vor. Ein Geschäftsführer gibt sich kompetent und souverän, eine Sekretärin freundlich
und hilfsbereit, eine Lehrerin aufmerksam und korrekt, ein Psychologe verständnisvoll und einfühlsam.
    Je höher die Position innerhalb der gesellschaftlichen Hierar-
chie angesiedelt ist, desto genauer sind dabei die Vorschriften und
je mehr negative Folgen zieht ein Aus-der-Rolle-Fallen nach sich.
    Wer seine Rolle spielt, der möchte, daß seine Zuschauer den

Die Erniedrigung – auch körperlich: Ein Foto aus dem China der Jahrhundertwende. Der Mann muß niederknien, mit allen vieren auf die Erde. Er ist mit einer Kette wie ein Hund gefesselt, seine Augen sind voller Entsetzen aufgerissen. Ein Ausdruck von Angst und Ohnmacht.
Quelle: Historia-Photo, Hamburg

Eindruck, den er bei ihnen hervorruft oder hervorrufen möchte, auch ernst nehmen. Er möchte so behandelt werden wie eine Person, die die Eigenschaften besitzt, die er zu besitzen scheint. Manchmal übertrifft allerdings der Schein das Sein, und solche Personen werden meist nicht ernst genommen. Handelt es sich bei dem gezeigten Verhalten um ein standardisiertes Ausdrucksrepertoire, das der Betroffene stets vor einem bestimmten Publikum unbewußt oder bewußt anwendet, ist diese Darstellung so etwas wie eine Fassade.

Jede Fassade besteht aus mehreren Elementen. Da gibt es zunächst einmal das »Bühnenbild«. Dazu gehören der Raum und die Raumausstattung sowie die Anordnung der vorhandenen Requisiten. Um die Feierlichkeit und die Bedeutung einer Person und Situation zu unterstreichen, werden offizielle Empfänge in prunkvollen Empfangssälen abgehalten. Je bedeutender der Gast, um so exklusiver und eleganter sind dabei die Räumlichkeiten, in denen er sich bewegt. Sie bilden so das passende Bühnenbild für seinen Auftritt. Meist ist das Bühnenbild unbeweglich, so daß die Personen mit ihrer Vorstellung erst beginnen können, wenn sie sich an den geeigneten Ort begeben haben.

Aber auch Konferenzen und Besprechungen finden in der Regel stets in den gleichen, eigens dafür eingerichteten Räumen statt, und jeder Teilnehmer weiß, wo sein Platz ist. Veränderungen in der gewohnten Ordnung sorgen zunächst einmal für Verwirrung, wie das folgende Beispiel zeigt: Die Unterlagen liegen bereits auf dem großen Tisch, Mineralwasser und Säfte sind bereitgestellt. Es ist etwas eng geworden, da noch wichtige Gäste teilnehmen. Aber es wird schon gehen, man rückt eben ein bißchen zusammen. Der Vorstandsvorsitzende – immerhin Chef eines bedeutenden High-Tech-Unternehmens – hat alle begrüßt, nach den üblichen Regularien geht's zur Sache. Plötzlich öffnet sich die Tür des Konferenzzimmers und mit einer wirkungsvollen zwanzigminütigen Verspätung betritt der mehrheitliche Anteilseigner den Raum. Man ist überrascht. Das hat er noch nicht häufig gemacht. Der Vorstandsvorsitzende rückt leicht verärgert seinen Stuhl zurück, steht auf, begrüßt den Boß der Bosse und stellt die Gäste vor. Peinlich wird es erst bei einer vermeintlichen Marginalie: Leider hat sich einer der Fremden auf den Platz gesetzt, auf dem noch vor einigen Jahren der Eigentümer saß. Und nun steht der alte Herr stumm davor und erwartet, daß der Gast aufsteht – nur, der weiß überhaupt nicht, daß hier früher der Boß saß. Der Vorstandsvorsitzende rettet die Situation. Er bietet dem Seniorchef seinen Platz an und rückt einen Stuhl für sich zwischen die anderen Konferenzteilnehmer.

Neben den szenischen Komponenten des Ausdrucksrepertoires gibt es jene Ausdrucksmittel, die der Zuschauer am stärksten mit dem Darsteller selbst identifiziert. Zu dieser persönlichen Fassade gehört neben der Kleidung, dem Geschlecht, dem Alter, der Größe und bestimmten Rangabzeichen auch die Körpersprache. Sie ist das unbeständigste Merkmal der Fassade. Denn während Kriterien, wie etwa Geschlecht oder Größe, konstant sind, verändern sich Mimik und Gestik von einem Augenblick zum anderen. Bei der persönlichen Fassade muß daher zusätzlich zwischen Erscheinung und Verhalten unterschieden werden. Die Erscheinung – insbesondere die Kleidung – informiert über den sozialen Status des Darstellers. Zwar sind die Kleiderordnungen heute nicht mehr so streng wie im Mittelalter, wo man sogar an der

Anzahl der Knöpfe den Stand des Trägers erkennen konnte, aber Kleider machen noch immer Leute.

Die richtige Erscheinung ist es denn auch, mit der manche Manager und Politiker eine Aura von Kompetenz verbreiten. Damit verbergen sie häufig die Tatsache, daß sie ihre Stellung allein dem Umstand verdanken, wie ein Manager oder Politiker auszusehen, aber nicht wie ein Manager oder Politiker handeln zu können. Diese Menschen sind gar nicht so selten. In fast jedem größeren Unternehmen findet sich mindestens ein(e) solche(r) Mann/Frau.

Interessanterweise werden nicht selten gerade den Personen, denen die für ihre Position notwendigen Qualifikationen in auffälliger Weise fehlen, unter dem Aufwand großer Publizität repräsentative Positionen im öffentlichen Leben zugewiesen.

Die Praxis, einen sogenannten »verdienten« Mitarbeiter auf einen anderen wichtigen Stuhl wegzuloben (auf dem er manchmal auch mehr verdienen kann: Schweigegeld?), ist ein sehr beliebtes Ringelspiel in der Politik. Wobei gesagt werden muß, daß nicht alle Personen, die ihre »Stühle« wechseln, durchweg Versager sind. Wäre es sonst vorstellbar, daß ein »in allen Ehren verabschiedeter« bayerischer Finanzminister Chef einer großen bayerischen Bank wird oder daß Regierungssprecher, die in ihrem Amt nicht gerade das glücklichste Händchen hatten, andere attraktive Posten bekommen?

Doch die richtige Erscheinung allein macht noch keine Persönlichkeit. Gleichzeitig wird eine Übereinstimmung zwischen der Erscheinung und dem Verhalten einer Person erwartet. Hier versagen viele. So verhält sich beispielsweise eine hochrangige Person ihrem Publikum gegenüber plötzlich unsicher und hilflos. Entscheidungen auf der Verhaltensebene sind für die Darsteller stets eine riskante Sache, denn sie müssen innerhalb eines Sekundenbruchteils gefällt und ausgeführt werden, und ihre Wirkung stellt manchmal die ganze Darstellung in Frage.

Eine soziale Stellung ist nichts Materielles, das man in Besitz nehmen und zur Schau stellen kann. Es ist ein Modell übereinstimmenden und klar ausgedrückten Verhaltens. Es ist etwas, das gespielt und dargestellt werden muß. Ein schönes Beispiel findet man bei Jean-Paul Sartre in seinem Werk *Das Sein und das Nichts*.

»Betrachten wir diesen Kaffeehauskellner. Er hat rasche und sichere Bewegungen, ein wenig allzu bestimmte und ein wenig allzu schnelle, er kommt ein wenig zu rasch auf die Gäste zu, er verbeugt sich mit ein wenig zuviel Beflissenheit, seine Stimme und seine Blicke drücken eine Interessiertheit aus, die ein wenig zu sehr von Besorgnis um die Bestellung des Kunden in Anspruch genommen ist; dort kommt er zurück und versucht durch seine Art, zu gehen, die unbeugsame Härte irgendeines Automaten nachzumachen, während er gleichzeitig sein Tablett mit einer Art Seiltänzerkühnheit trägt, wobei er es in einem fortwährend labilen und fortwährend gestörten Gleichgewicht hält, das er mit einer leichten Bewegung des Armes oder der Hand fortwährend wiederherstellt.

Seine ganze Verhaltensweise sieht wie ein Spiel aus. Er läßt es sich angelegen sein, seine Bewegungen aneinanderzureihen, als wären sie Mechanismen, die sich gegenseitig antreiben, auch sein Gesichtsausdruck und seine Stimme wirken mechanisch; er legt sich die erbarmungslose Behendigkeit und Schnelligkeit einer Sache bei. Er spielt, er unterhält sich dabei. Aber wem spielt er etwas vor? Man braucht ihn nicht lange zu beobachten, um sich darüber klarzuwerden: er spielt, Kaffeehauskellner zu sein.«

Beim idealen Darsteller stimmen Erscheinung, Verhalten und Bühnenbild überein. Doch ideale Darsteller sind selten, und wer einem solchen begegnet, der sucht intuitiv nach Ausnahmen. Gerade die Abweichungen von der erwarteten Übereinstimmung zwischen Bühnenbild, Erscheinung und Verhalten verleihen zahlreichen Karrieren ihren besonderen Glanz und heben die Publikumswirksamkeit vieler Zeitschriftenartikel. So bemerkte beispielsweise die Zeitschrift *The New Yorker* in dem Portrait eines erfolgreichen Grundstücksmaklers, daß dieser nur ein bescheiden eingerichtetes Büro, ein kleines Haus und kein Briefpapier mit Monogramm besitzt.

Je höher die Position einer Person ist, um so gefährlicher werden die Unstimmigkeiten, die den übermittelten Eindruck erschüttern. Folgende Formen sind dabei denkbar: Eine Person zeigt ungewollt ein schlechtes Benehmen oder eine Unfähigkeit, weil sie die Muskelkontrolle über sich verliert. Sie stolpert, gähnt, kratzt oder verspricht sich. Oder sie erweckt den Eindruck, zu stark oder zuwenig an der Interaktion beteiligt zu sein: Sie stottert, ist nervös oder befangen, bricht in Gelächter aus, hat Wutanfälle oder zeigt Gefühlsäußerungen, die sie in ihrer Position disqualifizieren. Eine dritte Möglichkeit ist die falsche Inszenierung: der falsche Ort oder der falsche Zeitpunkt.

Beispiele dafür, die auch in der breiten Öffentlichkeit einen Wiedererkennungswert haben, kommen wiederum aus der Politik. Es sei an den Bundestagswahlkampf 1980 erinnert. Franz Josef Strauß war damals Kanzlerkandidat der Unionsparteien – und er mußte durch ein (sicherlich auch unfaires) Stahlbad der Vorwürfe, Verdächtigungen und Antipathien, besonders von der Seite der Linksintellektuellen. Seine Beherrschung, die er auch als Kanzler hätte zeigen müssen, war gefordert. Strauß konnte jedoch seine Wut über die Angriffe nicht verbergen. Es kam zu einem denkwürdigen bösen Wort, das Strauß vielleicht die entscheidenden Stimmen kostete, das aber zumindest das Mißtrauen gegen ihn verstärkte.

Er nannte einige Schriftsteller: »Ratten und Schmeißfliegen!« Auch Helmut Kohl hat eine solche Unvorsichtigkeit oder Unbeherrschtheit viel Kritik und Mißtrauen eingebracht, als er in einem Interview mit einem US-Magazin Michail Gorbatschow mit Goebbels verglich. Ein »Meister« dieser Unbeherrschtheit war der SPD-Altvordere Herbert Wehner. In seiner Wut rastete er oft regelrecht gegen Freund und Feind aus, was zwar die Journalisten und den Bundestag belustigte, ihm aber keine Sympathiewerte eintrug.

Mit anderen Worten: Der Eindruck, den eine Person durch ihre Darstellung erwecken will, ist ein zartes Pflänzchen, das durch das kleinste Mißgeschick zerstört werden kann. Falsche Fassaden sind wie ein Pulverfaß. Denn jeden Augenblick kann ein Ereignis eintreten, das den Darsteller entlarvt und seinem dargestellten

Bild widerspricht. Dann sind Glaubwürdigkeit und guter Ruf zerstört.

Obwohl Persönlichkeiten – wie jeder Mensch – verschiedenen Stimmungen, Hoch- und Tiefpunkten unterliegen, erwartet man von ihnen ein konstantes Verhalten, unabhängig von ihrer momentanen Verfassung. Diese Erwartungshaltung lastet schwer auf den Schulter der Mächtigen, erfordert sie doch eine totale Kontrolle und Beherrschung ihrer Gefühle. Der Preis, den manche Bosse dafür bezahlen, ist hoch. Im Laufe der Zeit verlieren sie den Kontakt zu ihren eigenen Gefühlen. Ängste und Selbstzweifel, Enttäuschung und Frustration werden verdrängt, und was jahrelang hineingefressen wurde, äußert sich nicht selten in psychosomatischen Beschwerden.

Je mächtiger eine Person ist, um so mehr Disziplin und Kontrolle über ihre Körpersprache braucht sie und um so gravierender sind die Folgen nonverbaler Versprecher.

3.
Nur Übereinstimmung überzeugt

Einige Monate nachdem Gerald Ford nach der Watergate-Affäre das Amt des nicht gewählten Präsidenten angenommen hatte, hielt er eine Fernsehansprache. Fernsehberater hatten Ford trainiert, in seiner Ansprache überzeugend das Bild eines entschlossenen und aufrichtigen Staatsoberhauptes darzustellen. Ford tat sein Bestes. Mit eindrucksvollen Gesten, Tatkraft und Energie ausstrahlenden Körperbewegungen und dem direkten Blick in die Kameras, der seine Aufrichtigkeit signalisieren sollte, bemühte sich Ford, dem gewünschten Bild zu entsprechen. Der Versuch mißlang, nicht aufgrund seiner körpersprachlichen Unzulänglichkeiten, sondern aufgrund seiner übertriebenen Körpersprache. In einem Cartoon wurde das Ereignis später treffend so beschrieben: Etwa 38 Prozent fanden die Ansprache des Präsidenten gut, 29 Prozent lehnten sie ab, und 33 Prozent achteten nur auf seine Hände und hörten dabei nicht, was er sagte.

Körpersprachliche Signale sind nur dann wirkungsvoll, wenn sie das Gesagte unterstützen und verdeutlichen. Zu viele oder zu wenige Gesten reduzieren die Überzeugungskraft. Zudem wirkt Körpersprache nur dann wirklich überzeugend, wenn sie zur betreffenden Person paßt. Große oder dominante Gesten bei einem schüchternen und zurückhaltenden Menschen wirken genauso unpassend wie zaghafte oder hektische Gesten bei einem selbstsicheren und souveränen Menschen.

Wer andere überzeugen will, der muß besonders auf seine Körpersprache achten. Sie muß nicht nur zur Person passen, sondern auch mit sprachlichen Aussagen übereinstimmen. Ein Blick in die Geschichte zeigt, daß es manchmal weniger auf die Worte ankommt – auf das, was man sagt – als darauf, wie man es sagt.

So gewann Gerald Ford die erste Fernsehdebatte gegen Jimmy Carter in erster Linie deshalb, weil er einen glaubwürdigen Eindruck machte. Sein Blickkontakt war intensiv, seine Gesten waren kraftvoll, seine Haltung selbstbewußt, seine Stimme laut und klar. Carters Blickkontakt war dagegen unstet, er blinzelte oft, hatte eine schwache Gestik und eine stockende Stimme. Auf Anraten seiner Berater veränderte Carter in der zweiten Debatte diese nonverbalen Verhaltensweisen und gewann.

Aber nicht immer klappt es so gut. 1971 versprach der damalige US-Präsident Richard Nixon (»Tricky Dicky«) im Fernsehen seiner rebellierenden Jugend das baldige Ende des Vietnamkrieges. Seine Stimme klang beschwörend, ein Blinder hätte behauptet: Dieser Mann lügt nicht. Doch während Nixon mit Pathos deklamierte: »Ich verspreche euch, daß ihr alles bekommt, was ihr wollt«, machten sich seine Hände selbständig und schoben sich abwehrend nach vorn, als wolle er sich die protestierenden Jugendlichen vom Leib halten. Diese Geste dementierte Nixons Glaubwürdigkeit und verriet seine wahre Einstellung: nämlich dem Druck nur soweit unbedingt nötig nachzugeben. Die Nation hatte einen lügenden Präsidenten live erlebt – doch hatte sie es bemerkt? Tatsächlich zog Nixon seine Truppen erst drei Jahre später ab.

Die Beispiele zeigen, daß ein Training der Körpersprache zwar in gewissem Maße möglich ist, die Gefahr der nonverbalen Ausrutscher jedoch immer präsent ist. Es ist eine alte Weisheit, daß nur der überzeugend sein kann, der selbst überzeugt ist. Negative oder zweifelnde Einstellungen und Gefühle sickern meist durch. Ein Verkäufer kann sein Produkt nur dann – sprachlich und körpersprachlich – überzeugend darbieten, wenn er selbst davon überzeugt ist. Solange er Zweifel an der Qualität oder dem Preis des Produktes hat, wird er diese auch dem Kunden – oft unbewußt – körpersprachlich mitteilen. Eine Verkaufsschulung ist daher nur sinnvoll, wenn sie die Körpersprache und damit die Einstellungen und Gefühle des Verkäufers zum Produkt miteinbezieht. Werden jedoch einzelne Verhaltensweisen antrainiert – wie es häufig in verschiedenen Seminaren geschieht –, ohne mit der inneren Einstellung des Betroffenen übereinzustimmen, wirken sie unecht und aufgesetzt.

Wer zwar autoritär ist, aber nach außen nicht so wirken möchte, wird sich sehr schwertun – besonders wenn er diesen Eindruck über längere Zeit hinweg aufrechterhalten will. Irgendwo kommt

Nackte Abwehr: Tretet mir nicht zu nahe, bleibt mir vom Leib, weg mit euch!
Der damals noch amtierende Verteidigungsminister, Rupert Scholz (CDU),
scheint alles abzuwehren. Er muß sich vor einem parlamentarischen Untersuchungsausschuß verantworten, der die Hintergründe der Flugkatastrophe von
Ramstein im August 1988 (70 Tote) zu klären versucht. Scholz steht schwer in
der Kritik.
Quelle: Werek, Bonn

seine wahre Einstellung meist zum Vorschein, und sei es nur
durch einen kurzen Blick, eine Handbewegung – gerade darauf
reagieren wir äußerst sensibel.

Die meisten Menschen legen Wert darauf, in einer bestimmten
Weise auf andere zu wirken. Sie möchten als selbstsicher, souverän, freundlich und gebildet gelten, und manchmal sind es nur
winzige Dinge, die dem anderen die echten Gefühle verraten.

Verräterisch und auffällig sind die körpersprachlichen Reaktionen in Ausnahmesituationen, in die man völlig unvorbereitet und
überraschend gerät. Zum Überlegen bleibt keine Zeit, und so
versagt die sonst wirksame Kontrolle. Dann reagiert der Körper

spontan und intuitiv. Genauso schnell, wie wir unsere Hand von der heißen Herdplatte wegziehen, genauso schnell werden wir blaß oder rot, weichen einen Schritt zurück oder machen eine abweisende Handbewegung. Diese Reaktionen sind daher weitaus ehrlicher als die eingeübten und kontrollierten Verhaltensweisen.

Die Beobachtung der Körpersprache dient vielfach der Kontrolle der verbalen Aussage. Denn während sich sprachliche Äußerungen leicht kontrollieren und manipulieren lassen, läßt sich das nonverbale Verhalten weitaus weniger beherrschen. Daher werden gerade die nonverbalen, weniger kontrollierbaren Aspekte des Verhaltens häufig zum Kriterium für die Gültigkeit der verbalen und manipulierbaren Aspekte. Je wichtiger es daher für eine Person ist, glaubhaft und überzeugend zu wirken, um so wichtiger wird für sie die Kontrolle ihrer Körpersprache. Häufig gelingt die vollständige Kontrolle jedoch nur für kurze Zeit. Beobachtet man eine Person länger, entdeckt man gewisse Abweichungen. Im beherrschten und regungslosen Gesichtsausdruck erscheinen dann beispielsweise kurzzeitig Anzeichen von Ablehnung, Nervosität oder Unsicherheit.

Die Kontrolle der Körpersprache erfordert Konzentration und Energie. Daher wird sie in der Regel aufgegeben, wenn sich die betreffende Person nicht beobachtet fühlt. So haben Untersuchungen ergeben, daß auch Japaner, die im allgemeinen als wahre Meister in der Kontrolle ihres Gesichtsausdruckes gelten, dann Streßsignale zeigten, wenn sie sich unbeobachtet fühlten.

Es ist also schwer, seinen wirklichen Gefühlszustand auf Dauer zu verbergen. Dabei bleibt der Beobachter dem Darsteller gegenüber stets im Vorteil, denn die Fähigkeiten zur Entlarvung vorgetäuschter Verhaltensweisen scheinen weitaus besser entwickelt zu sein als die Fähigkeiten, das eigene Verhalten zu manipulieren.

Nur Menschen, bei denen Sprache und Körpersprache übereinstimmen, wirken überzeugend. Aber wie wirken diese beiden Kommunikationssysteme zusammen? Dazu ist es notwendig, sich etwas näher mit der Funktionsweise von Sprache und Körpersprache zu befassen.

28

Ein vergeblicher Versöhnungsversuch auf dem Höhepunkt der Krise: Uwe Barschel, Ministerpräsident von Schleswig-Holstein, streckt seinem übel verleumdeten Widersacher Björn Engholm (SPD) die Hand entgegen. Barschels Augen blicken dabei lauernd, während Engholm die Begegnung sehr unangenehm scheint. Er schaut reserviert auf den Gegner herab und kann sich kaum überwinden, Barschel seinerseits die Hand zu reichen.
Quelle: dpa, Düsseldorf

Der Fall Barschel

Im Herbst 1987 war der damalige Ministerpräsident von Schleswig-Holstein, Uwe Barschel, vollkommen am Ende. Das Watergate an der Waterkant hatte seinen Höhepunkt erreicht, und Barschel steckte tief im Sumpf. Bislang war es ihm nicht gelungen, die Vorwürfe bezüglich Bespitzelungen, Intrigen, Verunglimpfungen, die gegen ihn erhoben wurden, zu entkräften. Der Mann stand mit dem Rücken an der Wand, sogar Parteifreunde diskutierten schon offen über seinen Rücktritt, den der machtbesessene Barschel jedoch um jeden Preis vermeiden wollte. So dementierte er immer wieder alle Behauptungen, mit Lug und Trug seinen Kontrahenten Björn Engholm desavouiert zu haben.

Schließlich gab Barschel eine Pressekonferenz, die in die Geschichte des Bundeslandes Schleswig-Holstein eingehen wird. Vor Mikrophonen und laufenden Kameras gab er bekannt, daß er nicht nur alle Lügen gegen ihn rechtlich entkräften werde, nein, er gebe »Ihnen allen, den Bürgern des Landes Schleswig-Holstein und allen Bürgern der Bundesrepublik sein Ehrenwort«, daß an den Vorwürfen nichts, absolut nichts dran sei. Dabei schaute er offen in die Kameras und sagte mit eindringlicher Stimme: »Ich wiederhole noch einmal ausdrücklich: Ich gebe mein Ehrenwort.« Sein Minister Henning Schwarz (CDU), der sich noch bei dieser Pressekonferenz schützend vor seinen Chef gestellt hatte, bekundete später, als Barschel nicht mehr widersprechen konnte: »Ich habe schon damals bemerkt, daß Uwe Barschel mich belog.«

Es war auch erkennbar. Unmittelbar nach der Pressekonferenz änderte sich der offene, siegesgewisse Gesichtsausdruck des noch amtierenden Ministerpräsidenten schlagartig. Der Mann sank förmlich in sich zusammen, er barg sein Gesicht in seinen Händen, nicht nur einmal. Ein Anzeichen von tiefer Scham und Depression. Sein Intellekt hatte gelogen, der Körper nicht.

Einige Tage später mußte Barschel zurücktreten, und am 11. Oktober 1987 wurde der Politiker tot in der Badewanne eines Genfer Luxushotels gefunden. Die Selbstmordtheorie wird von seiner Witwe angezweifelt.

4.
Sprache und Körpersprache

Der Mensch ist als einziges Lebewesen in der Lage, sich mit Hilfe der Sprache zu verständigen. Neben der Körpersprache ist sie ein »zweites Signalsystem«, mit dem der Mensch auf die symbolische Bedeutung von Wörtern reagiert. Man nimmt an, daß sich die Fähigkeit, auf diese Art zu kommunizieren, beim Urmenschen deshalb entwickelte, weil sie seine Überlebenschancen erhöhte. Wie jedoch die frühen Stufen dieser Entwicklung aussahen, ist weitgehend unbekannt. Die Entwicklung der Sprache und ihr Gebrauch hatten jedoch bedeutende Konsequenzen für die Entwicklung der gesamten Menschheit. Denn sprachliche Prozesse waren die Voraussetzung für die Entstehung und Überlieferung der Kultur.

Auf den ersten Blick sieht es so aus, als bestehe menschliches Zusammenleben vorwiegend aus dem Austausch verbaler Äußerungen. Alle wichtigen Informationsquellen wie Zeitung, Radio, Fernsehen oder Bücher basieren auf der Sprache beziehungsweise der Schrift. Sprache ist zwar ein wichtiges Verständigungsmittel, sprachliche Aussagen sind jedoch immer von der Unterstützung nichtverbaler Signale abhängig. Diese sind zunächst einmal notwendig, damit zwei Personen überhaupt ein Gespräch aufnehmen. Grundvoraussetzung dafür ist nämlich die Garantie, daß zwei Menschen einander zuhören und aufeinander reagieren. Ein Gespräch beginnt daher erst, wenn sich die Beteiligten einander zuwenden und Blickkontakt aufnehmen. Während der gesamten Begegnung signalisiert ein Gesprächspartner dem anderen durch verschiedene körpersprachliche Signale wie Augenbewegungen, Kopfnicken oder unterstützende Gesten, daß er – mehr oder weniger – aufmerksam ist und auf die Äußerungen des Partners reagiert. Auch der Gesprächsverlauf – der ständige Wechsel von Zuhören und Sprechen – wird durch nichtverbale Zeichen geregelt. So zeigen beispielsweise ein kurzes Kopfnicken oder ein Blickwechsel an, daß nun der andere das Wort hat.

31

Ist der Gesprächspartner nicht sichtbar – wie beispielsweise am Telefon –, entfallen diese Möglichkeiten. Dann übernehmen andere hörbare Verhaltensweisen wie Sprechgeschwindigkeit, Tonfall oder Sprechpausen diese Funktionen.

Eine Verständigung mit Hilfe der Sprache ohne den Einsatz nonverbaler Elemente ist also überhaupt nicht möglich. Dabei werden viele dieser Signale jedoch automatisch abgegeben und nicht bewußt wahrgenommen. Diese Tatsache macht deutlich, daß es keine strikte Trennung zwischen Sprache und Körpersprache geben kann. Jedoch haben beide Kommunikationssysteme sehr unterschiedliche Funktionen.

Mit Hilfe der Sprache lassen sich vor allem Informationen weitergeben. Sie ist besonders geeignet, komplizierte Sachverhalte, Kausalbeziehungen oder zeitliche Abfolgen zu beschreiben und weiterzugeben.

Sprache ist ein sehr ausgefeiltes und detailliertes, aber auch ein künstliches und kompliziertes Kommunikationssystem. Zwischen den einzelnen Wörtern und den Dingen, die sie bezeichnen, besteht in der Regel kein unmittelbarer inhaltlicher Zusammenhang, und nur der richtige Gebrauch der Zeichen und ihrer Abfolge macht eine sprachliche Verständigung möglich.

Der Sprachforscher Korbzybski verglich die Sprache einmal mit einer Landkarte. Eine Landkarte bildet die reale Welt ab. Je nach Genauigkeit, Maßstab und Detailliertheit der Landkarte erhält der Betrachter eine Fülle von Informationen über verschiedene Gegebenheiten einer Gegend: den Verlauf von Straßen, den Namen und die Größe von Orten, Seen, Flüssen oder Gebirgen. Mit Hilfe einer Landkarte kann er sich zwar orientieren, aber in dem abgebildeten Gebiet befindet er sich damit nicht. Denn die Landkarte ist nicht das Gelände. Sie ist lediglich eine mit Hilfe gemeinsam verstandener Symbole dargestellte Abbildung eines realen Gebietes. Die konkrete Erfahrung, sich in dieser Gegend – etwa auf einer bestimmten Straße – zu befinden, kann die Karte daher nicht vermitteln. Diese Erfahrung kann jeder nur selbst machen, und sie wird bei jedem unterschiedlich ausfallen.

Sprache ist nun nichts anderes als eine Landkarte. Sprache, das sind Begriffe, Symbole für Gegenstände, Erfahrungen und Gefühle, genauso wie ein roter Strich das Symbol für eine Straße ist. Das Wort ist nicht das Bezeichnete, ebensowenig wie die Landkarte das Gelände ist. Das Wort ist ein Symbol, und selbst hinter scheinbar eindeutigen Begriffen verbergen sich meist verschiedene Vorstellungen. Befragt man etwa mehrere Personen nach ihren Vorstellung von einem Haus, dann hat jede ein anderes Bild im Kopf: Während die eine an ein schönes Landhaus in den Bergen denkt, stellt sich die andere ein Hochhaus in einer Großstadt vor. Trotz unterschiedlicher Vorstellungen sprechen alle von einem Haus. Solange es sich dabei um Bezeichnungen für konkrete Dinge handelt, gibt es kaum Probleme. Geht es aber um abstraktere Begriffe wie etwa Freundschaft, Rücksicht, Frieden oder Dankbarkeit, dann wird deutlich, wie groß die Möglichkeiten für Mißverständnisse sein können. Denn zwei Menschen, die dieselben Worte benutzen, können damit etwas vollkommen anderes meinen. Sie sprechen zwar über dieselbe Landkarte – dasselbe Gelände –, aber ihre Empfindungen, Erfahrungen oder Vorstellungen davon sind unterschiedlich.

Worte sind also lediglich Verbindungsglieder zwischen uns und der Realität. Mit Hilfe von Worten können wir die Realität beschreiben. Wir können aber nur das beschreiben, wofür wir Worte haben. Sprache beeinflußt und filtert daher unsere Wahrnehmung, und Menschen, die dieselbe Sprache benutzen, passen ihre Wahrnehmung der Sprache an. Carlos Castaneda schreibt dazu in seiner *Reise nach Ixtlan*: »Jeder, der mit einem Kind in Kontakt kommt ..., erklärt die Welt unaufhörlich, bis zu jenem Augenblick, da das Kind die Welt so wahrnehmen kann, wie sie ihm erklärt wurde ... Von (nun) an ist das Kind ein Mitglied. Es kennt die Beschreibung der Welt, und es erreicht ... die volle Mitgliedschaft, wenn es in der Lage ist, all seine Wahrnehmungen so zu deuten, daß sie mit diesen Beschreibungen übereinstimmen und sie dadurch bestätigen.«

Obwohl Sprache nur eine Abbildung der realen Welt ist, ist ihre Wirkung manchmal sehr direkt. Worte können Gefühle und körperliche Empfindungen auslösen. Sie können aufbauend oder verletzend sein.

So geeignet Sprache für die Vermittlung von Informationen ist, so deutlich sind auch ihre Nachteile. Sprache kann täuschen, mit Worten kann man lügen und manipulieren. Manche Dinge lassen sich mit Worten nicht ausdrücken. Dann »fehlen einem die Worte«, oder es »verschlägt einem die Sprache«. Sprache ist also bei weitem kein ideales Kommunikationsmittel, und die ausschließliche Verständigung mit Hilfe eines so abstrakten Systems wie dem der Sprache ist nicht möglich.

Wie sieht es nun mit der Körpersprache aus? Sie erscheint zunächst wie ein geheimer Code, auf den wir zwar mit extremer Wachsamkeit reagieren, »der aber nirgends aufgeschrieben ist, von niemandem gekannt wird und doch von allen verstanden wird« (Sapir, 1927). Körpersprache ist unser ursprüngliches Kommunikationssystem. Bevor ein Kind zu sprechen lernt, benutzt es körpersprachliche Signale, um seine Bedürfnisse und Gefühle auszudrücken. Trotzdem ist nur ein geringer Teil der Körpersprache eines Erwachsenen angeboren. Das meiste wird erst im Laufe der Erziehung gelernt. Während das Neugeborene zunächst nur reflexive Bewegungen zeigt, die eng mit den Körperreizen verbunden sind, wie Saugreflex, Atmung oder Verdauung, erforscht das Kleinkind durch die Entwicklung seiner grob- und feinmotorischen Fähigkeiten mehr und mehr seine Umwelt. Die Erweiterung der körperlichen Bewegungen führt zu neuen Wahrnehmungen von Raum, Zeit und eigener Kraft, und daraus entstehen auch neue körpersprachliche Signale. Das Kind lernt, körpersprachliche Äußerungen – wie beispielsweise ein Lächeln – intuitiv zu verstehen und richtig einzuordnen. Auch wenn es nach und nach lernt, seine Gefühle verbal auszudrücken, wird nach wie vor ein großer Teil der Gefühle körpersprachlich vermittelt. Kinder sind in ihrer Körpersprache noch weitgehend unverfälscht und zeigen, was sie empfinden. Diese Offenheit und Ehrlichkeit widerspricht häufig den Vorstellungen der Eltern oder Erzieher. Das Kind soll sich richtig benehmen, und bestimmte körpersprachliche Signale zeigt »man« nicht. Die kindliche Körpersprache wird zurechtgestutzt und Regeln unterworfen. Das Kind lernt, bestimmte Signale zu verbergen und andere wiederum zu zeigen, obwohl sie nicht seinen Empfindungen entsprechen. Die Körpersprache wird damit mehr und mehr durch die Situation und die beteiligten

Personen bestimmt. Fremden Personen gegenüber soll das Kind freundlich sein, auch wenn es diese Personen nicht mag. So lernt der Mensch, je nach Situation, das passende Gesicht zu machen: feierlich oder bestürzt, freundlich oder arrogant.

Rollenverhalten, Anstandsregeln und Höflichkeitsformen zwingen uns, einen Teil unserer ursprünglichen körpersprachlichen Signale zu kontrollieren oder gar zu verleugnen, wenn sie doch auftreten.

Ein großer Unterschied zwischen Sprache und Körpersprache besteht darin, daß wir zwar aufhören können zu sprechen, jedoch niemals aufhören können, mit unserem Körper zu kommunizieren. Durch unsere Haltung, Bewegung, Mimik und Gestik geben wir unaufhörlich Signale ab. Körpersprache begleitet jede sprachliche Äußerung, kann aber auch unabhängig von der Wortsprache eingesetzt werden oder sie ersetzten. Dann stehen beispielsweise ein Kopfnicken für »Ja« oder ein Achselzucken für die Aussage »Ich weiß nicht«.

Eine große Schwierigkeit, körpersprachliche Signale wahrzunehmen, besteht darin, daß sie meist gleichzeitig mit sprachlichen Signalen auftreten. Während die sprachliche Kommunikation in der Regel aus einem Nacheinander von Hören und Sprechen (Antworten) besteht, empfangen wir eine körpersprachliche Botschaft und reagieren sofort darauf.

Da körpersprachliche Signale zudem häufig noch unwillkürlich und unbewußt gesendet werden, ist es unmöglich, die Wechselwirkung der Botschaften zweier Partner zu ergründen und festzustellen, wer auf wen reagiert.

So kann man sich etwa folgenden Ablauf vorstellen: Ein Mitarbeiter berichtet seinem Vorgesetzten von einem für ihn sehr wichtigen Vorfall innerhalb der Firma. Während er spricht, blickt der Vorgesetzte wiederholt zu seinem Schuh, der ihn drückt, und runzelt die Stirn. Dieses Verhalten verunsichert den Mitarbeiter. Er interpretiert es als Desinteresse an seinem Anliegen und beendet das Gespräch. Er ist verletzt, da sein Chef sich nicht für seine Probleme interessiert. Diese Erfahrung kann ihn dazu veranlassen, in Zukunft mit seinem Chef nicht mehr über derartige Angelegenheiten zu sprechen. Als Folge davon kann sich das Verhältnis der beiden zunehmend verschlechtern – ohne daß einer der beiden weiß, warum.

Während wir körpersprachlichen Signalen häufig kaum Beachtung schenken, stehen sie in bestimmten Situationen im Mittelpunkt unserer Aufmerksamkeit. Dies gilt besonders für Situationen, in denen wir unsicher sind oder auf die Ablehnung oder Zustimmung einer anderen Person angewiesen sind. Mächtige Personen werden daher häufiger und genauer beobachtet, ist man doch auf ihr Wohlwollen stärker angewiesen.

Eine weitere Schwierigkeit bei der richtigen Deutung körpersprachlicher Signale ist das Fehlen von uneingeschränkt gültigen Regeln. Selbst wenn wiederholte Erfahrungen und theoretisches Wissen gezeigt haben, daß vor dem Körper verschränkte Arme signalisieren, daß sich die betreffende Person gegenüber ihrer Umwelt verschließt, heißt das nicht, daß diese Interpretation auch bei der nächsten Person stimmt. Auch wenn die Wahrscheinlichkeit relativ hoch ist, eine Garantie für die Richtigkeit der Interpretation gibt es nicht.

Um Körpersprache systematisch zu erfassen, versucht man unter anderem körpersprachliche Signale bestimmten Kategorien, wie beispielsweise der Mimik, dem Blickkontakt, der Gestik und der Körperhaltung zuzuordnen. Die Nachteile dieser Methode liegen auf der Hand: Manche Signale lassen sich nicht eindeutig zuordnen, und das Zusammenwirken mehrerer Signale bleibt unberücksichtigt. Einteilungen dieser Art ermöglichen daher nur eine grobe Analyse. Dabei steigt die Schwierigkeit der richtigen Zuordnung einzelner Signale mit der Differenzierung der einzelnen Kategorien. Bei der Erfassung körpersprachlicher Signale steht der Beobachter daher vor einem Dilemma: Je genauer die einzelnen Bewegungsabläufe analysiert werden – was ab einem gewissen Grad nur noch mit Hilfe von Filmaufnahmen in Zeitlupe möglich ist –, um so wirklichkeitsfremder wird die Beobachtung. Die Übertragung zahlreicher in Laboruntersuchungen gewonnener Erkenntnisse über die Körpersprache ist daher problematisch. Körpersprache wirkt stets als Ganzes, und ein Signal kann ein anderes, gleichzeitig auftretendes Signal entkräften oder sogar entwerten. Für die tägliche Praxis bleibt daher nur die

Grobeinteilung in die gängigen Kategorien. Voraussetzung dafür ist jedoch eine gute und gezielte Wahrnehmung. Eine besondere Schwierigkeit liegt darin, die meist unbewußt und intuitiv ablaufenden Interpretationen körpersprachlicher Signale überhaupt in das bewußte und analytische Denken zu übertragen. Dazu müssen Beobachtungs- und Bewertungsprozesse in Worte gefaßt werden. Denn die Umsetzung nonverbaler Signale in die Wortsprache ist die Voraussetzung für eine bewußte gedankliche Analyse. Die sprachliche Umsetzung der Beobachtungen ist zwar schwieriger, aber auch präziser als ein vages, innerliches Bewußtsein. Wer einmal versucht, seine Wahrnehmung körpersprachlicher Signale in Worte zu fassen, der wird merken, wie schwer und ungewohnt dies ist.

Zusammenfassend lassen sich die beiden Kommunikationssysteme Sprache und Körpersprache folgendermaßen beschreiben: Sprache ordnet einzelnen Gegenständen, Tätigkeiten und Gefühlen ein bestimmtes Lautbild zu. Die Darstellung einer Information erfolgt über eine Zeichenfolge aus einem vorher festgelegten Zeichenvorrat (also dem Wortschatz und dem Alphabet). Die Bedeutung der Zeichen ist eindeutig und – scheinbar – präzise festgelegt. Das funktioniert jedoch nur bei ganz konkreten Dingen, abstraktere Begriffe lassen sich dagegen viel schwerer definieren und festlegen. Der Nachteil der Sprache ist also, daß sie mit scheinbar eindeutigen Begriffen arbeitet, die zwar jeder versteht, die aber für jeden eine andere Bedeutung haben können.

Das Gegenstück dazu bildet die Körpersprache. Körpersprachliche Signale sind bildhaft und unmittelbar repräsentativ, das heißt, sie haben einen direkten Bezug zur Bedeutung. Sie haben keine eindeutigen Regeln und Strukturen und unterliegen daher häufiger der Interpretation.

Körpersprache versagt, wenn es darum geht, komplizierte Sachverhalte, zeitliche oder kausale Zusammenhänge auszudrücken. Hier ist die Sprache ein weitaus idealeres Kommunikationsmittel. Auf der anderen Seite lassen sich manchmal Gefühle und Empfindungen nur schwer in Worte fassen. Dann sagt eine kleine Geste mehr als viele Worte.

Die Vor- und Nachteile beider Kommunikationssysteme sind

vielfältig. Das Entscheidende jedoch ist, daß sich der Mensch als einziges Lebewesen sowohl mit Hilfe der Sprache als auch mit Hilfe der Körpersprache verständigen kann. Durch das Zusammenspiel beider Systeme lassen sich die Unzulänglichkeiten eines Systems durch das andere ausgleichen, und das eine kann das andere ergänzen. Im negativen Fall kommt es jedoch zu widersprüchlichen Botschaften. Dann widersprechen sich Körpersprache und Sprache. Die Folge ist in der Regel Verunsicherung und Verwirrung.

Helmut Kohl – Der Unerschütterliche

Er hat einen massigen Körper, der bundesdeutsche Kanzler. Er scheint andere zu erdrücken. Wenn er auf den sowjetischen Führer Michail Gorbatschow zugeht und gutgelaunt seine Körpergröße demonstriert, dann sieht das aus, als wolle ein Bär sein Opfer umarmen. Als er Hand in Hand mit dem französischen Präsidenten Mitterrand vor den Soldatengräbern Lothringens stand (übrigens auch ein Plakat der französischen Sozialisten zum Europawahlkampf), bekam diese würdevoll geplante Geste einen unangebrachten Touch von unfreiwilliger Komik: Das Bild erinnerte irgendwie an Pat und Patachon. Als Kohl bei seinem Polenbesuch den polnischen Ministerpräsidenten Mazowiecki umarmte, wirkte diese eigentlich sympathische und herzlich gemeinte Geste wie eine bedrohliche Umklammerung durch eine wesentlich Größeren und Mächtigeren.

Selbst auf den Wandertouren seines allseits gefürchteten Kontrahenten und Männerfreundes Franz Josef Strauß machte Kohl nie den körperlichen Eindruck, daß er sich von dem wortgewaltigen und machtbesessenen Bayern zugesetzt fühlte. Im Gegenteil: Kohl dominierte – körperlich gesehen – die Szene eindeutig. In den Augenblicken gelöster Entspanntheit kann Kohl – wiederum unfreiwillig – Heiterkeit hervorrufen. So auf einem Foto aus seinem Urlaub am Wolfgangsee: Kohl liegt auf der Seite im Gras und lächelt, zufrieden mit sich und der Welt. Man fühlt sich an das Bild »Goethe in Italien« erinnert – und schmunzelt unwillkürlich ob dieser Assoziation.

Als der CDU-Vorsitzende im September 1982 zum Bundeskanzler gewählt wurde und dann, der Plenarsaal hatte sich geleert, noch

Das Bild ist ein Schnappschuß, sicherlich. Es war ein Gespräch in freundlicher Atmosphäre zwischen CDU-Chef Kohl und Lothar Späth. Und doch kann niemand die Machtverteilung übersehen: Der kleine Späth blickt versonnen Kohl an, von unten nach oben, aber keineswegs anhimmelnd, sondern eher herausfordernd. Kohl lacht zwar, aber aggressiv, und fixiert seinen Gesprächspartner stechend mit den Augen. Eine Drohgebärde?
Quelle: Zeitenspiegel, Waiblingen

einige Momente still schwiegend auf dem ersten Sitz der Regierungsbank Platz nahm, da verriet sein Körper die Genugtuung und den Triumph der Stunde. Nur – es wirkte auf die Betrachter einfach nicht sympathisch, eher selbstgefällig. Das ist sicher nicht die Schuld des Helmut Kohl. Seine Größe und Schwere erdrücken optisch die Umgebung. Er dominiert, er ist da. Gegen ihn wirken andere klein, weniger mächtig – und eben manchmal auch bescheiden.

Andererseits versteht es dieser Mann ausgezeichnet, Siegeswillen, Durchsetzungskraft und Machtanspruch jenseits der verbalen Sprache zu demonstrieren. Er setzt ganz einfach die Überlegenheit seines Körpers ein. Als Helmut Kohl unter großem Protest der Partei seinen ungeliebten CDU-Generalsekretär Heiner Geißler abservierte und Volker Rühe als Nachfolger nominierte, also in einer Stunde der gefährlichen Gratwanderung, notierte der Bonner Reporter Martin E. Süskind am 23. August 1989 in der *Süddeutschen Zeitung*: »Es ist das breite Lächeln, das siegesgewisse. Es ist die Körpersprache, die so wohlbekannte. Es ist die ganze Unerschütterlichkeit der Person, die alles als klar erscheinen läßt, bevor irgend etwas gesagt ist. Helmut Kohl betritt den Saal der Pressekonferenz, und eigentlich

Ein Herz und eine Seele? Kanzler und CDU-Chef Kohl hat auf dem Bremer Parteitag (1989) seinen Vorstand neu formiert. Widersacher Lothar Späth, Ministerpräsident von Baden-Württemberg, wurde aus der Stellvertreterriege abgewählt. Kohl behielt in der Machtfrage das Heft in der Hand. Der Unterlegene applaudiert dem Sieger mit einem steifen, maskenhaften Lächeln und einem melancholischen Augenausdruck. Die rechte Freude kommt da nicht rüber. Und Kohl? Er ist wieder mal das Paradebeispiel von körpersprachlicher Aufgeschlossenheit. Er züngelt, das macht er gern. Ein Ausdruck höchster Konzentration. Und er hat etwas Angenehmes erlebt. Es geht ihm gut. Interpretation: Er schmeckt genüßlich nach, in höchster Konzentration.
Quelle: Zeitenspiegel, Waiblingen

weiß jetzt jeder, daß Heiner Geißler geschlagen ist. Noch bevor der Bundeskanzler seinem Generalsekretär gönnerhaft den Abschied nachgereicht, noch bevor er den Nachfolger präsentiert hat, scheinen die Dinge wieder vom Kopf auf die Füße gestellt. Noch bevor Helmut Kohl jedwede Kursänderung der CDU in Anrede gestellt, bevor er auch ein einziges Wort der Begründung für seine Entscheidung geäußert hat, scheint die politische Szenerie wie ausgewechselt. War da nicht gestern der Auftritt eines emotional geplagten Mannes, der gesagt hat, so lasse er mit sich nicht umspringen? Hatte da, keine zwanzig Stunden zuvor, nicht ein asketisch gestählter, kampferprobter Generalsekretär (Geißler) seinem ehemaligen Freund und Noch-Parteivorsitzenden signalisiert, daß er bereit sei, den Fehdehandschuh aufzunehmen? Nein, das ist zu dieser Stunde, da Helmut Kohl seinen Auftritt vor der Öffentlichkeit zelebriert, fast schon wieder vergessen – weggeschoben von einem Maß und einer Masse an Zuversicht, weil sie nur einer haben kann, der sich seines Erfolgs verdammt sicher ist; der das Risiko gewogen und für verachtenswert gering befunden hat ... Ist er nicht Bundeskanzler?«

Diese Zuversicht, diesen unerschütterlichen Glauben an sich selbst, bezieht Helmut Kohl auch aus seinem körperlichen Reservoir – egal, ob seine Gegner lachen oder weinen möchten.

Franz Josef Strauß – Der Vulkan

Dieser Mann hatte in seinem Äußeren etwas Bedrohliches. Selbst wenn er herzlich lachte – und das tat er wirklich offen und häufig –, wirkte er wie ein Vulkan, der jederzeit wieder ausbrechen könnte. Die gedrungene Dynamik seines Körpers, seine abrupten Bewegungen verstärkten diesen Eindruck, der ja auch von häufigen Explosionen bestätigt wurde.

Franz Josef Strauß, ein humanistisch gebildeter Präzeptor, politischer Schnelldenker und explosiv-intellektueller Redner mit einer Brillanzrhethorik wie eine Comicfigur aus einem Asterix-Heft? Massiger Schädel, tiefsitzende Augen, Stiernacken, kaum Hals, sondern gleich Schultern, Brust und Bauch, kurze, säulenartige Beine und ausgestattet mit einem cholerischen Temperament, das andere und im Endeffekt sich selbst nicht schonte – so ein Mann konnte einfach nicht (körperlich) wie eine Friedenstaube wirken. Die optischen Darstellungen von ihm wirkten allesamt, ob Foto oder Cartoon, wie eine verletzende Verzerrung: immer die aggressive Massigkeit des Subjektes im Visier. Wohl kein deutscher Politiker der Nachkriegsgeschichte wurde so häufig und so gern wie er karikiert. Und bei keinem anderen hatten es die Karikaturisten so leicht, die Körpersprache dieses Mannes kam ihnen ja entgegen, ja, sie drängte sich förmlich zur Darstellung auf.

Wir wollen hier nicht über die gedanklichen Inhalte seiner Politik sprechen, wir wollen und können auch nicht seine Körpersprache bis ins Detail ausdeuten. Übrig bleibt nur der äußerliche Umriß des Charakterbildes eines mal frenetisch umjubelten, mal heftig umstrittenen Staatsmannes. Zitat seines besten Freundes Rudolf Augstein:

»Keiner hat so dampfwalzend nach der höchsten Macht gestrebt, keiner hat sich selbst dabei so blockierend im Wege gestanden. Seine Wasserverdrängung, sein spezifisches Gewicht waren enorm.«

Umgekehrt hat sich Strauß offen und gern über die körperlichen Eigenschaften seiner Gegner und Freunde lustig gemacht. Als Verteidigungsminister lästerte er einmal im Bonner Presseclub über einen seiner Untergebenen, den General Röttiger (der, im Gegensatz zu Strauß, gegen die Atombewaffnung der Bundeswehr war), er trage eine Uniform, »in der man ihn, wenn er keine Rangabzeichen trüge, für einen Zigarettenverkäufer halten konnte«.

Strauß mußte 1963 nach der Spiegel-Affäre in der Regierung Adenauer seinen Hut nehmen, zu tief waren seine Verstrickungen, zu eindeutig seine zwielichtige Rolle. Das sahen alle so, nur Strauß nicht, der bitter nach den Auftritten im Untersuchungsausschuß klagte: »Ich bin damals behandelt worden wie ein Jude, der es gewagt hätte, auf einem Reichsparteitag der NSDAP aufzutreten.« Ein Vergleich, der auch der Selbstgerechtigkeit seines körperlichen Auftretens entsprach.

Doch steckte hinter all dieser Selbstliebe, hinter dieser machtvollen und mächtigen Fassade wirklich nur ein gieriger Machtbessener, der rücksichtslos im Interesse seiner Sache auf Freund und Feind losging?

Erinnern wir uns an eine dieser typischen Standardszenen von und mit Franz Josef Strauß. Ein voller Saal, Tausende nicken, klatschen und schweigen zustimmend. Und vorn am Rednerpult, das seine massige Figur verbirgt, ein Strauß in Hochform. Er schwitzt und gibt sein Letztes. Schon zwei Stunden geht sein atemloses Stakkato über und in die Köpfe seiner Zuhörer: beschwörend, beruhigend, manchmal donnernd; eine brillante Pointe an die andere gereiht. Dazu seine typische Bewegung: Er wippt. Wippt auf den Zehenspitzen auf und ab, unentwegt, die ganze atemlose Rede lang. Dieses Wippen, sagt uns die Psychologie, die sich sonst in der Deutung der

Volkstribun und Präzeptor: Franz Josef Strauß auf dem Höhepunkt seiner Macht. Begeistert gefeiert: Er hebt huldvoll die Hände, und das ist mehr als die Geste des Grußes. So läßt sich ein Herrscher von seinen Anhängern umjubeln. Quelle: Sven Simon, Bonn

Körpersprache nicht zu sehr festlegen mag, dieses Wippen sei das Zeichen innerer Unsicherheit oder Verunsicherung.

Man hat dieses Wippen auch bei jungen Polizisten beobachtet, die, mit ihrem Schlagstock und Schutzschild bewaffnet, einfach nur Angst vor den Ansturm der nächsten Chaotenwelle hatten. Hatte auch Strauß Angst? War er etwa doch verunsichert von den vielen Menschen, die ihm so gläubig zuhörten und zuschauten? Oder war dieses Wippen Ausdruck des Zweifels an seinem eigenen Inhalt: der Widerspruch, das Infragestellen der eigenen Person? Wir können ihn nicht mehr fragen. Und wenn, vielleicht hätte er auch bei der Antwort gewippt.

5.
Die Beziehung zum Gesprächspartner ist entscheidend

Auf einer Tagung spricht das Vorstandsmitglied eines großen deutschen Unternehmens über die »wertorientierte Führung« im eigenen Hause. Die Worte klingen gut: Der Mensch ist wichtigster Faktor innerhalb der Unternehmensführung. Die Individualität des Mitarbeiters wird respektiert, seine freie Meinungsäußerung gefördert, seine berufliche und persönliche Entfaltung ermöglicht. Doch das Auftreten des Referenten macht die meisten Zuhörer skeptisch und mißtrauisch. Die emotionale Überzeugungskraft fehlt. Die Mimik ist starr, die Gestik sparsam, der Blick von oben herab. Der Redner wirkt glatt oder arrogant. Kaum vorstellbar, daß dieser Mensch das tut, wovon er spricht.

Beobachtungen wie diese lassen sich häufig machen. Besonders geeignet dafür sind Tagungen oder Kongresse, die sich nicht mit rein fachlichen Themen befassen.

Jede verbale Äußerung kann durch nonverbale Verhaltensweisen in ihrer Bedeutung unterstützt, verstärkt, verdeutlicht oder illustriert, ebenso aber auch abgeschwächt oder entwertet werden. Die vielfältigen Funktionen der Körpersprache innerhalb der menschlichen Kommunikation und die Abhängigkeit der verbalen Äußerungen von den sie begleitenden nonverbalen Zeichen machen sie in gewisser Weise zum übergeordneten Kommunikationssystem. Die Körpersprache gibt uns Hinweise, wie wir sprachliche Aussagen einordnen und bewerten sollen. Zwar sind wir in der Lage, mit Hilfe der Sprache Informationen auszutauschen und weiterzugeben, jedoch liefern Informationen nur ein rein faktisches Wissen über eine Sache, ein Ereignis oder eine Person. Äußerst selten geht es in Gesprächen nur um die Vermittlung von Informationen und damit Inhalten. Informationen können viele Aspekte haben. Sie können wichtig oder unwichtig, wahr oder falsch, gut oder schlecht sein. Dabei kann ein und derselbe Satz je nach Betonung und Tonfall eine vollkommen unterschiedliche Bedeutung haben. Benötigt wird daher stets eine übergeordnete

Information, die Hinweise darauf gibt, wie wir mit der sprachlichen Information umgehen sollen, wie wir sie bewerten oder wie wir auf sie reagieren sollen. Diese Zusatzinformation liefert die Körpersprache. Denn niemand kann etwas sagen, ohne körpersprachliche Signale auszusenden. Selbst wenn wir den anderen nicht sehen, bekommen wir durch den Tonfall, die Sprechgeschwindigkeit und die Lautstärke eine Menge Zusatzinformationen.

Wichtigstes Kriterium für die Zuordnung und Bewertung einer zunächst sachlichen und neutralen Information ist dabei die Beziehung der beiden Gesprächspartner zueinander. Je nach Position und Funktion des Gegenübers erhält eine Aussage eine unterschiedliche Bedeutung. Was der Chef sagt, wiegt in der Regel schwerer als dieselbe Aussage von einem Kollegen. Ein Satz aus dem Munde eines Feindes wirkt anders als dieselbe Aussage von einem Freund.

Während also Gespräche inhaltlich gleich ablaufen, können sich dahinter verschiedene Gefühle verbergen. Hinter einer scheinbar neutralen Information können Vorwürfe, Neid, Erstaunen oder Bewunderung stecken.

Bei den wenigsten Gesprächen ist allerdings die Beziehung der Kommunikationspartner zueinander ausdrücklich definiert. Wichtigstes Kriterium ist dabei zunächst einmal die soziale Rolle der Betroffenen. So ist die Beziehung zwischen Vorgesetzten und Untergebenen aufgrund der unterschiedlichen Rechte und Pflichten definiert. Jede Definition ist jedoch nur so lange gültig, wie beide Gesprächspartner die Position des anderen akzeptieren. Ist das nicht der Fall, so steht häufig das Ringen um die Veränderung der Beziehung im Mittelpunkt der Kommunikation, und der Informationsaustausch verliert zunehmend an Bedeutung. Im Extremfall wird der Inhalt vollkommen unwichtig. Dann kommt es zu endlosen – scheinbar sachlichen – Diskussionen, häufig verknüpft mit gegenseitigen Vorwürfen.

Grundsätzlich gilt: Je positiver die Beziehung zweier Gesprächspartner zueinander ist, um so besser ist die Kommunikation. Die Informationen werden besser verstanden, da man sich ganz auf den Inhalt konzentrieren kann, ohne durch Beziehungskonflikte oder Machtkämpfe gestört zu werden. Wird die Beziehung dagegen von negativen Aspekten wie Feindseligkeiten, Aggressionen oder Arroganz überschattet, gibt es Probleme. Will sich beispielsweise eine Person nicht von einer anderen bevormunden lassen, so wird sie deren Vorschlag – auch wenn er gutgemeint ist und sie ihn inhaltlich durchaus akzeptiert – nicht annehmen. Der Machtkampf wird auf der Beziehungsebene ausgetragen, der Inhalt ist längst zur Nebensache geworden.

Die Beziehung zum Gesprächspartner ist von vielen Faktoren abhängig. Hier spielen Erfahrungen, Erwartungen, Vorinformationen, die momentane Stimmungslage und natürlich die soziale Stellung der beteiligten Personen eine Rolle. Je festgelegter und strukturierter eine Beziehung ist, um so sicherer ist man bei der Bewertung der Inhalte, aber um so weniger Spielraum hat man auch, die Beziehung zu verändern.

Daß die körpersprachliche Botschaft der verbalen Botschaft übergeordnet ist, belegten auch zahlreiche Untersuchungen zum Phänomen der »Kanaldiskrepanz«. In diesem Fall gibt der Sender gleichzeitig zwei widersprüchliche Botschaften ab. Der interessanteste Aspekt dabei ist, daß der Sprecher, der durch sein nonverbales Verhalten seine verbalen Aussagen als Lüge darstellt, vom Adressaten nur schwer zur Rechenschaft gezogen werden kann. Grund dafür ist die fehlende Eindeutigkeit nonverbaler Signale. Dies führte zu der Annahme, daß diese widersprüchlichen nonverbalen Signale dann auftreten, wenn der Sprecher aufgrund sozialer und situativer Normen und Zwänge nicht sagen kann, was er denkt und fühlt. Mit Hilfe der Körpersprache kann er jedoch seine wahre Einstellung – bewußt oder unbewußt – durchsickern lassen, ohne dafür verantwortlich gemacht werden zu können. Paradoxerweise schenkt der Beobachter diesen nonverbalen Signalen besondere Aufmerksamkeit und hält die so vermittelte Information für glaubwürdiger als die verbale Aussage.

Bei jeder Kommunikation sind Inhalt und Beziehung – Sprache und Körpersprache – miteinander verknüpft, und von der Art der Verknüpfung hängt es ab, wie »gut« die Kommunikation ist. Dabei ist die Beziehungsebene der Inhaltsebene übergeordnet. Probleme auf der Beziehungsebene sind daher meist störender als rein inhaltliche Probleme. Während man Schwierigkeiten auf der inhaltlichen Ebene schnell erkennt – man ist dann eben unterschiedlicher Meinung –, werden Probleme auf der Beziehungsebene nicht immer als solche identifiziert. Die Folge davon ist, daß beide Ebenen häufig miteinander vermischt werden. Während die Unstimmigkeit auf der Beziehungsebene liegt, versucht man, die Lösung auf der Inhaltsebene zu erreichen, wo gar keine Meinungsverschiedenheit vorliegt. Dann werden endlose, scheinbar sachliche Diskussionen geführt, oder es kommt zu Streitereien und gegenseitigen Vorwürfen, obwohl man doch inhaltlich eigentlich einer Meinung ist.

Das Ergebnis solcher Gespräche ist daher oft frustrierend, da auf diese Weise das grundlegende Problem – nämlich die gestörte Beziehung – nicht gelöst werden kann. Einem in der Wahrnehmung der Körpersprache Geschulten fällt es dabei leichter, Beziehungskonflikte zu erkennen und anzusprechen und damit das Übel an der Wurzel zu packen.

Es hängt also stets vom Zusammenspiel verbaler und nonverbaler Signale – von der Inhalts- und Beziehungsebene – ab, wie gut und unmißverständlich Kommunikation ist. Die Art der Verknüpfung wird dabei wesentlich durch die Beziehung der beiden Gesprächspartner zueinander bestimmt. Wichtigstes Mittel, um diese Beziehung auszudrücken und festzulegen, ist die Körpersprache.

6.
Körpersprache und Macht

Menschliches Zusammenleben bedarf einer gewissen Ordnung. Ausgesprochene und unausgesprochene Regeln sorgen dafür, daß Menschen sich so verhalten, wie sie sich verhalten sollen. Treffen zwei Menschen zusammen, so ist jeder der beiden bestrebt, möglichst viele Informationen über den anderen zu bekommen. Diese Informationen sind notwendig, um die Situation zu definieren, die gegenseitigen Erwartungen zu ermitteln und dementsprechend zu handeln. Je mehr über eine Person bekannt ist, um so bessere Vorhersagen über ihr gegenwärtiges und zukünftiges Verhalten lassen sich machen. Um auch gegenüber unbekannten Menschen eine gewisse Orientierungshilfe zu haben, nimmt jede Person innerhalb des gesellschaftlichen Zusammenlebens eine bestimmte Position ein. Diese Rolle ist stets mit bestimmten Verhaltensweisen, Rechten und Pflichten verbunden. Ein Chef verhält sich anders als ein Arbeiter, ein Lehrer anders als ein Schüler, ein Mann anders als eine Frau. Jeder Mensch übernimmt in seinem Leben mehrere soziale Rollen. Im Büro ist er der Boß, zu Hause der Familienvater und in der Stammkneipe der Kumpel. Jede Rolle erfordert ein unterschiedliches Auftreten und Verhalten und eine unterschiedliche Körpersprache.

Voraussetzung für das Funktionieren des menschlichen Zusammenlebens sind daher detaillierte Regeln, die das Verhältnis der einzelnen Rollen zueinander festlegen. Grundlage dafür ist die Machtverteilung. »Macht ist als Voraussetzung für ein geregeltes gesellschaftliches Zusammenleben sozial notwendig«, heißt es dazu im Brockhaus. Macht, so lautet die Definition weiter, ist »das Vermögen einer Person oder Gruppe, ihre Ziele gegen Widerstände durchzusetzen. Diese Widerstände können in äußeren Umständen, im Willen Dritter oder in der eigenen Person liegen.« Der Wirtschaftshistoriker und Soziologe Max Weber sieht Macht als ». . . die Chance, innerhalb einer sozialen Beziehung den eigenen Willen auch gegen Widerstreben durchzusetzen, gleichviel, worauf diese Chance beruht«. Demnach kann jede Situation oder menschliche Eigenschaft zu einer Machtstellung führen. Macht ist dabei immer ein Ausdruck der sozialen Beziehung und nicht etwa ein konstantes Merkmal eines Beteiligten. Macht ist ein dynamischer Prozeß, der ständigen Veränderungen unterliegt. Das Funktionieren eines Machtverhältnisses ist stets von beiden Beteiligten – von dem, der Macht hat, und dem, über den sie ausgeübt wird – abhängig. Denn die größte Macht wird nutzlos, wenn es keinen gibt, über den sie ausgeübt werden kann.

Machtverhältnisse können sich abrupt ändern, wenn die Machtmittel in die Hände der bisher Unterlegenen geraten. Besonders im Bereich der Politik vollziehen sich solche Wechsel sehr schnell. Wer heute noch uneingeschränkter Machtinhaber ist, kann morgen schon im Gefängnis sitzen. Machtverhältnisse sind ferner durch den Einsatz unterschiedlicher Machtmittel gekennzeichnet. Dabei muß jedoch zwischen den einer Person grundsätzlich zur Verfügung stehenden Machtmitteln und ihrem Gebrauch in einer bestimmten Situation differenziert werden. In der Regel wendet der Machtinhaber seine Machtmittel sehr rationell an: soviel wie nötig und sowenig wie möglich. Ziel ist es, ohne unnötige Vergeudung von Machtmitteln, den Widerstand des anderen gerade noch zu übertreffen.

Der Einsatz der Machtmittel ist natürlich auch abhängig von der Machtposition des Gegners. Ist das Verhältnis sehr ungleich, genügt für den Stärkeren bereits der Einsatz schwacher Machtmittel, während der Schwächere alles einsetzen muß, was er hat.

Wie der Inhaber einer Machtposition mit seiner Macht umgeht, hängt auch von seiner Persönlichkeit ab. Machthungrige Menschen müssen jedem zeigen, wie mächtig sie sind, andere haben zwar Macht, zeigen sie jedoch kaum.

Macht hat viele Gesichter. Status, Dominanz, Autorität, Manipulation oder Gewalt sind unterschiedliche Spielarten der Macht, die auf verschiedenen Grundlagen basieren und sich verschiedener Machtmittel bedienen.

Während Macht ein Oberbegriff für Beziehungen ist, in denen eine Seite das Verhalten der anderen bestimmt und dabei ihren Willen durchsetzt, bezieht sich Dominanz auf den einzelnen Menschen. Eine dominante Person strebt nach einer Machtposition innerhalb einer sozialen Gruppe. Ihr werden dabei »dominante« Eigenschaften wie hart, bestimmend, befehlsgebend, direktiv und selbstbehauptend zugeschrieben. Im Bereich der Persönlichkeitspsychologie ist Dominanz eine eigenständige Dimension.

Eine Person, die Autorität hat, besitzt Macht aufgrund ihrer persönlichen oder fachlichen Kompetenz. Ihren Anweisungen folgt man in der Regel freiwillig, und häufig werden sie auch nicht als Machtausübung empfunden. Anders sieht es dagegen aus, wenn die Autorität auf Regeln oder Positionen basiert und in keinem Zusammenhang mit den persönlichen Fähigkeiten des Machtausübenden steht. Diese Art von Autorität kann in der Regel nur mit entsprechenden Machtmitteln aufrechterhalten werden und wird eindeutig als Macht empfunden. Dann spricht man von autoritären Personen: Chefs, die ihre Mitarbeiter unter Druck setzen, Lehrer, die ihre Schüler in Schach halten.

Der Status einer Person ist ihr Standpunkt innerhalb der Gesellschaft. Er wird weniger durch persönliche Eigenschaften als durch Merkmale wie Einkommen, berufliche Position und Herkunft bestimmt. Erkennbar ist er meist an den entsprechenden Statussymbolen wie Auto, Kleidung, Schmuck oder Titel. Statussymbole dienen ihren Trägern dazu, ihre soziale Stellung nach außen zu demonstrieren. Ließ früher der Gebrauch von Statussymbolen einen eindeutigen Rückschluß auf die soziale Stellung der betreffenden Person zu, so täuscht er heute vielfach nur einen hohen Status vor. Wer nicht zu den höheren Schichten unserer Gesellschaft gehört, der möchte wenigstens nach außen so tun als ob.

Status bekommt man zugeschrieben (durch Geburt), übertragen (der Mitarbeiter einer Firma übernimmt auch deren Status) oder erwirbt ihn (durch Leistung). Je höher die Position in der sozialen Hierarchie ist, um so höher ist der Status einer Person und um so mehr Rechte und Freiheiten hat sie. Zwar kann ein hoher Status gleichbedeutend mit Macht sein, er bedeutet jedoch nicht notwendigerweise Macht. Man denke etwa an Präsidenten mancher Länder, die zwar offiziell den höchsten Status haben, in Wirklichkeit jedoch abhängig vom Militär sind. Hoher Status ist daher nur eine mögliche Grundlage für Macht.

Manipulation ist eine verdeckte, meist negativ empfundene Form der Macht, die dem Manipulator zur Durchsetzung seiner Interessen verhilft. Wer manipuliert wird, ist sich der über ihn ausgeübten Macht nicht bewußt und kann sich folglich auch nicht dagegen wehren.

Machtausübung erfolgt nicht immer offen, sondern häufig sehr subtil, so daß es nicht immer einfach ist, Machtverhältnisse überhaupt als solche zu erkennen. Vollkommen gleichberechtigte Beziehungen gibt es aber kaum. Denn das würde bedeuten, daß keiner der beiden Beteiligten den anderen in irgendeiner Weise einschränken will. Da aber jeder Mensch unterschiedliche Bedürfnisse und Wünsche hat, bleibt immer nur die Wahl, sich selbst den Bedürfnissen des anderen anzupassen oder seine eigenen Wünsche – auch gegen den Willen des anderen – durchzusetzen. Macht ist die vertikale Dimension jeder Beziehung. Je ausgeprägter die Hierarchie innerhalb einer sozialen Gruppe ist, desto ausgeprägter ist auch das Machtverhältnis und um so schwerer läßt sie sich durchbrechen. Wer Macht hat, möchte sie auch behalten und ist darauf bedacht, alle Bedrohungen seiner Machtposition fernzuhalten oder zu eliminieren. Was aber tut der Mächtige, um seine Macht zu erhalten?

Neben dem Einsatz massiver Machtmittel bedient er sich einer Fülle unauffälliger, aber wirksamer Mittel. Dazu gehört neben der entsprechenden Gestaltung der Umwelt (Chefbüros sind stets größer und signalisieren eine höhere Position) und der Ausstaffierung mit Statussymbolen auch die angemessene Körpersprache. In ihr spiegelt sich deutlich wider, wer oben und wer unten ist. Denn während Sprache in erster Linie dazu dient, Informationen – Inhalte – zu vermitteln, drücken sich in der Körpersprache im wesentlichen Gefühle und Einstellungen – und damit die Beziehung zum Gegenüber aus. Körpersprache wird dadurch zum Spiegelbild der Macht.

Betrachtet man die einzelnen – scheinbar unbedeutenden – körpersprachlichen Signale genauer, so stellt man tatsächlich fest, wie eng der Zusammenhang von Macht und Körpersprache ist. In allen Bereichen – von der Körperhaltung, dem Blickkontakt, den Gesten bis hin zur Mimik – zeigt der »Mächtigere« stets ein anderes Verhalten als der »Untergeordnete«. Wer oben ist, würdigt andere manchmal keines Blickes. Er sieht über sie hinweg, übersieht sie. Wer unten ist, zeigt dagegen viel intensiveren Blickkontakt. Der Grund: Er braucht möglichst viele Informationen über den Mächtigeren, um richtig auf seine Einstellungen und Gefühle reagieren zu können, denn sonst drohen häufig Sanktionen und Bestrafungen.

Häufig genügen ein strenger Blick oder eine abweisende Handbewegung, um den »Untergeordneten« wieder auf den rechten Weg zu bringen. Die meisten Menschen reagieren auch automatisch auf diese körpersprachlichen Signale und erfüllen damit die an sie gestellten Erwartungen.

Die unterbewußte Wahrnehmung körpersprachlicher Signale und die automatische Reaktion auf sie machen sie zu einem idealen Mittel, um soziale Strukturen zu regulieren. Dabei besteht zwischen Körpersprache und Macht aber kein einfaches Ursache-Wirkungs-Verhältnis. Eine Machtposition erfordert bestimmte körpersprachliche Verhaltensweisen. Ein Boß muß sich daher auch wie ein Boß verhalten. Umgekehrt unterstützen bestimmte körpersprachliche Verhaltensweisen wiederum die Machtposition. Wer sich wie ein Boß verhält, der wird auch als solcher angesehen.

Bei der Interpretation körpersprachlicher Signale orientieren wir uns meist an der sozialen Rolle unseres Gegenübers. Ein ernster und strenger Chef lächelt nicht, und tut er es doch, so wird es schnell als verächtlich oder herablassend interpretiert.

Besonders auffallend sind Interpretationen der Körpersprache von Männern und Frauen. Unterschiede werden jedoch ausschließlich auf das Geschlecht zurückgeführt. Dabei sind die meisten dieser Unterschiede nicht angeboren, sondern wurden erst im Laufe der Sozialisation erlernt. Eine bestimmte soziale Rolle führt so zu einer spezifischen Körpersprache, und diese bestimmt wiederum die Position innerhalb der sozialen Ordnung.

Rollen und Machtverhältnisse lassen sich daher nicht verändern, ohne die Körpersprache zu verändern. Worte allein genügen nicht. Sie werden schnell zu leeren Hülsen, wenn sich an der Beziehung und damit an den Rechten und Pflichten der Beteiligten nichts ändert. In der Regel ist es schwierig, bestehende Machtverhältnisse neu zu gestalten. Wer einmal überlegen ist, will es meist auch bleiben. Manchmal lassen sich wirkungsvolle Veränderungen jedoch durch Kleinigkeiten herbeiführen. Dann bewirken eine andere Körperhaltung, ein anderer Blick oder ein Lächeln mehr als tausend Worte. Wer also glaubt, der Zweck der Kommunikation liege ausschließlich in der Übermittlung neuer Informationen oder dem Ausdruck individueller Gefühle und Gedanken, der läuft einem idealisierten Mythos hinterher. Ziel der Kommunikation ist es ebenso, bestehende Machtverhältnisse in ihrer momentanen Form aufrechtzuerhalten. Auch wer frei sagen kann, was er denkt, wird von seinen Mitmenschen in seine Schranken verwiesen – allerdings häufig auf eine sehr subtile, wortlose Art.

Wer Mitglied einer sozialen Gruppe und Institution werden will, weiß zwar, welche offiziellen Erwartungen an ihn gestellt werden; mindestens genauso wichtig sind jedoch die inoffiziellen Anforderungen wie etwa die richtige Kleidung, das passende Aussehen und die angemessene Körpersprache. Charakteristisch für Institutionen ist in der Regel ihre geringe Toleranz für Abweichungen in diesem inoffiziellen Teil. Körpersprache wird daher häufig zu einem wichtigeren Kriterium als Sprache, ohne daß der Betroffene es weiß. So kommt es, daß Sprache dazu benutzt wird, demokratische Prozesse und freie Entscheidungen vorzuspiegeln, während das ausschlaggebende Urteil auf der körpersprachlichen Ebene schon längst gefällt ist. Sprachgläubige merken dann nicht, was eigentlich vor sich geht.

Insgesamt läßt sich die Beziehung von Macht und Körpersprache folgendermaßen zusammenfassen:

- In der Körpersprache spiegelt sich stets die Einstellung und damit die Beziehung zum Kommunikationspartner wider.
- Macht (Status, Dominanz) ist daher ein Hauptaspekt der Körpersprache.
- Macht hat viele Gesichter. Sie reicht von milden Formen der Kontrolle bis hin zur offenen Gewaltanwendung.
- Körpersprachliche Signale gehören dabei zu den milderen Formen. Erst wenn sie versagen, kommen verbale oder körperliche Sanktionen zum Tragen.

- In dem Kontinuum zwischen offener oder verdeckter Machtausübung nimmt die Körpersprache eine Schlüsselstellung ein. Sie ist das Mittel, mit dem sich Menschen am leichtesten manipulieren lassen. Denn mit ihrer Hilfe läßt sich soziale Kontrolle am unauffälligsten und wirksamsten ausüben.
- Viele nonverbale Verhaltensweisen, die scheinbar bedeutungslos sind und nichts mit Macht zu tun haben, dienen in Wirklichkeit dem Ausdruck und der Aufrechterhaltung von Machtverhältnissen.
- Da unsere Kultur dem nonverbalen Verhalten wenig Aufmerksamkeit schenkt, fehlen Anhaltspunkte für die Deutung bestimmter Situationen. Bei der Interpretation solcher Situationen orientieren wir uns daher an den sozialen Rollen der betreffenden Personen und somit auch an den damit verbundenen Vorurteilen. Dies trägt wiederum dazu bei, den Status quo aufrechtzuerhalten.

Rudolf von Bennigsen-Foerder –
Der schwarze Baron

Die Selbstironie war sein Metier, die hatte er drauf bis zur Perfektion. »Mir genügt es, daß die Leute inzwischen wissen, daß Bennigsen mit drei, nicht mit vier n geschrieben wird. Vier n, das hat weh getan: Benningsen.« Dabei lächelte er milde und blickte fast triumphierend in die Runde der Journalisten. Bilanz-Pressekonferenz – und der 64jährige VEBA-Chef genoß seinen Auftritt. Entspannt lehnte er sich in den Sessel zurück, die Hände souverän gefaltet – ein Mann, dessen Körper inklusive des leicht ironischen Lächelns signalisierte: Zufriedenheit mit den Seinen. Und vor allem mit sich selbst. Er hatte allen Grund dazu. Unter seiner Führung wurde aus einem verschlafenen Bundesunternehmen ein dynamischer Konzern. Was Politiker aller Couleur nicht schafften, Bennigsen vollbrachte es quasi über Nacht: Er stoppte den Bau des Zankapfels Wackersdorf, eine von der Staatsmacht martialisch verteidigte Wiederaufbereitungsanlage in der Oberpfalz. So überraschend, so nebenbei, wie man den Bau einer Garage stoppt. Und einige Beobachter sahen mal wieder die Frage beantwortet, wer in diesem unserem Lande wirklich das Sagen hat.

Bennigsen-Foerder – ein Manager der gemütlichen Geste, mit der er seine Überraschungsattacken einlullte. Der oberste Kernkraftwerksbetreiber der Republik gab zum Beispiel zu, daß er Angst vor dem GAU habe. Einfach so. Das hatte zuvor noch kein Boß in der Bundesrepublik gewagt. Und »wer keine Angst hat, ist dumm. Und weil ich Angst habe, tue ich alles, damit dieser GAU nicht eintritt.« Mit solchen Überraschungen wollte er die verlorengegangene Glaubwürdigkeit der Atomindustrie wieder zurückgewinnen, als eine Art moralischer Vordenker, der andere, nicht die ausgefahrenen Wege betritt. So hat er auch die VEBA aus ihrem Mief geholt.«. . . das alles, signalisiert die Körpersprache des Herrn in der Mitte, ist sein Werk. Rudolf von Bennigsen-Foerder – er selbst nennt sich nur knapp Bennigsen – ist es gewohnt, im Mittelpunkt zu sitzen, und er tut es gern. Er ist nicht nur der Mann, der erfolgreich einen Konzern führt, sondern auch ein Manager, der immer wieder durch Gedankensprünge und eigenwillige Entscheidungen seine Kollegen erschreckt«, schrieb der *Spiegel* (Nr. 28/1989) über eine VEBA-Vorstandssitzung.

Im Ruhrgebiet nannten sie ihn den Schwarzen Baron, und er

Penible, akkurate Handbewegungen, das Problem ist erkannt und muß bis ins kleinste Detail hinein bewältigt werden: Rudolf von Bennigsen-Foerder, verstorbener VEBA-Chef, gibt sich als feinsinniger, analytischer Boß ohne Drohgebärden. Doch sein Gesicht, sein zusammengekniffener Mund mit den leicht heruntergezogenen Winkeln verraten die eiserne Entschlossenheit dieses Mannes.
Quelle: Brigitte Hellgoth, Düsseldorf

hat ihnen nicht widersprochen. Er gab sich kumpelhaft und sagte auch mal »Scheiße«, wenn er »Scheiße« meinte; er pflegte seine cholerischen Ausbrüche und entschuldigte sie mit seinem Temperament (»Ich bin eben ein schwieriger Mensch«). Der Schwarze Baron hatte so volkstümliche Hobbys wie Skat, Eishockey, Krimis und Western, freilich auch standesgemäße: Golf und die Jagd. Ein freundlicher Mann, hinter dessen offenem Gesicht tiefes Mißtrauen nistete. Seine Geschäftsdevise: Erst mal abwarten, genau beobachten, gut überlegen – und dann zuschlagen.

Mit der ihm typischen Selbstironie sprach er letzten Sommer auch über seine Zukunft als Industriekapitän: »Mein Vertrag ist bis 92 verlängert. Die Leute denken, gemeint sei 1992. Ich denke, gemeint war, bis Bennigsen 92 ist.«

Rudolf von Bennigsen-Foerder starb im Herbst 1989 völlig überraschend an einer Viruserkrankung.

II.
Spiegelbilder
der Macht

1.
Raumzonen – der richtige Abstand

Jeder kennt die vermeintlich überflüssige Floskel:»Ich will Ihnen ja nicht zu nahe treten.« Der Satz hat durchaus seinen tieferen Sinn: Dahinter steckt das ungeschriebene Gesetz des Abstandhaltens, nach dem jeder Mensch seine ganz individuellen Raumbedürfnisse regelt. Der Gebrauch des zur Verfügung stehenden Raumes hängt dabei unmittelbar mit dem Empfinden zusammen, welches man der anderen Person gegenüber hat. Nicht umsonst spricht man von»nahestehenden« und»entfernten« Bekannten oder Verwandten.

Dr. E. Hall, US-Professor für Anthropologie, hat diese Raumbedürfnisse und ihren Zusammenhang mit der Art der Beziehung der Kommunikationspartner zueinander untersucht und dabei vier Zonen entdeckt, innerhalb derer die meisten Menschen miteinander kommunizieren: die INTIMZONE, die PERSÖNLICHE ZONE, die SOZIALE ZONE und die ÖFFENTLICHE ZONE.

Beginnen wir mit der INTIMZONE. Sie ist die kleinste Zone und umgibt unseren Körper fast wie eine zweite Haut. Die Intimzone beginnt beim unmittelbaren Hautkontakt und reicht bis zu einer Entfernung von etwa 60 Zentimetern. Die wichtigste Voraussetzung dafür, jemanden (freiwillig) in unsere Intimzone eindringen zu lassen, ist Vertrauen. Liebespaare und Kinder, die mit Mutter oder Vater kuscheln, bewegen sich am häufigsten und längsten in diesem Bereich.

Anderen Personen gegenüber möchten wir, auch wenn durchaus Vertrauen vorhanden ist, einen größeren Abstand wahren. Wir befürchten, daß andere uns»auf die Pelle rücken« oder»zu nahe« treten. Dabei spielt die eigene Psyche eine große Rolle: Je unsicherer ein Mensch ist, um so mehr leidet er auch an einem unerwünschten Eindringen in seine Intimzone. Bei diesen Menschen ist die Intimzone größer, denn sie brauchen mehr Raum oder Platz für Abwehrgesten und Fluchtstrategien. Interessant ist, daß gerade aggressive und zur Gewalt neigende Menschen eine besonders große (manchmal doppelt so große) Intimzone haben. Sie fühlen sich daher schneller bedroht, wenn man ihnen zu nahe kommt.

Die Verletzung der Intimzone anderer ist in aller Regel ein grober Fehler. Ein Lehrer, der sich beispielsweise einem Schüler von hinten nähert und ihm dabei auch noch den Arm auf die Schulter legt, ruft meist unangenehme Gefühle bei diesem hervor. Der Schüler wird unsicher, rutscht auf seinem Stuhl hin und her oder weicht zurück. Sein Körper spricht gegen diese Verletzung der Intimzone, doch meist wird diese Sprache vom Verletzenden nicht verstanden.

Anders verhalten wir uns in Situationen, in denen das Eindringen in die Intimzone einer anderen Person unvermeidlich ist, wie etwa in überfüllten Bussen, U-Bahnen, Warteschlangen oder im Lift. In diesem Fall verändern wir unser Verhalten so, daß die durch die geringe räumliche Distanz entstandene Nähe nicht als solche aufgefaßt wird. Da steht man dann mit steifem Körper, den Blick an die Decke oder auf den Boden gerichtet und vermeidet jeden Körperkontakt. Bei zufälligen oder durch die Enge des Raumes bedingten Berührungen weicht man zurück, rückt beiseite und entschuldigt sich. Der Körper signalisiert seiner Umgebung: Sorry, ich möchte niemanden belästigen. Die räumlichen Umstände zwingen mich dazu.

Für das Kino, das Lokal oder das Theater gilt: Wir setzen uns nur direkt neben einen Fremden, wenn es absolut keine andere Möglichkeit mehr gibt. Ansonsten bleibt im Zug oder im Kino mindestens ein Stuhl dazwischen frei. Das gleiche gilt für den Besuch in einer Kneipe oder gar in einem Restaurant. Der Durchschnittsmensch sucht sich stets einen freien Tisch. Im Berufsleben wird die Intimzone der Untergebenen oft ganz bewußt vom Chef verletzt. Er will damit seinen Einfluß oder seine Macht demonstrieren. Dabei handelt der Boß jedoch nicht besonders klug. Er greift die Sicherheit seines Mitarbeiters an und verunsichert ihn. Wer verunsichert ist, begeht schneller Fehler. Er empfindet das Arbeitsklima eher als belastend. Und all das beeinträchtigt letztlich seine Leistungsfähigkeit.

Das gleiche gilt für einen Verkäufer, der in die Intimzone seiner Kunden eindringt. Wir alle kennen die Situation: Man steht in einem Laden und betrachtet verschiedene Produkte. Ein Verkäufer eilt herbei, stellt sich dicht neben einen und beginnt ein Verkaufsgespräch: Damit dringt er in unsere Intimzone ein. Für manchen Kunden ist dieses Verhalten so unangenehm, daß er den Laden möglichst schnell wieder verläßt – ohne etwas gekauft zu haben.

Bezeichnend ist folgendes Beispiel, das der US-Psychologe Julius Fast selbst erlebt hat und das gern immer wieder zitiert wird: »Vor nicht allzu langer Zeit aß ich mit einem befreundeten Psychiater zu Mittag. Wir saßen in einem angenehmen Restaurant an einem jener kleinen Tische, die heute so beliebt sind. Nach einigen Augenblicken holte er eine Schachtel Zigaretten aus der Tasche, zündete sich eine Zigarette an und legte die Schachtel vor meinem Gedeck auf den Tisch.

Er sprach weiter, und ich hörte weiter zu, aber ich war auf eine Art beunruhigt, die ich nicht erklären konnte, und noch stärker beunruhigt war ich, als er sein Besteck immer näher zur Zigarettenschachtel hinschob, näher und näher in Richtung auf die Tischkante an meiner Seite. Dann lehnte er sich selbst ganz über den Tisch und machte eine bestimmte Bemerkung. Es war eine Bemerkung, die ich kaum begriff, denn ich fühlte mich immer unbehaglicher.

Schließlich hatte er Mitleid mit mir und sagte: ›Ich habe dir soeben eine der grundlegenden Tatsachen der Körpersprache demonstriert.‹

Verwirrt fragte ich. ›Und welche war das?‹

›Ich habe dich aggressiv bedroht und herausgefordert. Ich brachte dich in eine Lage, in der du dich verteidigen mußtest, und das hat dich durcheinandergebracht.‹

Ich verstand immer noch nicht und fragte: ›Aber wie denn? Was hast du gemacht?‹

›Zunächst habe ich meine Zigarettenschachtel zu dir hingeschoben‹, erklärte er. ›Auf Grund einer stillschweigenden Übereinkunft hatten wir den Tisch vorher in Hälften geteilt, die eine Hälfte für dich und die andere für mich.‹

›An eine solche Aufteilung habe ich nicht gedacht.‹

›Natürlich nicht. Aber trotzdem war es so. In Gedanken haben wir beide uns ein bestimmtes Revier abgesteckt. Normalerweise hätten wir den Tisch höflich zwischen uns geteilt und die Hälfte des anderen respektiert. Ich legte meine Zigarettenschachtel aber ganz bewußt in dein Gebiet und brach damit die Übereinkunft. Du wußtest zwar nicht, was ich tat, aber du fühltest dich trotzdem unbehaglich. Als ich dem ersten Einbruch in dein Revier einen weiteren folgen ließ und meinen Teller und das Besteck zu dir hinschob und mich dann noch selbst über den Tisch lehnte, fühltest du dich immer unwohler und bedrohter und wußtest immer noch nicht, warum.‹«

Dieses Experiment kann man in vielen Abwandlungen wiederholen. Dabei läßt sich in den unterschiedlichsten Situationen genau beobachten, wie Menschen ihr Revier verteidigen. In der Körpersprache des Gesprächspartners spiegelt es sich stets wider, wenn dieser sich bedroht fühlt: Er rutscht unruhig auf dem Stuhl hin und her, schlägt die Beine übereinander, verschränkt die Arme vor dem Körper und unterbricht den Blickkontakt. Er lehnt sich auf seinem Stuhl zurück oder rückt sogar mit dem Stuhl ein Stück nach hinten, um seine angegriffene Intimzone wieder zu vergrößern.

Er kann allerdings auch offen handeln, indem er die Gegenstände in seiner Tischhälfte einfach zurückschiebt. Ein aufmerksamer Ober sollte daher nicht Aschenbecher und Salzstreuer einfach vom Tisch nehmen, ohne vorher die Betreffenden zu fragen. Vielleicht war gerade der Aschenbecher eine wichtige Grenzmarkierung.

Bei einer Wiederholung dieser Angriffe auf die Intimzone werden diese dem Betroffenen häufig bewußt, und er wehrt sich verbal.

Das Experiment verrät, ob ein Mensch eher zur Flucht oder zur Gegenwehr neigt. In der Art, wie wir unsere eigene Intimzone verteidigen und bewachen, spiegelt sich ein wichtiges Merkmal unseres Verhaltens anderen Menschen gegenüber wider.

Bei der Durchführung dieses Experiments ist jedoch Fingerspitzengefühl angebracht. Der »Angreifer« sollte sorgfältig auf die Unmutssignale seines Gegenübers achten und sich rechtzeitig zurückziehen, sonst besteht die Gefahr, daß die Beziehung dauerhaft gestört wird.

Nach der Intimzone kommt die PERSÖNLICHE ZONE. Sie

Richard von Weizsäcker schüttelt Feesago Siasoai Fepulea, dem Botschafter von West-Samoa, die Hand. Außenminister Genscher schaut wohlwollend in kerzengerader Haltung zu. Der Abstand zwischen beiden Händeschüttlern beträgt zirka 80 Zentimeter. Weizsäcker hat den Diplomaten zu sich gebeten. Die Begegnung findet in einer freundlichen Atmosphäre statt. Trotzdem signalisieren die steifen Körperhaltungen und der Abstand zwischen allen Beteiligten protokollarische Distanz. Quelle: Associated Press, Frankfurt

reicht von 60 Zentimetern bis etwa 1,20 Meter. Erst von dieser Zone aus darf man in die Intimzone eindringen. Wer dabei die persönliche Zone überspringt, wird in der Regel zurückgewiesen. Sie ist die äußerste Grenze für Körperkontakte. Übergeordnete Personen wie Chefs oder Ausbilder dürfen sich nur dann in dieser Sphäre aufhalten, ohne wie ein Eindringling zu wirken, wenn sie einen sehr guten Kontakt zu den ihnen untergeordneten Menschen haben. Meist ist ihr Platz jedoch in der nächsten Zone. Trotzdem geschehen solche Überraschungsangriffe gerade im Berufsleben immer wieder – sie sollen dann Volksnähe oder die herzliche Verbundenheit des Chefs mit seinem Untergebenen bekunden. Dabei sind es nur Begegnungen von Macht und Ohnmacht. Wenn beispielsweise der Daimler-Benz-Boß Edzard Reuter bei einer Visite im Werk auf einen Fließbandmeister zusteuert und dem verdutzten Mann vermeintlich spontan die Hand schüttelt, so würde es diesem sicherlich nie einfallen, den Körperkontakt zu verweigern. (Sollte jedoch ein Gastarbeiter die gleiche Geste wagen, würde die Reaktion vermutlich ganz anders aussehen!) Und erst recht würde er, der kleine Mann, nie wagen, von sich aus auf Herrn Reuter zuzumarschieren und seinerseits dem für ihn unnahbaren Halbgott kräftig die Hand schütteln.

Von manchen Wissenschaftlern wird das Auto als Ausdehnung der persönlichen Zone betrachtet. Abgesehen von der tatsächlich vorhandenen Gefahr fühlen wir uns bedroht, wenn andere Autofahrer zu dicht auffahren, plötzlich die Spur wechseln oder uns beim Überholen schneiden. Wir fühlen uns in unserer persönlichen Zone angegriffen und reagieren – je nach Temperament – manchmal mit einer irrationalen Wut darauf. So kann das Auto bei der Verteidigung unserer persönlichen Zone zu einer gefährlichen Waffe werden, vor allem wenn dabei unsere Selbstkontrolle teilweise ausgeschaltet wird.

Von 1,20 Meter bis zirka 4 Meter reicht die SOZIALE ZONE. Hier ist der richtige Platz für oberflächliche soziale Kontakte. In dieser Zone sollten sich Kollegen, Chefs, Lehrer, Verkäufer oder entferntere Bekannte aufhalten. Dieser Abstand bietet reichlich Schutz. Man kann schweigsam nebeneinander sitzen oder weiterarbeiten, ohne als unhöflich zu gelten. Diese Distanz zwingt nicht zur Kommunikation. Sie eignet sich daher auch für zwanglose Treffen, formelle geschäftliche oder gesellschaftliche Anlässe. In der sozialen Zone werden Sachgespräche geführt, kaum persönliche.

Der Status einer Person oder eines Mitarbeiters wird beim Eintreten in das Zimmer eines Übergeordneten deutlich. Ist die Position des Besuchers höher, wird der Besuchte von seinem Schreibtisch aufspringen, dem Besucher entgegeneilen und ihm sogar die Tür öffnen. Bleibt der Besuchte hinter dem Schreibtisch sitzen (ohne aufzustehen), so empfängt er eine in seinen Augen deutlich untergeordnete Person. Ihr wird dann häufig ein Stehplatz in der Nähe der Tür oder in der Mitte des Raumes angeboten. Wer vor dem Schreibtisch Platz nehmen darf, hat schon einen höheren Status, ist damit aber noch lange nicht gleichberechtigt. Bietet der Chef seinem Besucher gar einen Platz auf der Sitzgruppe seines Büros an und setzt er sich ebenfalls daneben, so duldet er ein näheres Eindringen in seine persönliche Zone. Er zeigt Vertrauen und Sympathie für seinen Besucher. In der Zuweisung des Platzes spiegelt sich daher stets die augenblickliche Einstellung zu dem Besucher wider. Dabei bestimmt der Abstand auch die Art des Gesprächs. Wer ein persönliches Gespräch führen will, tut dies in der Regel nicht, wenn er an der Tür steht, während sich sein Gesprächspartner hinter dem Schreibtisch verschanzt. Vorgesetzte, die mit ihren Untergebenen über persönliche Dinge sprechen wollen, sollten daher stets darauf achten, daß auch die räumliche Anordnung stimmt.

Die ÖFFENTLICHE ZONE beginnt bei 4 Metern und ist unbegrenzt. In ihrem näheren Bereich eignet sie sich für formlose Zusammenkünfte wie die Präsentation eines neuen Produktes oder eine Ansprache vor einer kleineren Gruppe. Im Schulunterricht befindet sich der Lehrer in dieser Zone, ebenso der Chef, der zu seinen Mitarbeitern spricht.

Zu wichtigen Personen des öffentlichen Lebens wird automatisch und nicht nur aus Sicherheitsgründen eine Distanz von rund 10 Metern eingehalten. Ist dieser Abstand nicht gegeben, so wird er von Leibwächtern geschaffen.

Manchmal suchen die Mächtigen das »Bad in der Menge«. Sie begeben sich freiwillig in die soziale bis persönliche Zone und wollen damit den Niedrigerstehenden Sympathie und Vertrauen demonstrieren. Ihr Ziel ist es dabei, die Zuneigung dieser Gruppe zu gewinnen – dies ist besonders gut in politischen Wahlkämpfen zu beobachten. Manager kommen meist erst in wirtschaftlich brenzligen Situationen aus ihrem Reservat. Geht es einem Unternehmen nicht besonders gut, sucht der Chef häufig die Nähe seiner Angestellten, um zu signalisieren: »Wir sitzen doch alle im gleichen Boot.« Er möchte Verantwortung delegieren oder um die Unterstützung der eigenen Person buhlen.

Zusammenfassend läßt sich sagen: Wer anderen Menschen zu nahe tritt und ihre Grenzen nicht anerkennt oder sie gar verletzt, der tritt ihnen auch psychisch zu nahe. Ihm fehlt das richtige Einfühlungsvermögen, und das ist hinderlich im privaten wie auch im beruflichen Leben.

2.
Macht und Raum

Man kann es besonders gut im Tierreich beobachten: Wer das Territorium beherrscht, dem gehört die Macht. Ein gewisses Gebiet, der Lebensraum wird abgesteckt, markiert und gegen andere verteidigt. Man nennt es wissenschaftlich: Territorialverhalten. Das gleiche Benehmen gibt es beim Menschen: In jeder Situation seines Lebens bewegt sich der Mensch in einem bestimmten, ihn umgebenden Raum. Doch geht das menschliche Verhalten dabei weit über den angeborenen Trieb hinaus. Das Machtbewußtsein des Homo sapiens, der Raumhunger, übertrifft bei weitem die natürlichen Instinkte der Tiere. Obwohl es über das räumliche Verhalten in menschlichen Hierarchien weit weniger Untersuchungen gibt als über das tierische, läßt sich vorweg schon einmal behaupten: Die soziale Elite ist stets auch die räumliche Elite. Die Mächtigen beanspruchen und haben mehr Raum zur Verfügung als Unterprivilegierte. Ihre Grundstücke sind größer, ihre Wohnungen, ihre Autos und ihre räumliche Mobilität ebenso. Sie können mit ihren schnellen Wagen oder Privatflugzeugen schneller als andere engen und unangenehmen Situationen entkommen. Sogar die Friedhöfe der Reichen und Mächtigen sind größer als die der Armen. Wer Geld, Macht und Ansehen hat, drückt dies in aller Regel auch in dieser Form der Körpersprache aus. Er beansprucht mehr Raum, als anderen zur Verfügung steht.

Wie durchgängig dieses Prinzip ist, zeigt sich an folgendem Beispiel. Wissenschaftliche Untersuchungen haben ergeben, daß mit der Höhe des Status und der Machtposition sogar der Raum auf dem Briefpapier wächst, der für die Unterschrift benötigt wird. Die Büros der Bosse sind größer, heller und liegen meist in den obersten Stockwerken. Aus ihren Fenstern hat man die beste Aussicht. Zum Teil hat der Boß seinen eigenen Aufzug. Wer einen Schlüssel zu solchen Cheflifts bekommt – speziell in den USA und Japan –, hat schon eine überaus wichtige Karrierestufe erreicht.

Viele Vorgesetzte haben ihre eigene Toilette, manchmal sogar eine Dusche. Die Einrichtung ihrer Zimmer ist wertvoller, die Pflanzen sind größer. Die Raumstylisten großer Unternehmen sind oft arme geplagte Leute. Sie müssen die Sitzgelegenheiten der Ressortleiter, ihrer Stellvertreter, der Abteilungschefs, Vorstandsmitglieder und des Aufsichtsrates je nach Wichtigkeit zielsicher aussuchen. Und wehe, sie irren sich in Höhe und Komfort des Sessels gemäß der Bedeutung seines Besetzers. Stimmt die Höhe der Rückenlehne? Kann der Boß beim Gespräch mit einem Untergebenen auf ihn herabblicken? Er muß es unbedingt – denn das symbolisiert Erfolg. Fehlende Zentimeter in der Sitzhöhe könnten einen Abstieg auf der Erfolgsleiter bedeuten. Und dann wuchern die Gerüchte, und das ist auch schlecht für die Laufbahn nach oben.

So wie du sitzt, so mächtig bist du – ungefähr so könnte man ein altes Sprichwort auf das Karrierestreben ummünzen. Die Dominanten nehmen in der Regel am Kopfende eines rechteckigen Tisches Platz. Sie haben damit eine abgehobene Position zu den anderen. Ihr Abstand zum nächsten Nachbarn ist größer, der Überblick besser. Sie können alle anderen Beteiligten gleich gut beobachten und andererseits die Aufmerksamkeit auf sich ziehen. Sie sind im wahrsten Sinne des Wortes Vorsitzende. Hinter ihrem Rücken ist meist nur noch die Wand, niemand könnte hinter ihnen den Dolch erheben. Auch die Hierarchie unter den Untergebenen ist in der Sitzordnung klar erkennbar. Je näher sie beim Vorsitzenden sitzt, um so wichtiger ist die Person. Bei Diskussionen ist der günstigste Platz rechts neben dem Diskussionsleiter, da fast alle Leiter bevorzugt nach rechts schauen.

Bei wichtigen Verhandlungen werden Gespräche am runden Tisch geführt. Jeder Teilnehmer hat die gleiche Position. Alle sind gleichberechtigt. Solche Runden entstehen oft nach Konflikten, man möchte ein spannungsgeladenes Klima entschärfen – und »sitzt an einem gemeinsamen Tisch«. Dieses Symbol der Körpersprache war in der ersten Hälfte von 1989 in Polen sehr deutlich zu beobachten. Alle Parteien des Landes – die Kommunisten, die Christen, die Bauernpartei und die Gewerkschaft »Solidarität« – versammelten sich in Warschau wochenlang um einen riesigen runden Tisch. Es war vielmehr ein Kreis, der von vielen kleinen

Die Gleichberechtigung: Der Machtsturz der Kommunisten in Polen ist nicht mehr aufzuhalten. Die Opposition drängt in die Verantwortung. Es wird verhandelt, immerhin: Man setzt sich an einen Tisch – und dabei muß jeder Gesprächspartner auch räumlich gleichberechtigt sein. Bei eckigen Tischen sind die Personen, die an den Kopfseiten Platz genommen haben, in der dominanten Position. Nicht so am Runden Tisch. Jeder hat den gleichen Blickwinkel, jeder den gleichen Platz zur Verfügung, es gibt keine bevorzugten räumlichen Positionen – ein körpersprachliches Signal der Gleichberechtigung. Der Runde Tisch wird zum Begriff des Aufbruchs im Osten. Wie in Polen gewann er auch Ende 1989 in der DDR an großer Bedeutung. Der Runde Tisch – ein Zentrum gleichberechtigter Verantwortung.
Quelle: Associated Press, Frankfurt

Tischen gebildet wurde. Auf diese Art und Weise erzielte man schließlich eine gewisse politische Einigkeit in einem politisch und wirtschaftlich sehr gebeutelten Land.

Bedeutsam für die Machtposition ist auch die Sitz- oder Standhöhe. Höhe ist stets etwas Erstrebenswertes: Man klettert die Karriereleiter wohin? Nach oben, selbstverständlich! Und bei einer Niederlage fällt man nach unten in einen Abgrund – so bedeutungsschwer werden durchaus überwindbare berufliche Tiefs symbolisiert. Der Sieger steht – wie im Sport – immer auf der

Zwei Männerfreunde: Wie mag das ausgehen? Zwei dominante Typen, gut befreundet (oder besser: gut befeindet?), fixieren sich wie die Kampfhähne, beide in eindeutiger Herrscherhaltung, die Fäuste in die Seiten gestemmt. Beide bestimmen, wo es langgeht. Der kleinere Strauß hat sich etwas überhöht im Gelände, um auf Kohl herunterschauen zu können. Ein Bild von einer der gemeinsamen Wanderungen beider Politiker. Strauß hat immer wieder versucht, seinen Widerpart in Bonn kleinzukriegen. Doch außer mit großer Gestik und Theaterdonner konnte der Bayer den Pfälzer letztendlich nicht beeindrucken.
Quelle: Richard Schulze-Vorberg, Bonn

höchsten Stufe. Alles andere ist von oben betrachtet nur Abstieg. Der Richter thront stets über dem Angeklagten, sogar im Gottesdienst predigt der Geistliche von oben, von der Kanzel, auf die Gläubigen (die Kirchengemeinde) herab. Bildlich gesprochen: Der Hirte spricht zu seinen Schafen, denn umgekehrt wäre es nicht denkbar.

Charlie Chaplin, der Meister der tragischen Parodie, hat die Höhensucht der Mächtigen sehr witzig und treffend in seinem Film »Der große Diktator« karikiert. Eine Szene spielt in einem Friseursalon: Hitler (Charlie Chaplin) und Mussolini (Jack Oakie) sitzen nebeneinander auf Friseurstühlen und lassen sich rasieren. Beide sind fast bis zur Unkenntlichkeit eingeseift und mit großen weißen Tüchern auf ihre Stühle gefesselt. Wer von beiden mag der Größere sein? Wer der Mächtigere? Es beginnt ein irrwitziges Kreiselspiel, beide versuchen, sich krampfhaft mit ihren Stühlen um die eigene Achse höher zu drehen, denn wer am höchsten kommt, hat gewonnen. Er ist der Überlegene. Der Untergebene (Unterlegene?) hat vor dem Ranghöheren zu kuschen. Man kann es täglich beobachten. Im Fernsehen bei Empfängen zwischen Politikern, in der Firma bei Begegnungen mit dem Chef, in der Schule im Verhältnis zwischen Lehrer und Schüler, in hochherrschaftlichen Häusern zwischen Dienstpersonal und Hausherren oder -damen. Der Unterlegene muß sich verbeugen und verneigen und damit seine Unterlegenheit auch in seiner Körperhaltung ausdrücken.

Andererseits lehrt uns der Knigge stehenzubleiben, wenn sich dominante (Respekt-)Personen hinsetzen dürfen. Hier geht es nicht um Höhe und Größe, sondern um das Recht, eine bequeme Position – häufig sogar auf speziellen Sitzgelegenheiten – einnehmen zu können.

3.
Das Chefzimmer

Raum ist das Privileg des Mächtigen. Und je größer und abgeschotteter sein Raum ist, desto wirkungsvoller kann er seine Stimmungen und seine Kompetenz (besser: seinen Anspruch auf Kompetenz) demonstrieren. Macht ist, wenn Launen wirksam werden – und das Chefzimmer ist die Keimzelle der Macht – die Schaltzentrale. Hier werden Erfolge und Pleiten gesteuert, Karrieren und Niederlagen konstruiert.

Das flaue Gefühl im Magen stellt sich bei den Untergebenen meist schon beim Anruf des Vorzimmers ein: »Bitte zum Chef kommen!« Häufige Reaktion: Nervosität, feuchte Hände, Zittern in der Stimme, obwohl eigentlich gar kein Grund zur Unruhe besteht. An ähnlichen Symptomen leiden Schüler, die überraschend zur Schulleitung zitiert werden. Die übergeordnete Macht erzeugt ein schlechtes Gewissen beim Untergebenen. Sie/Er unterwirft sich der Autorität, und der Körper reagiert darauf.

Mag sein, daß das Chefzimmer für seinen mächtigen Inhaber ein vertrauter Zufluchtsort ist, für den schwachen Untergebenen stellt es jedoch die Hölle der eigenen Ohnmacht dar. Nicht umsonst träumt fast jeder Lottospieler bei einem Sechsergewinn von einer wunderbaren Vision: Einfach reingehen zum Chef, nicht anklopfen, sich vor ihm aufbauen und ihm endlich sagen, was für ein gigantischer Idiot er doch ist . . . Auf den Ohnmächtigen wirkt nahezu alles im Chefzimmer einschüchternd, der überdimensionale Schreibtisch, der erhöhte Chefsessel (ein Thron?), die Anordnung der Ledersitzgruppe, die angeblich kostbaren Graphiken an der Wand, die unnahbare Ordnung im Raum: Es gibt einfach keine Schwachstellen wie bei ganz normalen Menschen. Wer außer dem Chef könnte sich hier wohl fühlen? Hier wird doch meist nur kritisiert, verdammt, genörgelt und gedroht. Selbst ein Lob oder die längst fällige Gehaltserhöhung wirken wie persönliche Gnadengeschenke des Chefs. Also, nur schnell weg in eine vertrautere Umgebung, wo Macht nicht so beklemmend spürbar ist.

Aber ist das alles wirklich so unnahbar, so perfekt? Gibt es wirklich einen vernünftigen Grund, sich dermaßen ausgeliefert zu fühlen, wenn man das Chefzimmer betritt, es sei denn, man hat tatsächlich die berühmten silbernen Löffel geklaut? Macht hat ihre Symbole und wird auch oft zur Schau gestellt, ohne daß sie tatsächlich so wirkungsvoll vorhanden ist. Auch der Mächtige, auch die Bosse haben ihre Schwachstellen, und die kann man häufig sehr deutlich beim Betreten des Chefzimmers erkennen. Wann also ist Macht nur ein Bluff und wann wirklich vorhanden? Wie demonstrieren die Vorgesetzten ihre wahren Machtgelüste, und sind die immer nur einschüchternd?

Die renommierte Diplomdesignerin Elke Steinlein, Bad Oeynhausen, hat zahlreiche Chefzimmer eingerichtet, und sie geht keineswegs devot mit ihrer mächtigen Kundschaft um. Sie weiß um die Schwachstellen und wie hinderlich das Demonstrieren von Macht bei Kommunikation und Arbeitsabläufen sein kann. Für Elke Steinlein ist das Arbeitszimmer des Chefs ein offenes Bilderbuch, das häufig die Branche des Chefs und seine Auftraggeber verrät, das Aufschluß gibt über die charakteristischen Eigenschaften, ja sogar über das Privatleben des Inhabers.

Erste These:
Die Mächtigen umgeben sich oft mit Dingen, die von ihren Schwächen ablenken sollen. Dabei ist grundsätzlich zu sagen: Je autorisierter der Chef ist, je wichtiger er sich vorkommt, desto aufgemotzter sitzt er da auf seinem Chefsessel (entsprechend von der Möbelindustrie entwickelt). Der Machtbewußte, besser noch, Machtsüchtige entwickelt oft ein abartiges Sperrsystem, das es praktisch unmöglich macht, zu ihm vorzudringen, ohne verschiedene Stufen der Erniedrigungen (sprich: Anmeldungen, warten auf Termine, Vormerkungen, Abwimmeln von diversen Vorzimmerdamen) durchzumachen. Diese Form ist vor allem bei der Großindustrie üblich. Sie sagt jedoch nichts über Fähigkeiten und Qualifikationen des Chefs aus. Je mehr Hindernisse er vor sich aufbaut, desto wichtiger fühlt er sich. Das Betreten seines Refugiums muß sich der Untergebene verdienen – es ist eine Auszeichnung, selbst wenn er von seinem obersten Chef gefeuert wird. Wenn der Vorgesetzte gar gleich einem Gott im 30. Stock eines Wolkenkratzers residiert (Vorstand Deutsche Bank), so schafft es

in der Regel der normale Angestellte selbst im Laufe eines Berufslebens nicht, auch nur einmal in den Olymp des Bosses gebeten zu werden. Der Weg vom imposanten Eingangsportal nach ganz oben ist und bleibt für die meisten nur eine noch nicht einmal erträumte Unmöglichkeit. So ähnlich als würde der Bundeskanzler zum Geburtstag zu Hause anrufen oder der Papst das Jüngste taufen.

Bei mittleren Betrieben, in denen sich der Chef von der Pike an hochgearbeitet hat, ist dieser Unterschied nicht so groß. Dort gibt sich der Boß in seiner Schaltzentrale leutselig, oft jovial. Er hat sein Zimmer meist inmitten seiner Angestellten. Sein Raum ist in der Regel nur ein bißchen größer und etwas luxuriöser ausgestattet. Er demonstriert den Gleichen unter Gleichen: Seht nur her, ich bin einer von euch, nur etwas besser und gleicher. Aber ich kann auch anders ...

Zweite These:
Zeig mir dein Arbeitszimmer, und ich sage dir, in welcher Branche du tätig bist. Elke Steinlein:»In Firmen, die für die Saudis tätig sind, haben die Chefs häufig eine verschnörkelte Einrichtung. Das reicht von pseudogoldenen Armaturen auf dem Chefklo oder der Chefdusche bis zu wertvollen Perserteppichen und Hochglanzmöbeln.« Die Gestaltung von Chefzimmern in Großschlachtereien, Schnapsbrennereien, Brotfabriken oder Bauunternehmen bezeichnet Elke Steinlein oft als»Eiche brutal«: Da stehen rustikal geschnitzte Sitzmöbel, Kupferkübel und eichenfurnierte Regalwände auf tiefem Teppichvelours. An den Wänden hängt meist ein Ölschinken vom Firmengründer (oft der Großvater) und eine klotzige Wanduhr.

In Werbeagenturen und Pressebüros bevorzugen die Chefs verstärkt die Kommunikation mit ihren Mitarbeitern. Das drückt sich auch in der Gestaltung der Arbeitszimmer aus. Der große Tisch wird nicht nur vom Boß, sondern auch von den Mitarbeitern genutzt, die Farbe ist überwiegend weiß, und Edelstahl ist ein beliebtes Gestaltungselement. Viel Glas soll entsprechende Transparenz symbolisieren.

Der Durchschnittschef in der Computerbranche sieht sich als phantasiebegabten, kreativen Mitarbeiter, der das Understatement liebt, aber dennoch wertbewußt ist. Entsprechend seine Einrichtung: meist teurer italienischer Technolook, schlicht, mit lustigem manchmal sogar humorvollem Design. Das wertvolle Material soll kaum in Erscheinung treten, aber doch (wenn auch unmerklich) vorhanden sein.

Den »Palazzo-Prozzi-Stil« bevorzugen die Vorgesetzten in der Immobilienbranche und auch in Großverlagen. Das reicht von Textiltapeten, schweren Vorhängen, Ledermöbeln mit Messingbeschlägen, gediegenem Teppichboden und wuchtigen Stehlampen mit gedämpftem Licht bis zu schwarzem Ledermobiliar mit Chromgestell. Besonders beliebt: wertvolle Naturhölzer, am besten aus den Tropen. So ähnlich wollte auch der Hamburger Großverlag Gruner + Jahr sein neues Pressehaus am Hamburger Hafen ausstatten. Nachdem freilich das verlagseigene Magazin *Stern* über die umweltzerstörende Ausbeutung der Tropenwälder berichtet hatte, verzichtete der Konzern auf die entsprechende Ausstattung.

Bei all diesen Beispielen wird stets peinlich genau darauf geachtet, daß der Boß immer nur das größte Zimmer mit der besten Lage und dem hellsten Licht bekommt. Das ist sein Privileg.

Dritte These:
Der Chef möchte in seinem Arbeitszimmer darstellen, daß er auch privat der Größte ist. Er ist in allen Belangen überlegen und völlig zu Recht der Boß. Häufig zieren Arbeitszimmer sportliche Trophäen, wenn der Vorgesetzte sich auch sportlich betätigt. Sehr beliebt sind Auszeichnungen oder dramatische Fotos von Segeltörns auf allen Weltmeeren, auf denen der Boß als sturmzerzauster Abenteurer erscheint, der auch mit Erfolg der Unbill der Natur trotzt.

Bilder von feudalen Golfplätzen zeigen die Weltläufigkeit des Chefs als Privatmensch. Die Prominenten dieser Welt sind seine Freunde, er wird geachtet und geschätzt. Jeder redet mit ihm, und er kann, wenn er will, mit jedem reden. Der Kunstsinnige hängt sich gern Reproduktionen bedeutender Künstler in sein Büro. Seinen Schreibtisch ziert oftmals eine Büste von Marc Aurel, Goethe oder Sokrates etc. Auf Fensterbänken stehen Kopien alter chinesischer Vasen, im Bücherregal antiquarische Werke, und an der Wand hängt häufig ein philosophischer Spruch, der von der Güte oder der Weisheit des Menschen im allgemeinen handelt.

Dieser Chef, so lautet die wortlose Botschaft, will auch so ein Mensch sein: tolerant, verständnisvoll, vernünftig, sensibel. Mit *mir* könnt ihr über alles reden – wenigstens bis zu einem gewissen Grad.

Der Jäger stellt in seinem Zimmer auch gern Fotos seiner Beute aus. Das bedeutet zweierlei: Ich liebe die Natur und hege sie. Ein Naturfreund kann kein schlimmer Mensch sein. Aber vorsichtig! Beute mache ich immer noch.

Vierte These:

Der Chef tobt im Arbeitszimmer seinen ganz persönlichen Geschmack aus. Er stattet sich so aus, wie er es zu Hause nicht darf, denn dort ist seine Frau der Chef. Deshalb sind auch in seinem Dienstbereich Dinge zu finden, die nicht das geringste mit seiner Arbeit zu tun haben: riesige Aquarien, Kupferreliefs von alten Stadtansichten, hochwertiges Spielzeug wie Oldtimer, Flugzeuge, Schiffsmodelle und Lokomotiven auf dem Schreibtisch, Wandteppiche, seltsame Leuchter, eine Mahagonischrankwand, Gummibaum oder Yukapalme, lebensgroße Tierfiguren aus Ton und Porzellan wie Löwen, Panther oder Geparden, eine Schiffslampe, eine Plüschgarnitur.

Dabei wird der Boß oft tatkräftig von seiner Sekretärin unterstützt. Geht sein Verhältnis zur Vorzimmerdame über den Feierabend hinaus – und auch das soll es ja sogar in Vorstandsetagen geben –, so findet bei der Einrichtung des Chefbüros häufig ein Machtkampf zwischen Sekretärin und Chefehefrau statt, den in der Regel das Vorzimmer gewinnt.

Fünfte These:

Alle verschiedenen Boßtypen bevorzugen allgemeine Machtsymbole, die ihre Wichtigkeit oder auch Allmächtigkeit erklären. Zum Beispiel eine imposante Telefonanlage, mit der man Gott und die Welt an der Strippe haben könnte. Sehr beliebt ist auch eine Sprech- oder Gegensprechanlage; auf ihr kann der Chef den hintersten Winkel seines Machtbereiches erreichen, gegebenenfalls sogar abhören – letzteres ist freilich relativ selten der Fall. Über den Status seines Computerterminals kontrolliert er alle Nischen des Systems, oder er hat dazu die Möglichkeit. Dieses Privileg hat nicht nur arbeitstechnische Ursachen, sondern kann auch auf purem Macht- und Kontrollgelüst beruhen. Ein Kuriosum: Sehr häufig steht ein großer, beleuchteter Globus im Chefzimmer. Das betrifft nahezu alle Branchen. Der Vorgesetzte signalisiert: Die Welt ist mein, ich denke, handle und entscheide global, weltumfassend – multinational.

August Everding – Clown und Philosoph

Dieser Mann ist eine Zierde jeder gehobenen Party: ein natürlicher Mittelpunkt, Zentrum einer fröhlichen Gesellschaft. Das liegt daran, daß er selbst witzig, phantasiebegabt, schlagfertig – und mit einer großartigen Gestik ausgestattet ist. Der körperliche Ausdruck ist sein Beruf, schließlich hat der Münchner Generalintendant August Everding alle bedeutenden Orchester dieser Welt schon einmal dirigiert, und diese Gestik nimmt man eben auch gerne mit ins banale Alltagsleben.

Generalintendant August Everding – ein General gibt den Ton an im Münchner Kulturleben. Unverkennbar der körperliche Machtanspruch, wenn Everding auch noch so unverfänglich und humorvoll

So residieren Fürsten. Das Arbeitszimmer des Münchner Generalintendanten August Everding. Je größer die Macht des Bosses, um so größer und feudaler auch sein Raumanspruch. Und dieses Büro sagt alles ...
Quelle: Alfred Haase, München

parliert. Dieser Mann sucht nicht die Macht, er besitzt sie und ist kaum gewillt, sie abzugeben. Er genießt die Insignien seiner Macht – zum Beispiel seine Dienstwohnung, nicht irgendein Haus mit Garten in einem attraktiven Münchner Stadtteil. Nein, August Everding haust wie einst die wilden und mächtigen Rittersleut hoch über dem Isartal in der Burg zu Grünwald. Von hier aus kann er wie ein Herrscher auf den Fluß blicken, der in sanften Schleifen auf die Stadt zusteuert, in der unser Maestro weitgehend das Kulturleben bestimmt und kontrolliert. Dieses Raumgreifende erleben wir auch an seiner Gestik. Wie ein Dirigent bei der Arbeit ist er auch mit seinen eindrucksvollen Handbewegungen auf Parties, bei Reden und Empfängen zugange. Die Vielfalt seiner Gesichtsausdrücke reicht von der schlitzohrigen Clownerie bis zur grübelnden Mimik des Philosophen – freilich immer mit einem schalkhaften Augenblitzen. Er ist eine dieser Personen, die so gerne von sich behaupten hören: Wenn er den Raum betritt, beherrscht er ihn – auch ohne ein Wort zu sagen …

Sollte nun noch irgend jemand Zweifel an der Omnipotenz Everdings haben, so sei ihm empfohlen, um einen Besuch im Arbeitszimmer nachzusuchen. Sollte einem wirklich dieses Glück hold sein, so wird er erstaunt und ehrfürchtig in einem hohen Palaissaal im Theater an der Prinzregentenstraße stehen. Man steht nicht in einem Chefzimmer, sondern in einer Residenzhalle, und sollte August Everding tatsächlich hinter dem mächtigen Schreibtisch sitzen, der diesen Saal wie ein Thron ziert, dann erlebt man nicht etwa ein Gespräch mit dem Münchner Intendanten, sondern vielmehr eine Audienz bei einem freilich sehr sympathischen Fürsten dieser Tage.

Franz Josef Strauß muß außer der Ehrfurcht noch ein anderes Gefühl befallen haben, als er diese eindrucksvolle Pracht erleben durfte: War nicht er der erste Mann im Freistaat Bayern? Warum, zum Teufel, bewohnte dann nicht er dieses Arbeitszimmer? Warum dieser August Everding, von dem er schon bereits gehört hatte, daß der Herr Intendant auch noch mehr zu verdienen pflegt als ein bayerischer Ministerpräsident? Daß Strauß bei diesen freundschaftlichen Begegnungen Neid verspürt haben soll, sind natürlich nur böse Gerüchte, die schon gar nicht von dem klugen und weltgewandten Herrn Everding in die Welt gesetzt wurden.

Bernd Otto – Der Auf- und Absteiger von Coop

Auf den Fotos, die auf dem Höhepunkt seiner Karriere von ihm aufgenommen wurden, präsentierte sich stets ein allgegenwärtiger Bernd Otto. Mal hielt er, breitbeinig in einem Sessel sitzend, seinen Arm wie ein Eroberer über die Weltkugel – auf dem Globus in seinem Arbeitszimmer. Mal saß er entspannt und selbstgefällig beim Interview, ein Mann, dessen Körper selbst dann keine Unsicherheit verriet, als es seinem Konzern schon schlecht ging. Aber vielleicht war dieser übertriebene Ausdruck von Stärke und Dominanz das erste Anzeichen von Unsicherheit und Schwäche, mit denen Otto letztendlich seinen Betrieb steuerte.

Es wurde viel geschrieben über den Coop-Skandal. Unter den Augen von Öffentlichkeit und Aufsichtsrat bauten die leitenden Manager der Gewerkschafts-Einkaufskette einen gigantischen Scheinkonzern auf, dessen einzelne Verschachtelungen noch heute ein Rätsel sind. Ähnlich wie beim Neue-Heimat-Skandal blieb dem Ruf der Gewerkschaften nichts erspart. Am Ende stand eine Milliardenpleite, und im November 1989 wanderten etliche Coop-Bosse in Untersuchungshaft. Einer von ihnen, mit dessen Namen der Coop-Erdrutsch untrennbar verknüpft bleiben wird, schaute sich das Ende »seines Ladens« aus der Ferne an: Der Vorstandsvorsitzende Bernd Otto betrachtete aus Südafrika das unfaßbare Ende. Er hatte sich rechtzeitig abgesetzt – einstweilig. War es nun das schlechte Gewissen oder realitätsfernes Unschuldsbewußtsein – am 4. Dezember 1989 stellte sich Otto nach einem Flug von Johannesburg nach Frankfurt auf dem Flughafen der Staatsanwaltschaft, die ihn schon erwartet hatte. Er kam wie seine Kollegen in Untersuchungshaft.

Was für eine Karriere! Vom Färbergesellen zum bestbezahlten deutschen Manager. Ein Mann, der sich aus den Niederungen eines Wuppertaler Arbeiterviertels in den Jet-set hochgeboxt hatte: Dr. Bernd Otto, 1,90 Meter, von massiger, erdrückender Gestalt, darüber ein pausbäckiges Jungengesicht, verschmitzt, aber nicht unsympathisch, einer, von dem man gerne behauptet, er habe es faustdick hinter den Ohren. Als der ganze Skandal aufflog, saß der dicke Otto rechtzeitig in seinem Kapstadter Ferienhaus mit Blick auf den Atlantik und registrierte fast genüßlich, wie hilflos die Wirtschaftsanwälte sich durch das Dickicht der Coop mit ihren dreihundert ineinander verschachtelten Firmen kämpfen mußten. Schuld? Was für eine Frage!»Die Wahrheit wird ans Licht kommen und mich wieder rehabilitieren«, sagte er fast belustigt. Die Presse habe alles aufgebauscht, die hätten sogar die Farbe seines Dienstjaguars verkehrt benannt. In Wahrheit sei der Wagen nicht fliederfarben, sondern lindgrün. Nicht er, sondern die Gewerkschaften seien die wahren Schuldigen, sie hätten ihn zu merkwürdigen Bilanzen angestiftet, was seinen Anwalt zu dem hübschen Vergleich animierte:»Das Klavier stand bereits da, als Otto kam, und es hatte schon alle Tasten.«

Otto brauchte also nur zu spielen, als er in der Coop seine Karriere absolvierte. Diese Laufbahn von ganz unten nach ganz oben prägte nicht nur den Lebensstil. Sie veränderte Bewußtsein, Instinkte, Gefühle, den ganzen Menschen. Reden wir also weniger von Zahlen als von den Veränderungsprozessen, in die ihn sein Karrierezwang logisch trieb. Mit fünfzehn begann Bernd Otto im Wuppertaler Arbeiterviertel Barmen seine Lehre als Färbergeselle – nach eigenem Bekunden»eine schlimme Knochenarbeit«. Abends ging er zur Schule, um das Abitur nachzumachen. 1962 schrieb er sich an der Universität Köln als Student der Wirtschaftswissenschaften ein, und vier Jahre später bestand er seine Diplomprüfung mit»gut«. Ein fleißiger junger Mann, intelligent, strebsam und kreativ, der sich für die Gewerkschaften engagierte und in die SPD eintrat. Schließlich die Doktorarbeit über»Die Bemühungen der Gewerkschaften im Deutschen Reich und in der Bundesrepublik Deutschland um eine Konzeption überbetrieblicher Mitbestimmung«.

Er wurde Bundesvorstandssekretär beim DGB und Intimus von Heinz Oskar Vetter, der den jungen Kollegen über alles schätzte. Doch in dieser Zeit kippte das Charakterbild Ottos. Klar wollte er der Allgemeinheit dienen, aber – bitteschön, mit allen Auszeichnungen der Macht. Nur raus aus dem Mief, aufsteigen und die Höhen atmen, nur noch Höhenluft. Otto kaufte Vetters ausrangierten schwarzen Mercedes, den er auf dem DGB-Parkplatz neben die VWs und Opels seiner Genossen stellte. Einmal vom Stallgeruch der Gewerkschaften befreit, trat Otto in die Coop ein, kam in den Vorstand und wurde 1980 Vorstandsvorsitzender, der unumschränkte Herrscher in der Frankfurter Zentrale.

Nun mußte auch das klassenkämpferische Outfit geändert wer-

Der ehemalige Coop-Chef Otto auf dem Gipfel seiner Macht: Souverän thront er auf einem lederbezogenen Drehsessel in seinem Arbeitszimmer. Neben ihm ein überdimensionierter Globus, beliebtes Accessoire in Chefbüros. Eine Hand liegt lässig über der nördlichen Halbkugel. Symbolischer kann eine Geste für Machtanspruch nicht sein. Otto, so mag es ihm auf diesem Foto dünken, hat die Welt im Griff. Quelle: Herlinde Koelbe, Neuried

den. Dr. Bernd Otto trug fortan feine Nadelstreifenanzüge, bezog eine Villa im Taunus, ließ sich vom Chauffeur ins Luxusbüro in der City fahren. Der Mann mußte im übrigen auch Ottos Aktentasche ins und aus dem Auto tragen. Bald darauf wurde er als Lehrbeauftragter an die Universitäten Frankfurt und Bochum berufen. In die Coop kehrten Glanz und Glimmer ein, selbst Vorstandssekretäre wurden entsprechend bedient und fuhren Daimler als Dienstwagen. Die damals schon kranke Coop legte sich ein vornehmes Gästehaus im vornehmsten Frankfurter Kapitalistenviertel Lurchesberg zu, das ganz auf die Bedürfnisse Ottos zugeschnitten war: Drei große Büros mit Schlafzimmer, die Räume mit schwarzer Esche und weißem Leder ausgestattet. Verdiente Mitarbeiter und wichtige Gäste wurden auf der 19-Meter-Yacht »Isabella Alexandra« verwöhnt, die Otto nach seiner ersten Tochter benannt hatte. Er wirkte, so der allgemeine Eindruck,»unsäglich reich«. In Königstein im Taunus wurde für 3,5 Millionen ein»niedliches Häuschen«gebaut (*Spiegel* Nr. 20/89), Otto nannte etliche Häuser in Spanien, Südafrika, der Schweiz und Deutschland sein eigen. Aus Bankerkreisen ist überliefert, daß seine Bezüge über drei Millionen Mark im Jahr betrugen, zu einer Zeit, als sich die Coop nicht einmal mehr einen zusätzlichen Pförtner leisten konnte.

Otto selbst hat in seinem südafrikanischen Domizil diese Selbstbedienungsmentalität immer heftig bestritten. Geflohen, verborgen habe er sich in seiner 244-qm-Villa in Kapstadt nie. Das Klima sei eben so hervorragend, das Land so wunderschön – und vom brutalen Apartheidsystem hatte der ehemalige Gewerkschafter überhaupt nichts mitbekommen. So ändern Umstände Charakter und Ideale, Inhalte und Gewissensstrukturen. Korrumpiert Macht, wie uns das Beispiel Otto zeigen will? Die Frage wird auch das Gericht nicht erschöpfend klären können. Otto selbst hat sie freilich schon beantwortet: Er hat keine Schuldgefühle, für ihn war alles legal. Mehr noch: Es war rechtens. Auch das ist die Sprache der Macht – die Verdrängung.

4.
Brust raus, Kopf hoch –
die innere und äußere Haltung

Für den amerikanischen Starmanager Lee Iacocca wurde diese Haltung zum Markenzeichen: Zurückgelehnt in seinem Chefsessel, beide Handflächen übereinander um den Nacken gelegt, und ein überlegenes Lächeln auf den Lippen sieht der Chryslermanager gelassen der Zukunft entgegen. Forscher bezeichnen diese prägnante Chefhaltung häufig als »entspannte Aggressivität«. Dabei gibt der Grad der körperlichen Gespanntheit wichtige Aufschlüsse über den sozialen Status einer Person. Je mächtiger sie ist, desto entspannter ist ihre Körperhaltung. Wer entspannt ist, lehnt sich zurück oder zur Seite, seine Arm- und Beinhaltungen sind häufig asymmetrisch. Besonders oft ist diese Haltung zu beobachten, wenn der Gesprächspartner eine untergeordnete Person oder eine Frau ist. Sehr entspannt gibt sich der Mächtige auch Personen gegenüber, die er nicht mag oder respektiert, solange sie nicht bedrohend wirken. Je mächtiger das Gegenüber ist, um so mehr steigt der Grad der Spannung. Kein Wunder. Wer sich überlegen fühlt, hat wenig zu befürchten. Wer sich unterlegen fühlt, muß dagegen ständig darauf achten, ob er sich auch richtig verhält. Wer Macht hat, hat einen größeren Freiraum in seinem Verhalten. Er ist unabhängiger von der Meinung anderer.

Der Grad der körperlichen Entspanntheit ist jedoch nur ein Kennzeichen der Körperhaltung eines Mächtigen. Wer Macht haben will, muß Größe zeigen – auch in seiner Körperhaltung. Dazu gehören alle Verhaltensweisen, die die sichtbare Größe erweitern: Eine aufrechte Haltung, ein aufgeblasener Brustkasten, in die Hüfte gestützte Hände oder weit ausholende Gesten. Wer dominant sein möchte, legt seine Hände auf den Rücken, hält sein Kinn hoch und zeigt damit, daß er auf den anderen hinunterschaut, auch wenn es aufgrund der Körpergröße allein nicht möglich ist. Wer sich dagegen körperlich klein macht, ist es auch. Er signalisiert seine Unterlegenheit mit gesenktem Kopf und gebeugter Körperhaltung.

Bildungsminister Möllemann ist ein enthusiastischer Mensch. Er steht gern im Mittelpunkt und läßt sich ebenso gern feiern. Was macht er, wenn sein Publikum – hier die Studenten – den vermeintlichen Politstar überhaupt nicht beachtet? Er reckt die Hände wie ein Volkstribun in die Höhe zur großen verbrüdernden Geste: Er feiert sich eben selbst.
Quelle: Wolfgang Borrs, Bielefeld

Die Funktion der Körperhaltung liegt gewissermaßen zwischen den Gesten und dem räumlichen Verhalten. Sie dauert länger als eine Geste, läßt sich aber schneller verändern als die räumliche Position.

Dominante Personen beanspruchen auch in ihrer Körperhaltung mehr Raum für sich. Untergeordnete Personen zeigen dagegen häufig eine enge Körperhaltung. Die Arme liegen dicht am Körper, die Oberschenkel sind aneinandergepreßt, und die Füße stehen dicht zusammen.

Inwiefern spiegeln sich nun in der Körperhaltung bestimmte Gefühle wider? Der Zusammenhang zwischen einer Körperhaltung und dem damit verbundenen Gefühl läßt sich einfach nachprüfen, indem man selbst eine bestimmte Haltung ausprobiert. Wer die schlaffe und lustlose Haltung eines Depressiven mit hängenden Schultern und auf den Boden gerichteten Blick einnimmt, kann leicht nachvollziehen, wie sich ein Mensch in dieser Position fühlt. Der Oberkörper wird zusammengepreßt, die Atmung wird

Wer zuletzt lacht, lacht am besten ... Der sowjetische Diktator Stalin (rechts) und Hitlers Außenminister Ribbentrop haben gerade einen Nichtangriffspakt besiegelt. Ribbentrop in eindeutiger dominanter Armhaltung lacht wie ein zu allem entschlossener Sieger, der seinen Partner bereits im sicheren Würgegriff hat. Und Stalin wendet seinen Blick vom Partner ab und grinst abfällig. Quelle: Bildarchiv preußischer Kulturbesitz, Berlin

flacher, der Körper bekommt weniger Sauerstoff. Der Sauerstoffmangel bewirkt eine Verlangsamung der Körper- und Gehirnfunktionen. Man fühlt sich bedrückt und niedergeschlagen. Der Blick nach unten schränkt zusätzlich noch das Blickfeld ein. Man fühlt sich isoliert von der Umwelt. Bestimmte Gefühle stehen in engem Zusammenhang mit bestimmten Körperhaltungen und lassen sich daher auch durch einen Haltungswechsel verändern. Aktuelle und extreme Gefühle lassen also relativ einfach an der Körperhaltung ablesen. In der Körperhaltung drücken sich jedoch auch Gefühle aus, die der Betroffene nicht mehr bewußt wahrnimmt. Bestimmte Einstellungen, die man sich im Laufe seines Lebens angewöhnt hat, manifestieren sich im Körper. Der Freud-Schüler Wilhelm Reich beschäftigte sich als erster mit dem Zusammenhang zwischen dem individuellen Charakter einer Person und ihrem Körper. Er vertrat die Auffassung, daß sich die individuelle Lebensgeschichte eines Menschen »einfleischt« und sich daher in Körperhaltung, Muskelspannung und Atmung ausdrückt.

Alexander Lowen, ein Patient Reichs, entwickelte in den fünfziger Jahren die Bioenergetische Analyse, eine Methode, die sich systematisch mit der Beziehung von Körperausdruck und Persönlichkeit beschäftigt. Lowen glaubte, daß sich alle neurotischen Probleme eines Menschen in der Struktur und Arbeitsweise seines Körpers niederschlagen. So führen bestimmte wiederholte Erfahrungen – wie beispielsweise Angst – zu chronischen Muskelverspannungen oder Fehlhaltungen. Diese Blockierungen entstehen jedoch erst, wenn die Empfindung geleugnet und verdrängt wird, das heißt der Mensch sich dieser Gefühle nicht mehr bewußt ist.

Mit Hilfe verschiedener Übungen versuchen die neueren Körpertherapien daher, die erstarrte Körperstruktur zu verändern und damit unterdrückte Gefühle wie Angst, Wut, Trauer und Hilflosigkeit zu lösen. Häufig rufen dann ganz einfache Körperübungen beim Betroffenen sehr intensive Gefühle hervor, ein Zeichen dafür, daß damit jahrelang bestehende Blockierungen gelöst werden. Ziel dieses Vorgehens ist eine größere Körperbewußtheit. Sind bestimmte Reaktionen des Körpers, zum Beispiel Verspannungen bei Streßsituationen, bewußt, so können diese durch spezielle körperliche Übungen oder Atemtechniken abgebaut werden. Der Körper kann sich aktiv mit der Belastung auseinandersetzen, wodurch ein hohes Maß an Streßreduzierung erreicht wird. Bleiben die körperlichen Reaktionen unbewußt, sind häufig psychosomatische Störungen die Folge.

Wie sich bestimmte Einstellungen im Körper niederschlagen, ist individuell sehr verschieden. Der Rückschluß von einer Körperhaltung auf bestimmte Probleme oder Einstellungen ist daher nicht möglich.

Insgesamt gilt die Beziehung zwischen Körperhaltung und Persönlichkeit als bisher kaum erforscht. Zwar haben Psychoanalytiker bestimmte Körperhaltungen häufig in der gleichen Weise interpretiert, so daß es eine gewisse Tradition in der Interpretation zu geben scheint, wissenschaftlich bewiesen sind diese Deutungen jedoch nicht. Hierher gehören die bekannten Beispiele, wonach verschränkte Arme Selbstschutz und Rückzug signalisieren oder eine steife, militärische Haltung bei Männern beziehungsweise eine gezierte und aufrechte Haltung bei Frauen Anzeichen für die Unterdrückung von Angst sind. Interpretationen dieser Art sind daher mit Vorsicht zu genießen. Einen interessanten Aspekt

ergaben neuere Ergebnisse auf dem Gebiet der Kommunikationsforschung. Danach wiederholt ein Mensch seine Körperhaltung,
wenn dasselbe Gefühl oder Thema auftaucht. Das heißt, jeder
Mensch verfügt über ein Repertoire an Haltungsmustern für bestimmte Gefühle. Er hat also eine Ärger-, Freude- oder Angsthal-
tung. Wie diese Haltung aussieht, ist unterschiedlich. Der individuelle Haltungscode ist daher schwer zu entschlüsseln. Wem es
durch genaue Beobachtungen gelingt, herauszufinden, wann sein
Kommunikationspartner welche Haltung zeigt, der hat natürlich
einen gewaltigen Informationsvorsprung.

Die Körperhaltung ist eine gute Informationsquelle über unsere emotionalen Gefühlszustände, denn die innere Haltung spiegelt sich stets in der äußeren Haltung wider.

5.
Ein-Stellungen und Stand-Punkte

Stellen wir uns folgende Situation vor: eine Besprechung in einer großen Firma. Während der Boß seinen Standpunkt zu notwendigen personellen Änderungen darstellt, sitzt der Mitarbeiter zurückgelehnt in seinem Stuhl und hört ruhig zu. Allmählich stimmt er immer weniger mit den Ausführungen seines Chefs überein und beschließt, seine Ansicht vorzutragen. Der Haltungswechsel beginnt. Er stellt seine vorher übereinandergeschlagenen Beine nebeneinander, beugt sich leicht vor und beginnt – eventuell noch unterstützt durch eine Geste – seine Ausführungen.

Der Haltungswechsel markiert eine Kommunikationseinheit. In diesem Fall die Veränderung von der Zustimmung zur Ablehnung. Wer daher auf Veränderungen in der Körperhaltung achtet, kann erkennen, wann sein Gegenüber den Standpunkt ändert. Der Haltungswechsel selbst hat dabei keine Bedeutung. Er dient lediglich dazu, verschiedene Verhaltensabschnitte erkennbar zu machen und zeigt häufig einen Wechsel in der Aktivität der Person an.

Deutlichster Anfangs- und Endpunkt einer Kommunikationseinheit ist der vollständige Ortswechsel. Dabei kann die Person den Ort ganz verlassen oder ihren Platz im Raum verändern. Alltägliche Handlungen wie Zigaretten holen oder der Gang zur Toilette markieren häufig solche Einheiten. Der Zurückkehrende nimmt stets eine andere Position ein oder beteiligt sich in einer anderen Art an der Kommunikation.

Welche Aufschlüsse gibt nun die Körperhaltung über die Beziehung zweier Personen zueinander? Obwohl es sicher eine unbegrenzte Zahl von Beziehungen zwischen den Körperhaltungen mehrerer Personen gibt, lassen sich drei Grundtypen beschreiben, die mit bestimmten sozialen Aktivitäten verbunden sind.

Diese zentralen Dimensionen in der Beziehung der Körperhaltungen sind:

1. Die einschließende oder ausschließende Funktion von Körperhaltungen:

Sie definiert den Kommunikationsraum und begrenzt den Zugang zur Gruppe. Immer wenn eine Gruppe zusammen kommt, tendieren ihre Mitglieder dazu, den Raum, in dem ihre Kommunikation stattfindet, durch die Stellung ihrer Körper und ihrer Gliedmaßen zu definieren oder abzugrenzen. Besonders deutlich ist dieses Verhalten zu beobachten, wenn sich noch andere Personen im Raum befinden, die sich nicht oder noch nicht an den Aktivitäten der Gruppe beteiligen. Wenn die Gruppenmitglieder stehen, bilden sie häufig einen engen Kreis, der das Eindringen eines Fremden verhindern soll. Wenn sie in einer Reihe sitzen, wenden sich die an den Enden plazierten Mitglieder manchmal zur Mitte hin und strecken einen Arm oder ein Bein aus, um den Zugang zu begrenzen. Lassen sich die Stühle bewegen, werden sie so plaziert, daß Neulinge zunächst einmal draußen bleiben. Auch wenn Menschen näher zusammenrücken müssen, als es für die Art ihrer Beziehung angemessen ist, werden Barrieren aufgebaut: Eine abgewendete Körperhaltung wird eingenommen, die Beine werden in die vom anderen wegweisende Richtung überkreuzt, oder der Kopf wird auf die Hand aufgestützt, die der anderen Person am nächsten ist.

2. Die Vis-à-vis-Orientierung oder die parallele Körperorientierung:

Sie gibt Hinweise auf die Art der Kommunikation. Zwei Personen, die miteinander kommunizieren, haben grundsätzlich zwei Möglichkeiten der Körperorientierung: Entweder sie sitzen sich gegenüber, oder sie sitzen nebeneinander. In einer Dreiergruppe besteht die Tendenz, daß zwei der drei Personen nebeneinander sitzen und der dritten gegenüber eine Vis-à-vis-Position einnehmen. In Vierergruppen nehmen in der Regel je zwei Personen eine parallele Körperorientierung ein, wobei ein Paar dem anderen gegenüber sitzt. Bei Personen, die eine Vis-à-vis-Haltung einnehmen, findet in der Regel auch eine bestimmte Art der Kommunikation statt. Sie dient dem Austausch von Informationen oder Gefühlen: unterhalten, informieren, lehren oder streiten. Bei der parallelen Orientierung geht es dagegen vorwiegend um Aktivitäten, bei denen sich zwei Personen gemeinsam einer dritten Person oder einem Objekt zuwenden. Sie können gemeinsam einer dritten Person zuhören, Pläne schmieden oder ein Gemälde anschauen.

Der Unterschied zwischen beiden Körperorientierungen läßt sich folgendermaßen beschreiben: Bei der Vis-à-vis-Orientierung müssen die Beteiligten gegenseitig aufeinander reagieren. Jeder muß seinen Teil dazu beitragen, daß die Kommunikation weiterläuft. Dagegen könnten die Aktivitäten bei der parallelen Orientierung im Grunde genommen auch von einer Person ausgeführt werden. Häufig kommt es jedoch auch hier zu einer Arbeitsteilung: Der eine macht eine Aussage, der andere kommentiert sie.

Wer hält wen? Der Große den Kleinen? Oder doch der kleine den großen Tanzbären? Keines von beiden: Eine Geste des Friedens, der Freundschaft und der Verbrüderung zwischen ehemaligen Feinden. Versöhnung auf den Gräbern der gefallenen Soldaten auf dem Schlachtfeld von Verdun – 1984: Helmut Kohl und François Mitterrand. Im Juni 1989 gingen die französischen Sozialisten mit diesem Plakat in die Wahlkampagne zur Europawahl. Quelle: dpa

MASTER GIRAUDY 10870

VERS UNE NOUVELLE TERRE DE PAIX.

18 JUIN · ÉLECTIONS EUROPÉENNES.

Um zu erfahren, wie die Orientierung mit der Art der Beziehung zusammenhängt, befragte man Versuchspersonen, wie sie sich in unterschiedlichen Beziehungen an einen Tisch setzen würden. Dabei wurde die Seite-an-Seite-Position eindeutig als kooperativ, ein direktes Gegenübersitzen als konkurrierend angesehen. Ein bekanntes Beispiel sind die Fotos, auf denen zwei Staatsoberhäupter einträchtig nebeneinander auf der Couch sitzen. Besonders harmonisch sah das bei François Mitterrand und Helmut Kohl aus. Und Harmonie sollte auch dargestellt werden: Hier sitzen zwei Freunde, die sich gut verstehen, es herrscht keine Zwietracht – zumindest nicht in dem Augenblick, in dem der Fotograf auf den Auslöser drückt.

In Gruppen beziehen diese beiden grundlegenden Körperorientierungen selten den ganzen Körper mit ein. Meist kommt es zu Mischformen: Der Oberkörper orientiert sich in die eine Richtung, die untere Körperhälfte in die andere Richtung. Es findet gleichzeitig eine Orientierung mehreren Personen gegenüber statt. Diese aufgesplitteten Körperorientierungen haben eine wichtige Funktion, denn sie sorgen dafür, daß die Gruppe nicht in Zweierbeziehungen zerfällt.

3. Die Kongruenz oder Nichtkongruenz von Körperhaltungen: Sie zeigt an, welche Beziehung zwischen mehreren Gruppenmitgliedern besteht.

Beobachtet man die Körperhaltungen von zwei Menschen oder einer Gruppe, so stellt man häufig fest, daß mehrere Personen dieselbe Körperhaltung einnehmen. In einer Diskussionsgruppe haben dann beispielsweise zwei Personen das linke Bein über das rechte geschlagen, halten ihre Arme vor dem Körper verschränkt und den Kopf leicht zur Seite geneigt. Die Körperhaltungen können dabei auch spiegelbildlich aufeinander bezogen sein. Untersuchungen belegen, daß diese Übereinstimmungen nicht zufällig zustande kommen. Am auffälligsten war dabei die Beobachtung, daß die Mitglieder einer Gruppe dem Haltungswechsel einer Person rasch nachfolgen. Die Übereinstimmung bleibt dann häufig über mehrere Veränderungen der Körperhaltung hinweg erhalten. In einer größeren Gruppe gibt es meist mehrere Untergruppen, die sich jeweils an ihrer kongruenten Körperhaltung erkennen lassen. Ganz allgemein gilt Übereinstimmung in der Körperhaltung als ein Anzeichen dafür, daß zwei Menschen einen ähnlichen Standpunkt vertreten oder innerhalb einer Gruppe ähnliche Rollen einnehmen. Auf diese Weise läßt sich in Diskussionsgruppen manchmal allein aufgrund der Haltung erkennen, wer welchen Standpunkt vertritt. Dementsprechend spiegeln sich in unterschiedlichen Haltungen auch Statusunterschiede wider. Treffen zwei Personen zusammen, die sich in ihrem sozialen Status stark voneinander unterscheiden (Vorstandsvorsitzender und einfacher Arbeiter), werden sie auch sehr unterschiedliche Körperhaltungen einnehmen. Meist sorgen bereits entsprechende Sitzpositionen und Sitzgelegenheiten dafür, daß der Unterschied deutlich sichtbar ist.

Körperhaltungen geben so häufig wertvolle Hinweise auf die bestehenden Status- und Machtunterschiede. In zwischenmenschlichen Beziehungen sind sie daher weniger Ausdruck der Persönlichkeit als der bestehenden Beziehung.

Willi Stoph – Die äußere Moral

Willi Stoph, der alte Mann der DDR, der im »Frühling« des vergangenen Novembers zurückgetreten wurde, machte auf dem Höhepunkt seiner eisernen Karriere den Eindruck des korrekten Arbeiter- und Bauernführers. Jeder Zoll unbestechlich, durch und durch bieder und aufrichtig im Sinne des real existierenden Sozialismus. Er trug die abgewetzte Aktentasche so rührend offen und ehrlich wie seine Lippenbekenntnisse zur Gleichheit der Menschen. Wer traute diesem Gesicht eines stets um Gerechtigkeit ringenden Betriebsratsmitgliedes Lug und Trug zu? Gut, er wirkte verknöchert und manchmal, auch angesichts des Elends außerhalb der Deutschen Demokratischen Republik, verhärmt. Aber daß ein so aufrechter Willi Stoph sich immer etwas gleicher als sein Volk dünkte, daß all diese zur Schau getragene solide Biederkeit nur eine Maske war, das haben vor dem zweiten Halbjahr 1989 nur wenige vermutet. War die Stophsche Moral nur ein äußerliches Signal?

So war es. Seine Körpersprache hatte den Mann und seine wahren

Der Biedermann mit dem moralischen Doppelleben: Willi Stoph, nach außen ein verknöcherter DDR-Funktionär, insgeheim jedoch ein genußsüchtiger Mensch.
Quelle: Keystone, Hamburg

Anzeichen nur getarnt, der Körper hatte mitgetäuscht – welch ein Gleichklang von Lüge und Gebärde. Hinter der fast hilflosen Sprödigkeit steckten Raffinesse, pure Machtgier und das zähe Festklammern an Privilegien, die nur Willi Stoph und ein paar weitere Spitzengenossen hatten, während über 16,5 Millionen DDR-Bürger weder Bananen, Zollstöcke noch ein bißchen Freiheit besaßen.

Willi Stoph hingegen lebte, führt man sich diesen extremen Kontrast des Lebensstandards vor Augen, in der Tat wie ein Feudalfürst: mit Villa, eigenem Badesee, Kühlhaus fürs Wildbret, erlesenen Delikatessen etc. Diese Vorteile seien dem alten Mann gegönnt; nicht verziehen haben ihm die Menschen seinen jahrzehntelangen Betrug, den vorgegaukelten Idealismus, mit dem er den Idealismus Millionen anderer einforderte. Das empfindet das Volk der DDR noch heute genauso als Verrat von Willi Stoph wie seine zur Schau gestellte Biederkeit.

6.
Ohne Gestik keine Sprache

Eine Handbewegung entlarvt ihn – es hatte nur keiner bemerkt: Als Hans Schiesser, der Großbäcker von Berlin, 1986 für eine symbolische Mark den maroden Gewerkschaftskonzern »Neue Heimat« kaufte und nach seinen Sanierungsmaßnahmen gefragt wurde, gab er zwar eine wohltönende Antwort und sprach von einem Plan, der bereits in seiner Schublade läge. Dabei hob der Mann jedoch leicht beide Schultern nach oben und deutete mit den Fingerspitzen beider nach innen gewinkelten Hände auf die eigene Brust. Es war – um es etwas elegisch auszudrücken –, als ob sein schlechtes Gewissen durch seinen Körper sprach: Ihr wollt eine Lösung von mir? Ausgerechnet von mir?

Schiesser hatte gelogen – oder zumindest die Unwahrheit gesagt, seine Gestik hatte ihn verraten. Wenn der Inhalt der Worte nicht stimmen mag, der Körper verrät häufig die Wahrheit. In diesen Fällen waren es die Hände, die Gestik.

Ohne Gestik gibt es keine Sprache. Man kann sogar davon ausgehen, daß Handbewegungen die älteste Form der Kommunikation sind. Aus ihnen entwickelte sich die verbale Sprache, behaupten zumindest einige Wissenschaftler. Die Hand reagiert oft schneller (und ungefilterter) auf Impulse des Gehirns als das Sprachorgan. Ganz spontan offenbaren unsere Hände Empfindungen wie Abwehr, Angriff, Entschlossenheit, Ängstlichkeit, Hilflosigkeit, Aggressivität. Selbst unsere Sprache beinhaltet die Reflexionen unseres Körpers: Wir *begreifen* einen Zusammenhang und sind *ergriffen* von einer Situation. Wir *erfassen* das Wesentliche, sind guter oder schlechter *Verfassung*. Wir *packen* die Gelegenheit beim Schopf und sind *berührt* oder tief *getroffen*, wenn das Schicksal *zuschlägt*. Nahezu alle Gedanken und Empfindungen werden sozusagen vom Körper synchronisiert, und die Hände spielen dabei eine wesentliche Rolle.

Das geht bis ins Komische, und wir haben alle sehr über den Schauspieler Louis de Funes geschmunzelt, der jeden seiner schwachsinnigen Dialoge mit entsprechenden Handbewegungen begleitete. Textprobe:»Du hast ein riesiges Brett vor dem Kopf.« Dabei hackten die Hände exakt ein Rechteck in die Luft vor der Stirn. So ähnlich, wenn nicht ganz so kraß, gestikulieren viele Menschen. Spricht der Boß in der Konferenz von Rotation oder Zirkulation des Kapitals, so kreisen oft seine beiden Zeigefinger durch die Luft. Seine Korrekturen sind nur zweite Wahl, und schon kommt eine entsprechend abfallende Handbewegung. Und wenn die Firma durch eine schwierige Lage zu steuern ist, so bahnen seine Hände oft eine Gasse, wie sie Moses durchs Rote Meer schlug.

Tempo und Rhythmus der Sprache werden durch Handsignale bekräftigt oder bestätigt. Die Ausdrucksfähigkeit wird durch Gestik verstärkt und soll dem Gesprächspartner vermitteln, daß die Aussage ehrlich gemeint ist. Noch ein Beispiel aus dem Synchronstudio: Die Schauspieler, die den deutschen Text sprechen, vollführen im Tonstudio die gleichen Bewegungen wie die Stars auf der Leinwand. Nur so wirkt der Tonfall überzeugend und der Situation angepaßt. Sie fuchteln sich praktisch in die richtige Tonlage ein.

Rupert Lay gibt in seinem Buch *Dialektik für Manager* detaillierte Anweisungen für die richtige Gestik bei Reden:»Seien Sie sparsam im Gestus (einstudierte, gelernte Gesten wirken nicht, es sei denn theatralisch lächerlich). Sprechen Sie lebhaft und temperamentvoll, machen Sie die Gesten, die Sie auch im Gespräch machen würden. Eine Rede ist kein Theatermonolog!

Verstecken Sie nicht Ihre Hände. Sprechen Sie hinter einem Pult, legen Sie sie (und nicht Ihre Arme!) locker auf. Sprechen Sie ohne Pult (treten Sie etwa neben das Pult oder gehen Sie auf und ab), lassen Sie die Hände locker herunterhängen (aber nicht baumeln). In dieser Sprechsituation sind Gesten nützlich. Legen Sie niemals Ihre Hände auf den Rücken, stecken Sie niemals beide Hände in die Hosen- oder Jackentaschen (allenfalls eine – dann aber nicht lange). Falten Sie niemals Ihre Hände (es sei denn als Gestus), das verkrampft. Kreuzen Sie niemals die Arme, das wirkt arrogant und schafft Distanz.

Wenn Sie gestisch sprechen, dann beachten Sie folgende elementare Regeln:

- Der Gestus (der Hand) spricht erst etwa ab dem Hüftgelenk. Was Sie darunter treiben, wirkt komisch.
- Beim Gestus wird stets auch der Oberarm mitbewegt (also niemals an den Körper pressen).
- Der normale Gestus wird mit einer Hand geführt (Doppelgesten als besonders starker Ausdruck sollten seltener verwendet werden).
- Vermeiden Sie Sprechrhythmusgesten (Bewegen der Hände und Arme im Sprechrhythmus).
- Die Finger bleiben normalerweise geschlossen, der Daumen wird weder angelegt noch besonders abgespreizt.
- Die Hand bleibt im Regelfall geöffnet.
- Vermeiden Sie Zeigefingergesten aufs Publikum zu.
- Gesten gehen Worten voraus.
- Hastige Gesten wirken gestikulierend.«

Alles behalten? Nun, den Gelegenheitsredner dürften Anweisungen dieser Art eher überfordern. Zumal Handbewegungen wesentlich schlechter zu kontrollieren sind als der Gesichtausdruck oder die verbale Sprache. Daher kommt es auch immer wieder zu sogenannten »nonverbalen Versprechern«, also Gesten, die den verbalen Aussagen widersprechen und die wahre Absicht entlarven, wie eingangs geschildert. Unstimmigkeiten treten auch bei sogenannten Scheingesten auf, das heißt der Gesprächspartner ist mit seinen Gedanken ganz woanders. Er stimmt zwar verbal der Frage zu und möchte diese Antwort auch körpersprachlich unterstreichen, aber die Koordination zwischen Sprache und Körpersprache stimmt nicht.

Einige Grundgesten haben einen begrenzten Bedeutungsgehalt und sind dabei nicht unbedingt an eine sprachliche Aussage gebunden. Sie sprechen für sich, wie:

- das Händeschütteln zur Begrüßung;
- das Winken beim Abschied;
- das Klatschen als Zeichen der Zustimmung;
- die gefalteten Hände als Ausdruck von Demut und Innigkeit;
- das Reiben der Innenhandflächen aneinander als Zeichen fiebriger Erwartung.

Die Ausdruckskraft dieser Gesten hängt jedoch von ihrer Intensität und Dauer ab. Man denke nur daran, wie verschieden ein Händedruck sein kann.

Der überlegene Mensch hat eine andere Gestik als der unterlegene. Mit anderen Worten: Der Boß gebärdet sich anders als seine Mitarbeiter. Seine Zeichen zielen eindeutig auf Dominanz ab, er geht mit seinen Händen wesentlich offensiver und selbstsicherer vor als der Untergebene, dessen Handzeichen oft nur als reine Abwehrmaßnahme zu verstehen sind.

Besonders deutlich wird das Dominanzgebaren, wenn der Mächtige dem Untergebenen die Hand mit einer Bogenbewegung von oben herab reicht. Eine Geste übrigens, die in ähnlicher Form in der Hierarchie der katholischen Kirche zu beobachten ist. Der Bischof, der Kardinal oder gar der Papst läßt sich die Hand oder den Ring (das Zeichen seiner Macht) küssen, und er streckt dem Küssenden wiederum die Hand mit einer Bogenbewegung von oben herab entgegen.

Es gibt eine ganze Reihe solcher Signale, mit denen der Vorgesetzte seine Macht zeigen will, obwohl er oft ganz anders redet:

Beschwichtigung oder Beruhigung:
Beide Hände werden mit verdeckten Handflächen mehrere Male von oben nach unten gedrückt. Man will dabei ein Gegengewicht herstellen. Dies ist oft bei Rednern zu beobachten, wenn sie den Beifall oder den Unmut im Publikum dämpfen wollen.

Autorität, Machtanspruch:
Beide Hände sind in die Hüften gestemmt, die Ellbogen ragen steil nach außen. Die klassische Körpersprache des Aufsehers, des Befehlshabers. Ihm kann keiner etwas, nur er bestimmt, wo es langgeht.

Die sichere, kaum anfechtbare Position:
Der Gesprächspartner lehnt sich während des Gesprächs bequem auf dem Stuhl oder Sessel nach hinten zurück, verschränkt beide Hände hinter dem Kopf, seine Ellbogen zeigen wiederum nach außen. Er fühlt sich entspannt und signalisiert dazu noch Überheblichkeit. So sitzt ein Chef oder leitender Mitarbeiter, der denkt: Dann sucht mal schön nach der Lösung des Problems, mal sehen, wie lange ihr noch braucht. Ich habe sie schon längst gefunden.

Der Angriff, die Anklage:
Das deutlichste Signal von Dominanz ist der ausgestreckte Zeigefinger meist der rechten Hand. Er wird wie eine Lanze während des Gesprächs oder der Zurechtweisung auf den Partner gerichtet. Form der Anklage, des massiven Vorwurfs. Verteidigung oder gar Widerspruch werden von vornherein rigoros unterbunden.

Überlegenheit:
Die Hände sind hinter dem Rücken verschränkt. Eine typische Haltung von Befehlsgebern. Dies ist schon in der Schule bei Lehrern häufig zu beobachten. Man erteilt Befehle, will aber selbst nichts tun; dafür sind andere da. Im Berufsleben ist dies auch bei Vorgesetzten zu beobachten, die gerade beste Ratschläge von sich geben, mit ihrer Körperhaltung allerdings signalisieren, daß sie die ganze Angelegenheit eigentlich herzlich wenig interessiert. O. k., einen Rat kannst du haben, aber glaube nicht, daß ich etwas für dich tue.

Anerkennung:
Sie ist ehrlich gemeint, wenn der Boß dem Mitarbeiter von der Seite her auf die Schulter klopft, ihm dabei die offene Hand zuwendet und den Ansatz einer Umarmung zeigt. Vorsicht, wenn die Bewegung von oben nach unten kommt und der Vorgesetzte von oben herab die Schulter tätschelt; diese Anerkennung hat einen überheblichen Unterton: Schön, daß bei dir endlich der Knoten geplatzt ist, du hast es ja auch ganz gut gemacht – fast so, wie ich es gemacht hätte. In fast allen Handbewegungen von oben nach unten spiegelt sich Dominanz wider.

Das Gespräch steuern:
Der Vorgesetzte unterbricht die Rede seines Mitarbeiters mit einem knappen waagerechten Strich mit der Handkante durch die Luft. Mit einer offenen Bewegung nach vorne, bei der die Hand-

Ein Beispiel für die körpersprachliche Rhetorik eines Politikers: Heiner Geißler, ehemaliger CDU-Generalsekretär, hebt warnend den Zeigefinger. Er schafft Problembewußtsein, macht auf eine drohende Gefahr aufmerksam, sein Publikum horcht auf – und wird gleich darauf beschwichtigt.
Beide ausgebreiteten Hände fahren von oben nach unten, die Emotionen bei den Zuhörern werden reduziert. Geißler beruhigt.
Quelle: Thomas Kortmann, Hamburg

flächen gezeigt werden, erteilt er dem Gesprächspartner wieder das Wort.

Die Bedrohung:
Aneinandergelegte Fingerspitzen, die mit den Händen die Form einer Pyramide bilden und nach vorne gesenkt wie ein Keil wirken: So werden Argumente abgewiesen, man bedroht sein Gegenüber oder greift bereits an. Interessant ist, daß je höher der Betreffende sich selbst einstuft, um so höher hält er die Hände bei dieser Geste. Sie können sogar in Augenhöhe einen Keil bilden, durch den der Angreifer auf sein Opfer blickt wie durch ein Visier.

Ein besondere Rolle kommt dem Daumen zu: Er ist der »Dominanzfinger«. Bei römischen Kaisern entschied der Daumen über Leben oder Tod des Kämpfers in der Arena. Nach unten gerichtet: Tod. Nach oben gerichtet: Leben. Diese Symbolik hat heute noch ihre Gültigkeit, wenn auch nicht ganz so extrem. Der nach unten gereckte Daumen bedeutet Verachtung, Mißfallen, abwerten, vernichten, rausschmeißen. Nach oben gereckt: Höchste Anerkennung, gutgemacht. Ganz prima! Selbstsichere Chefs sind zu erkennen, wenn ihre geballten Fäuste unter den Hosenträgern oder den Jackettrevers ruhen, die Daumen aber steil nach außen ragen. Stecken die Hände in den Hosentaschen, die Daumen stehen jedoch raus, so signalisiert diese Geste ebenfalls Machtanspruch und Dominanz.

Die Faust ist aggressivstes Einschüchterungs- und Verteidigungsmittel. Man möchte am liebsten zuschlagen, das ist der ursprüngliche Wunsch, der jedoch von Kultur und Zivilisation gebremst wird. Wird während einer Konferenz oder Diskussion die Faust eines Teilnehmers mehrere Male hintereinander geballt, so kann das zweierlei bedeuten:
a) Er will mit allen Mitteln um seine Argumente kämpfen, diese(r) Mann/Frau gibt nicht so leicht klein bei.
b) Ein Ausdruck von gesteigerter Konzentration: die geballte Faust spiegelt einen aktiven Willensvorgang wider.

Wer die Faust öffnet und die Hand geballt und mit Nachdruck schräg nach unten bewegt, will die Gegenargumente wegwischen, ganz energisch Ruhe fordern oder den Willen der anderen unterdrücken.

Eine willensstarke Frau: Die Paderborner Professorin Gertrud Höhler ballt die Faust. Ein Zeichen für das aggressivste Einschüchterungs- oder Verteidigungsmittel. Es gibt zwei Deutungen: Sie will mit allen Mitteln für ihre Argumente kämpfen, oder die Faust ist hier ein Ausdruck von höchster Konzentration. Sie spiegelt einen aktiven Willensvorgang wider.
Quelle: dpa, Düsseldorf

Die Hände dienen aber nicht nur dem Angriff, sie haben auch eine Schutzfunktion. Wird eine Gefahr befürchtet, so versuchen wir sofort unseren Kopf zu decken. Bewegungen mit den Ellbogen, hart und kantig, sind Verteidigungsmaßnahmen. Die berühmte Figur mit den drei Affen, die sich Mund, Augen und Ohren zuhalten (sagt nichts, sieht nichts, hört nichts), hat durchaus seinen tieferen menschlichen Bezug – häufig auch in wichtigen Besprechungen zu beobachten:

- Die Hand verdeckt den Mund: Laß mich bloß nichts Falsches sagen.
- Die Hand verdeckt die Augen: soll höchste Konzentration vorgaukeln, kann aber auch bedeuten: Ich will das erst gar nicht sehen, erspart mir das.

- Die Hand verdeckt die Ohren: Meist ist dabei auch der Blick abgewendet. Kann ebenfalls ein Zeichen von Konzentration sein. Man zieht sich zurück, geht seinen Gedanken nach und will dabei nichts hören.

So verlockend die Interpretationen bestimmter Gesten klingen, bei ihrer Anwendung ist Vorsicht angebracht. Denn die Gestik ist eines der komplexesten Kapitel der Körpersprache. Gestik kann:

- Aussagen unterstreichen, widerlegen oder ergänzen;
- Ausdruck der Persönlichkeit sein (extrovertierte Menschen machen größere Gesten als introvertierte);
- Spiegelbild des augenblicklichen Gefühlszustands sein (geballte Faust als Zeichen der Aggression);
- ein durch Konventionen festgelegtes Signal sein (Händeschütteln zum Abschied).

Alfred Herrhausen – Beau, Macher, Denker

Am 30. November 1989 wurde um 8.30 Uhr in Bad Homburg der Vorstandssprecher der Deutschen Bank, Dr. Alfred Herrhausen, von Terroristen ermordet. Sein Dienstwagen wurde auf der Fahrt zwischen Wohnung und Büro von einer Bombe zerrissen. Alfred Herrhausen (59) war sofort tot.

Diese Meldung erschütterte die Öffentlichkeit der Bundesrepublik, wie sie wohl noch nie vom Tod eines Managers erschüttert wurde. Alfred Herrhausen hatte eine für einen Wirtschaftsführer ungewöhnliche Popularität. Er war bekannt wie ein Politiker, besser: wie ein Schauspieler. Man mochte diesen hochgewachsenen, schlanken Mann mit dem jugendlichen Gesicht, dem man seine 59 Jahre beim besten Willen nicht ansah. Man akzeptierte die elegante Distinktion, die er perfekt ausstrahlte: ein Hauch von Lässigkeit, ein bißchen Arroganz, aber viel mehr Offenheit. Herrhausen verkörperte, ja kreierte das neue Bild des Topmanagers: kunstbeflissen, in der Öffentlichkeit agierend, nachdenklich, aber auch machtbewußt. Wobei die breite Öffentlichkeit weniger die sachlichen

Eine eindeutige Geste
der Dominanz und des
Machtanspruchs: Alfred
Herrhausen reckt den
Zeigefinger wie eine
Lanze auf die
Gesprächsrunde. Diese
Bewegung duldet
keinen Widerspruch,
weder Angriff noch
Verteidigung. Nur einer
beherrscht die Szene:
Alfred Herrhausen.
Quelle: dpa, Düsseldorf

Fähigkeiten dieses Mannes interessierten, sondern sie mehr von seiner körperlichen Präsenz fasziniert war, die er äußerst geschickt einsetzen konnte.

Zitat aus der Illustrierten *Bunte* über Alfred Herrhausen: »Hätte Napoleon so ausgesehen, hätte er nicht die Schlacht von Waterloo verloren.« Ein Vergleich, der eher einer unfreiwilligen Satire gleichkommt. Treffender beschrieb der *Spiegel* die sorgsam inszenierten Auftritte Herrhausens: »Die letzten Töne des Gaîté Parisienne von Jacques Offenbach sind verklungen, der erste Auftritt des Stuttgarter Balletts ist beendet. Beifall, Vorhang, Pause. Doch im Zuschauerraum der Deutschen Oper in Berlin wird es nicht hell, es wird ganz dunkel. Die 1800 Repräsentanten der internationalen Finanzwelt mit Damen . . . werden Zeugen eines Solos, das nicht im Programm steht und dennoch bühnenreif ist. Ein Spotlight tastet sich durch das Dunkel zur Bühnenmitte. Hinter dem schweren, dunkelbraunen Vorhang tritt, mit effektvoller Verzögerung, eine elegante Gestalt hervor: im Rampenlicht steht Alfred Herrhausen. Ohne Rednerpult und Manuskript, über ein kleines Mikrophon am Revers, redet der

Chef der Deutschen Bank in tadellosem Oxfordenglisch zehn Minuten lang... Pointiert wie ein professioneller Conférencier setzt er die Pausen, gekonnt variiert er die Stimme, gelassen unterstreicht er mit sparsamen Gesten seine Worte. Es ist ein makelloser Auftritt, dem internationalen Bankerpublikum angemessen. Die Geldgewaltigen aus New York und London, aus Tokio und Zürich zeigen sich beeindruckt. Alfred Herrhausen genoß Auftritte vor dem Publikum. Es schien, als könne er ohne sie nicht mehr auskommen... Herrhausen hier, Herrhausen da, vor dem Vorhang und, vor allem, auch dahinter...« Er war ein Paradebeispiel dafür, wie ein mächtiger Wirtschaftskapitän auch seine Körpersprache für seine Karriere einsetzen konnte.

Edzard Reuter – Genosse Manager, der Asket

Seine Lieblingspose, falls er überhaupt so etwas hat, ist die des Nachdenkens. Dann sackt der Mann in sich zusammen: Er stützt die Ellbogen auf die Knie, und auf beiden übereinandergelegten Händen ruhen Mund und Nase, der Blick ist nach unten gerichtet: Skepsis, Pessimismus, Trauer?

Dieser Mann hat den Habitus des Asketen, kein Zweifel. Ein hageres Gesicht, kluge, fragende Augen, eine hohe gelichtete Stirn, streichholzkurzes, zurückgebürstetes Haar, schlichte Silberrandbrille. So einen Mann könnte man sich eher in der Mönchszelle eines Franziskanerklosters vorstellen als an der Spitze des größten bundesdeutschen Konzerns, der auf unersättlichem Expansionskurs ist. Edzard Reuter pflegt bei Aussagen dieser Art dürftig zu lächeln. Er weiß natürlich, daß sein Unternehmen, eine multinationale Omnipotenz von Auto-, Flugzeug-, Raumfahrt- und Rüstungsindustrie, vielen Unbehagen, ja sogar angst macht.»Aber meine Aufgabe ist es nicht, nur Gefühlen nachzugehen«, sagt der Daimler-Benz-Vorstandsvorsitzende in einem *Stern*-Interview (Nr. 31/1988,»Ich muß eine Unternehmensstruktur schaffen, die auch im nächsten Jahrhundert noch wettbewerbsfähig ist. Ich muß davon natürlich innerlich überzeugt sein, daß die Bedenken nicht zutreffen. Und davon bin ich fest überzeugt.«

Edzard Reuter stammt aus einer großbürgerlichen Familie mit

Edzard Reuter, der asketische Daimler-Benz-Chef, dessen Körpersprache so gut wie nie Macht und Dominanz signalisiert. Er wirkt stets nachdenklich, und sein Körper drückt diese innere Haltung auch aus. (1. Foto).

Doch die Pose der Zurückgezogenheit kann auch offensiv werden, wenn Reuter die zusammengelegten, nach oben gerichteten Hände (2. Foto) nicht mehr als Stütze für Mund und Kinn benutzt, sondern sie nach vorne wie einen Keil richtet. Dann wird aus der Haltung der vermeintlichen Schwäche schlagartig eine Position der Macht.

1. Foto, Quelle: Zeitenspiegel, Waiblingen
2. Foto, Quelle: Christa Schnepf, Stuttgart

einer tiefen sozialdemokratischen Tradition. Während der Nazizeit ist er im türkischen Exil aufgewachsen. Sein legendärer Vater war im Nachkriegs-Berlin der erste Regierende Bürgermeister: Ernst Reuter. Der Sohn ist ebenfalls SPD-Genosse, eine Seltenheit in der ersten Kategorie der Wirtschaftsbosse. Edzard Reuter, der rote Topmanager, war auch in der Regierung Helmut Schmidt als Minister im Gespräch. Er gilt als Mann mit hoher moralischer und gesellschaftspolitischer Verantwortung. Dennoch scheint sein Machtstil, besser sein unermüdliches Eintreten für die Machtmaximierung seines Unternehmens, stärker zu sein. Rüstungskonzern? Das sieht Edzard Reuter ganz anders. »Wir stehen dazu, daß die Bundesrepublik Mitglied einer westlichen Verteidigungsgemeinschaft ist. Wir wollen uns nicht verstecken.« Die anrüchige Vokabel »Rüstung« übersetzt er mit »Verteidigung«. Und schon wieder wirkt er grüblerisch, als zweifle er tief am Sinn oder Unsinn der Formulierung.

Der *Stern*-Fotograf hatte ihn zwecks optischen Blickfangs in einen legendären »Mercedes-Silberpfeil« gesetzt. So hockte er nun in dem engen Rennwagen, der stille, bescheidene Edzard Reuter, und sein asketisches Gesicht formte für die Kamera ein Lächeln, mehr gequält. Doch nicht nur die Augen, nein, die Sprache des ganzen Mannes schrie stumm: »So bin ich nicht. Nein, das bin ich nicht!«

7.
Berührungen – Macht und Ohnmacht

Der amerikanische Präsident Johnson war bekannt für seinen wirkungsvollen Händedruck, von Journalisten scherzhaft »Fleischklopfen« genannt. Johnson begnügte sich nicht damit, seinem Gegenüber die rechte Hand zu reichen. Gleichzeitig faßte er mit der linken Hand den Oberarm des Betroffenen und drückte diesen. Diese doppelte Berührung vermittelte vielen – ob zu Recht oder zu Unrecht – ein Gefühl von Aufrichtigkeit, und so mancher fühlte sich, nachdem er diesen Händedruck gespürt hatte, dem Präsidenten irgendwie ausgeliefert. In der Tat haben Berührungen – richtig eingesetzt – etwas Machtvolles. Häufig sind sie auch Signale der Macht. Denn wer wen berühren darf, ist stets Ausdruck des bestehenden Machtverhältnisses.

Körperkontakt ist die ursprünglichste Art unseres sozialen Verhaltens. Menschliche Berührungen sind so alt wie die Menschheit, und mit ihnen lassen sich alle grundlegenden zwischenmenschlichen Gefühle ausdrücken: Freundschaft, Liebe, Fürsorge, Aggression oder Dominanz.

Berührungen können die verschiedensten Formen haben: Menschen können sich schlagen, kneifen, streicheln, küssen, umarmen, kratzen, festhalten, treten oder kitzeln. Dabei gibt die Art der Berührung stets Aufschluß über die Art der Beziehung.

Welche Form der Berührung gewählt wird, ist jedoch sehr kulturabhängig. Während wir uns zur Begrüßung die Hände reichen, begrüßen die Copper-Eskimos Fremde mit einem Faustschlag auf Kopf und Schultern, und die Polynesier streichen sich mit den Händen des anderen über das eigene Gesicht.

Doch nicht nur bei der Art der Berührung, auch bei der Häufigkeit von Körperkontakten gibt es erhebliche kulturelle Unterschiede. Während bei den Japanern in der Öffentlichkeit so gut wie kein Körperkontakt stattfindet, nicht einmal Händeschütteln, ist es beispielsweise in einigen afrikanischen Kulturen normal, sich während der gesamten Unterhaltung die Hände zu halten.

Sidney Jourard, der sich schon vor mehr als zwanzig Jahren mit diesem Thema befaßte, beschreibt seine Beobachtungen in seinem Werk *Body Accessibility* folgendermaßen:»Ich beobachtete Paare, die in Cafés in eine Unterhaltung vertieft waren, in San Juan (Puerto Rico), London, Paris und in Gainesville (Florida) und zählte, wie oft eine Person eine andere an ihrem Tisch während einer Stunde berührte. Die Punkte waren 180 für San Juan, 110 für Paris, 0 für London und 2 für Gainesville.«

Während körperliche Kontakte also in einem Land weit verbreitet sind, sind sie in anderen Ländern weitgehend tabu. Zu den Kontakt-Kulturen gehören die Araber, die Lateinamerikaner, die Südeuropäer und verschiedene afrikanische Kulturen. Nicht-Kontakt-Kulturen sind die Nordeuropäer, die Amerikaner und die Asiaten. Kontakt-Kulturen signalisieren auch in anderen körpersprachlichen Bereichen mehr Nähe. So halten die Araber auch einen geringeren Abstand zueinander ein, und ihr Blickkontakt ist direkter. Für Frauen gelten dabei jedoch andere Regeln. Während Männer sich häufig anfassen, umarmen oder küssen, dürfen Frauen in der Öffentlichkeit nie berührt werden.

Kulturelle Unterschiede können auch bei geschäftlichen Kontakten schnell zu Mißverständnissen führen. So ist es in Thailand beispielsweise vollkommen unzulässig, den Kopf eines anderen Menschen (auch den eines Kindes) zu berühren. Der Kopf ist der Sitz der Seele und damit der heiligste Teil des Körpers. Auch wer einem Thai auf die Schulter klopft, gilt als unhöflich. Wer daher Kontakt mit anderen Kulturen hat, sollte sich vorher gut über die dort geltenden»Berührungsgesetze« informieren.

Innerhalb einer Kultur sind Art und Ausmaß des Körperkontaktes in erster Linie vom Alter, dem Geschlecht und den sozialen Beziehungen der Beteiligten abhängig. Für den Säugling ist der Körperkontakt noch der wichtigste Kommunikationskanal. Er beinhaltet das tiefverwurzelte – wahrscheinlich sogar lebensnotwendige – Verlangen nach Berührung. So ergaben Untersuchungen bei Heimkindern, daß Kinder beim Fehlen von körperlichen Berührungen schwere emotionale Störungen erlitten. Die enorme Bedeutung des Körperkontaktes erscheint nicht verwunderlich, wenn man die sensorische Aufnahmefähigkeit der Haut bedenkt. Als Sinnesorgan mit gewaltigen Ausmaßen kann sie die geringsten Reize, ob Druck, Schmerz, Wärme oder Kälte registrieren. Je älter ein Kind wird, um so mehr wird der Körperkontakt reduziert. Nach und nach wird er durch andere Signale ersetzt. Das Kind lernt visuelle Reize wie die Mimik oder Gestik kennen, und schließlich tritt die Sprache in den Vordergrund. Lob und Strafe, Zuneigung und Ablehnung werden nun mit Worten ausgedrückt. Unter Erwachsenen ist der körperliche Kontakt schließlich stark eingeschränkt und nur noch unter bestimmten Umständen erlaubt. Dazu gehört in erster Linie der Kontakt mit dem (Ehe-) Partner. Gegenüber Freunden und Verwandten sind verschiedene Formen der Begrüßung und des Abschieds erlaubt, die je nach Enge der Beziehung vom Händeschütteln bis zur intensiven Umarmung reichen. Auch Glückwünsche werden in Form von Händeschütteln oder Schulterklopfen vermittelt. Tanzen ist eine weitere Gelegenheit für einen nahen Körperkontakt zwischen einander mehr oder weniger fremden Personen. Berührungen in der Menge und im Gedränge werden nicht als Berührungen definiert. Auch berufsmäßige Berührungen bei Ärzten, Friseuren, Masseuren oder Verkäufern werden neutralisiert und haben daher keine soziale Bedeutung.

Körperkontakt umfaßt zwar ein breites Spektrum, seine beiden Hauptdimensionen sind jedoch Wärme und Dominanz. Berührungen können Ausdruck einer positiven Beziehung sein und reichen dabei vom Trösten bis zum sexuellen Kontakt. Sie können fürsorgliches oder liebevolles Verhalten ausdrücken. Mütter streicheln ihre Kinder, Liebespaare liebkosen sich. Körperkontakt kann auch dazu dienen, die Intensität einer Beziehung zu signalisieren. Zwei eng miteinander befreundete Menschen bleiben während eines Gesprächs in körperlichem Kontakt, indem sie sich zum Beispiel an den Händen halten oder eine Hand auf das Knie des anderen legen. Manchmal sollen kurze Berührungen auch die Zugehörigkeit zweier Personen demonstrieren. Sie zupft ihm die Krawatte zurecht, er legt demonstrativ den Arm über ihre Stuhllehne.

Körperkontakte können zu bestimmten Ritualen gehören (Begrüßung und Abschied), im Zusammenhang mit bestimmten Aufgaben stehen (Friseur, Masseur). Sie können zufällig sein oder gezielt eingesetzt werden. Kurze Berührungen am Arm oder an der Schulter dienen häufig dazu, beim anderen Aufmerksamkeit zu erregen.

Berührungen können ebenso Ausdruck von Aggressivität sein. Dazu gehören Handlungen wie das Schlagen, Stoßen, Schubsen oder Kneifen. Nicht immer wird Aggression dabei offen geäußert. Häufig steckt hinter scheinbar liebevollen Berührungen im Grunde genommen eine feindselige Haltung. Allerdings ist es nicht leicht zu unterscheiden, wann ein Kneifen oder ein Klaps liebevoll oder aggressiv gemeint ist.

Daneben dienen Berührungen auch der Aufrechterhaltung der sozialen Ordnung. Deutlich wird dies, wenn man sich vor Augen führt, wer wen berührt und berühren darf. Während der Chef seinem Angestellten als Lob für eine gute Leistung auf die Schulter klopft, ist dieses Verhalten umgekehrt kaum denkbar. Lehrer berühren ihre Schüler, Ärzte ihre Patienten und Geschäftsleute ihre Sekretärinnen. Stets sind es die in der sozialen Hierarchie höherstehenden Personen, die das Privileg haben, ihnen untergeordnete Personen zu berühren. Mehrere Untersuchungen bestätigten diese These. Am häufigsten wurden untergeordnete Personen berührt, am zweithäufigsten gleichrangige Personen und am seltensten höher stehende Personen. Vielfach gilt es als Affront oder schlechtes Benehmen, wenn eine untergeordnete Person eine über ihr stehende Person berührt. Mächtige Personen sind häufig unantastbar, sei es durch die räumliche Distanz oder durch Leibwächter, die sie umringen. Wer andere berührt, gilt daher als mächtig. Wer berührt wird, als unterlegen.

Die Mächtigen dieser Welt versuchen, ihre Sympathiewerte gelegentlich damit zu erhöhen, daß sie vor allem junge, sympathische Menschen berühren oder kleine Kinder tätscheln. Das mag teilweise durchaus aus echter spontaner Zuneigung geschehen, ist aber auch häufig ein Kalkül. Wer zu Kindern und jungen Menschen aufgeschlossen und herzlich ist, will Warmherzigkeit, Großmut und Menschenliebe signalisieren. Ein erschütterndes Dokument einer freilich perversen Sympathiewerbung ist das berühmte Foto, auf dem ein bereits körperlich gebrochener Hitler vierzehnjährigen uniformierten Hitlerjungen über die Wange streicht, um sie anschließend in den Tod zu schicken.

Nicht damit zu vergleichen sind die berühmten Bilder des

Das Bad in der Menge: Sowjetführer Gorbatschow genießt es. Er umarmt die hübsche Studentin Annette Lang aus Bielefeld – sympathische Berührungen. Quelle: Associated Press, Frankfurt

Papstes Johannes Paul II., der vermeintlich spontan auf kleine Kinder zugeht, sie zu sich hochhebt und küßt. Welche Wirkungen solche Berührungen haben, sieht man am nächsten Tag in der Zeitung. Fast alle drucken nur dieses Bild, das einen so vermenschlichten Heiligen Vater zeigt.

Als der Kreml-Chef Michail Gorbatschow im Sommer letzten Jahres Bonn besuchte und die deutsche Hauptstadt kopf stand, stimmte eine Szene die Bevölkerung besonders euphorisch: Gorbatschow und Bundespräsident Weizsäcker umarmen und herzen die hübsche Studentin Annette Lang (21) aus Bielefeld, die dem Sowjetführer im Garten der Villa Hammerschmidt ein kleines Präsent überreichte. Das Mädchen (Titelfoto *Süddeutsche Zeitung*, 13. 6. 89) wurde von Gorbatschow sofort zu einem Moskaubesuch eingeladen.

Berührungen haben ihre Wirkung, das zeigten auch zahlreiche Studien, die bewiesen, daß Berührungen von fremden Personen den Einfluß auf diese erhöhen. Personen, die um ein 10-Cent-Stück zum Telefonieren gebeten wurden, halfen dem Bittsteller wesentlich häufiger, wenn sie von ihm berührt wurden. Auch Unterschriften unter harmlose Petitionen oder kurze Interviews wurden häufiger abgegeben, wenn die Befragten kurz berührt wurden. In einem Experiment sprach ein Interviewer Passanten in einem Einkaufszentrum an, berührte einige von ihnen und ließ dann seine Fragebögen fallen. Wer vorher berührt wurde, erwies sich als hilfsbereiter. Frauen, die Männer dabei am Oberarm berührten, waren dabei am erfolgreichsten. Ihnen wurde in 90 Prozent der Fälle geholfen. Alle diese Ergebnisse sprechen dafür, daß Berührungen den Einfluß auf andere Personen erhöhen. Dabei zeugt die Berührung keineswegs immer von einer größeren Sympathie gegenüber dem Berührer. Sie verstärkt einfach nur die verbale Botschaft. Häufig dienen Berührungen auf recht subtile Weise dazu, Kontrolle über den anderen auszuüben. So deutet etwa ein leichter Druck auf die Schulter einer Person an, daß diese sitzen bleiben soll. Berührungen am Arm oder Rücken lenken eine Person in eine bestimmte Richtung oder schieben sie durch die Tür.

Nicht nur das Berühren, auch das Berührt-werden-Wollen steht in engem Zusammenhang mit der sozialen Stellung der beteiligten Personen. Die meisten Menschen möchten lieber von einer höher stehenden Person als von einer ihnen untergeordneten Person berührt werden. Sie bestimmt dann allerdings die Länge und die Art der Berührung. Ihr allein steht es zu, die Form der Berührung zu wechseln und etwa statt eines förmlichen Händedrucks eine freundschaftliche Umarmung zu wählen.

Das Privileg des Berührens hängt von der jeweiligen Situation ab. Übt eine Person Macht oder Dominanz aus, zeigt sich dies auch in der Anzahl der Berührungen. Dominante Menschen unterstreichen ihre Dominanz auch durch häufigere Berührungen. Wer einem anderen einen Ratschlag oder einen Befehl gibt, berührt diesen häufiger.

Auch auf den ersten Blick sind harmlose Berührungen daher häufig ein Symbol für Macht und Status.

8.
Mimik – be cool

»General Hans-Joachim Mack schob das Kinn nach vorne wie
einst John Wayne im ›Rio Bravo‹«, so beginnt Nina Grunenberg
in der ZEIT (13. 5. 77) ihr Portrait über einen hohen Bundeswehr-
offizier. Die Reporterin hatte gut beobachtet und die Mimik des
machtbewußten Mannes mit einem harten Soldatenleben in Ein-
klang gebracht.

Das vorgeschobene Kinn ist ein Synonym für Willensstärke,
Entschlossenheit, Mut und Tatkraft. So etwas erwartet man
schließlich von einem General. Kein Teil unseres Körpers ist so
ausdrucksstark wie das Gesicht. Es spiegelt alle nur erdenklichen
Formen von Gefühlen und Stimmungen wider. Allein die Augenbrauen können in Konstellation mit der Augenlidstellung und
dem Stirnrunzeln vierzig unterschiedliche Stellungen einnehmen.
Die Mimik sagt unseren Gesprächspartnern so ziemlich alles, was
in uns vorgeht. Weil das so ist, wird die Mimik aber auch entsprechend manipuliert. Sie ist, um beim Wissenschaftsjargon der
Psychologen zu bleiben, Steuerungsversuchen zugänglich. Mimik
ist verräterisch, folglich versuchen wir mit ihr zu »tricksen«. Jeder
Teilnehmer an einem Gespräch, einer Konferenz oder Diskussion
kann die Gefühle des anderen an seinem Gesichtsausdruck ablesen. Also spielen wir damit.

Die in der Forschung ermittelten Hauptgesichtsausdrücke sind
Glück/Freude, Überraschung, Angst, Trauer, Ärger/Wut und Ekel.

Glück/Freude:
Der Augenbrauen-/Stirnbereich bleibt im wesentlichen unverän-
dert. Die Mundwinkel sind angehoben und nach hinten gezogen.
Durch diese Bewegungen wird das untere Augenlid angehoben.
Dadurch entsteht eine Verengung der Augen. Meist ist bei diesem
Gesichtsausdruck der Mund zu einem Lächeln oder Lachen ge-
öffnet, die Zähne sind sichtbar.

Überraschung:
Die Augenbrauen werden hochgehoben und angewinkelt. Auf der Stirn erscheinen horizontale Falten. Die Augen sind weit geöffnet. Der Unterkiefer sackt hinunter, die Mundwinkel sind ohne Spannung.

Trauer:
Die inneren Enden der Augenbrauen werden leicht angehoben, in der Mitte der Stirn entstehen horizontale und vertikale Falten. In den Augen können Tränen glitzern. Ist der Mund geöffnet, dann sind die Lippen gedehnt und zittern, ist er geschlossen, sind die Mundwinkel leicht nach unten gezogen.

Ärger/Wut:
Auf der Stirn erscheinen vertikale Falten. Die Augenbrauen werden zusammen- und nach unten gezogen. Die oberen Augenlider sind hinabgezogen, die unteren angehoben und angespannt. Ist der Mund geschlossen, sind die Lippen schmal und aufeinandergepreßt. Bei offenem Mund werden die Lippen angehoben und nach vorn geschoben. Man zeigt/fletscht die Zähne.

Angst:
Kurze horizontale oder vertikale Falten auf der Stirn. Die Augen weit geöffnet, das untere Augenlied ist gespannt, das obere nach oben gezerrt. Das Weiße der Augen ist nur über, nicht unter der Iris zu sehen.

Nun gibt es bestimmte Situationen, die ein gewisses Ritual an Mimik fordern. Bei Begrüßungen muß man freundlich und fröhlich aussehen. Bei einer freudigen Überraschung setzt man das entsprechende Gesicht auf, auch wenn die Überraschung gar keine ist. Bei Beerdigungen oder Trauerfeiern werden Traurigkeit und Ergriffenheit erwartet. Signale des Gesichtsausdrucks, die im Zusammenhang mit der Sprache stehen, werden vermutlich vom selben Teil des Gehirns kontrolliert, das auch das Sprachvermögen steuert. Sie werden relativ rasch erlernt, so daß zu den angeborenen Gesichtsausdrücken noch eine ganze Fülle anderer Möglichkeiten kommt. Um die Einzelheiten des Gesichts zu erfassen, teilt man es in drei Bereiche auf: Stirn, Mittelgesicht, Mund- und Kinnpartie. Die Stirn gibt Aufschlüsse über Prozesse des Denkens und Analysierens. Waagerechte Falten signalisieren Aufmerksamkeit, senkrechte Willen und Konzentration. Bewegungen der Augenbrauen hängen meist eng mit der Faltenbildung der Stirn zusammen. Nicht nur die Augen sprechen eine beredte Sprache, auch die Augenbrauen können, wie wir wissen, vielerlei Gefühle ausdrücken, eine Körpersprache, wie wir sie alle im Alltag erleben können. Wir kennen das verschmitzte Augenzwinkern, den Augengruß, das skeptische Hochziehen der Augenbrauen etc.

Die Augenbrauen »synchronisieren« den Sprecher bei seiner Rede, sie sind ständig in Bewegung und betonen das Gesprochene, unterstützt von den Augenlidern und der Mundpartie. Die Augenbrauen drücken Zweifel aus oder aber auch Fragezeichen, wenn der Redner sprachlich nicht mehr weiter weiß und nach den passenden Worten sucht.

Andererseits sind sie auch Reaktionen des Zuhörers, genau wie das Kopfschütteln oder Nicken. Die Augenbrauen signalisieren Zustimmung, Ablehnung oder Zweifel. Dazu gehört auch der typische Augengruß, der (so der Humanbiologe Hassenstein) angeboren sein soll. Experiment: Eine Blickbewegung zwischen Erwachsenem und Säugling. Der Erwachsene grüßt mit den Augen, das heißt: Augenbrauen und Augenlider werden kurz zum »Augengruß« hochgezogen. Das Baby wird mit der gleichen Mimik antworten. Wenn der Erwachsene dabei noch lächelt, so lächelt das Kind in den meisten Fällen zurück.

Wir können den Augengruß im Alltag sehr leicht an uns und an anderen beobachten: Uns begegnet eine bekannte Person. Selbst wenn wir sie nicht grüßen wollen, heben wir die Augenbrauen und werfen leicht den Kopf zurück. Dabei muß kein Wort gesprochen werden. Die gegrüßte Person reagiert entsprechend und grüßt auf die gleiche Weise zurück.

Ein weiteres Signal, das nahezu alle Menschen verstehen, ist das Augenzwinkern. Es zählt zu den sogenannten Metasignalen, also Zeichen, die über anderen Signalen stehen und sie erklären. Das Augenzwinkern kann Verschlagenheit bis Verschmitztheit ausdrücken und so dem Gegenüber – ohne Worte – die ehrliche Meinung über eine Sache oder eine Person signalisieren. Es ist eine heimliche Geste, die einem Vertrauten andeutet, daß man von einem anderen anwesenden Gesprächspartner nicht viel oder

Er will sein Publikum beschwören, besser einschwören auf sich und seine Argumente. Die Hände hat er wie zu einem Gebet zusammengelegt. Die Augen sind appellierend auf die Zuhörer gerichtet. Aber was verrät die Gestik wirklich? Die Hände sind auf das Publikum gezielt, eine aggressive Haltung. Innenminister Schäuble möchte die Zuschauer beherrschen, sie dominieren.
Quelle: Zeitenspiegel, Waiblingen

diesen sogar zum Narren hält. Solche Metasignale sollten freilich bei Konferenzen und wichtigen Geschäftsrunden vermieden werden, es sei denn, man ist seiner Sache vollkommen sicher. Wenn aber der Gesprächspartner entdeckt, daß solche heimlichen Signale ausgetauscht werden, so ist sein Mißtrauen geweckt, und er fühlt sich hintergangen. Keine gute Basis für einen geschäftlichen Abschluß.

Während die Ausdrucksfähigkeit der Augenbrauen außerordentlich vielfältig ist, ist sie bei Nase und Wangen nur minimal. Immerhin gilt das Blähen der Nasenflügel als Zeichen der Erregung, Nasenrümpfen signalisiert Unlust, Unbehagen, Widerwillen, Abneigung – man mag etwas nicht riechen.

Der Mund ist das lebensnotwendigste Organ des Gesichts. Er

dient der Nahrungsaufnahme und dem Sprechen. Und er ist der beweglichste Teil des Gesichts: das Ausdruckszentrum für Freude (Lachen) und Schmerz (Weinen). Zusammengepreßte Lippen sind ein Anzeichen ohnmächtiger Wut. Wird der Mund einseitig verzogen, deutet dies auf Spott, Verachtung und Verächtlichkeit hin. Das Zucken und Zittern des geschlossenen Mundes ist ein Indiz für Wut oder hochgradige Nervosität. Wenn man etwas nicht sagen will, beißt man sich auf die Unterlippe. Ebenso bei verfahrenen Situationen – man verbeißt sich in eine Sache. Gespannt heruntergezogene Mundwinkel signalisieren Geringschätzung, Neid, Mißgunst, Ironie, Skepsis, Verachtung. Auch die Zunge spricht ihre eigene Sprache.

Die Bilder sind ja um die Welt gegangen, wir alle kennen sie. Ob beim Fußballspiel, bei einem Kinderfest im Garten des Kanzleramtes oder bei einer anstrengenden Debatte, ob in den Augenblicken nach einem Triumph oder in stillen Momenten eines Staatsbesuches –, immer schiebt sich die Zunge von Helmut Kohl über die Lippen, und man bangt, daß er sich darauf beißen könnte. Wir alle haben uns stets gefragt: Was mag der Kanzler jetzt wohl denken? Will er uns necken? Oder möchte er gar flirten? (Siehe S. 39)

Die Zunge kann wie andere Teile des Gesichts Gefühle ausdrücken, sie ist ein Teil der Körpersprache, auch der Mächtigen. Sie kann, so sagen die Psychologen (Morris, Eibl-Eibesfeldt), auf vielfältige Weise prüfend, suchend oder aber auch wegdrückend erscheinen:

- Mal wird sie frech, mal verächtlich und auch abweisend rausgestreckt. Wir kennen das als kindliche Mimik für Provokation (Du kannst mich mal ...) oder auch als Verweigerung, wenn zuviel oder wenig schmackhaftes Essen aufgenommen wird.
- Auch oder gerade bei Kindern ist zu beobachten, daß sich die Zunge über die Lippe schiebt und sich die oberen Schneidezähne leicht in sie hineinbeißen – ein Ausdruck höchster Konzentration.
- Es gibt das »Züngeln« beim Flirten oder auch als typisch kindlichen Ausdruck von Verlegenheit.
- Sind die Mundwinkel nach oben gezogen und kommt die Zunge

dann leicht aus dem Mund, so hat der Betreffende etwas Angenehmes erlebt. Er schmeckt genüßlich nach.

– Wenn jedoch Unter- und Oberlippe stark eingezogen sind und dann die Zunge gerade noch sichtbar mit der Spitze nach außen kommt, ist das ein Ausdruck von Unbehagen. Man hat etwas Unangenehmes erlebt, eine blöde Geschichte, an der man noch zu»kauen« hat. Diese Zungenmimik ist, wie gesagt, besonders deutlich bei Kindern zu beobachten oder bei Sportlern in Momenten allerhöchster Konzentration und nach einer großen Kraftanstrengung.

Das alles ist freilich nur eine kleine Auswahl der mimischen Ausdrucksmöglichkeiten, wobei es wiederum entscheidend auf die Kombination verschiedener mimischer und körpersprachlicher Signale ankommt.

Das Gesicht ist das wichtigste Erkennungsmerkmal einer Person. Da der Gesichtsausdruck aber zu einem beachtlichen Teil kontrolliert werden kann, ist er stets auch das Ergebnis der versuchten Selbstdarstellung einer Person.

Häufig stellen wir einen bestimmten Zusammenhang zwischen charakteristischen Persönlichkeitsmerkmalen und ihrer Bedeutung her. Beispiel: Eine hohe Stirn gilt als Zeichen von Intelligenz. Ein fliehendes Kinn deutet auf mangelnde Durchsetzungsfähigkeit und Schwäche hin. Ein Mensch mit Mandelaugen hat eine sanfte Natur. Ob allerdings tatsächlich ein Zusammenhang zwischen diesen Merkmalen und den ihnen zugeteilten Charaktereigenschaften besteht, ist ungeklärt. Wie subjektiv unsere Eindrücke von anderen Gesichtern sind, zeigt folgendes Experiment: Wir sehen das Gesicht einer uns völlig fremden Person. Es ähnelt einem guten Freund, Bekannten, Gegner oder gar Feind. Sofort sind wir bereit, den Charakter des Fremden ähnlich einzuschätzen. Solche Fehleindrücke lassen sich beliebig fortsetzen. Ist uns ein Gesicht sympathisch, entschuldigen wir häufig das negative Verhalten dieser Person. Sympathisch aussehende Menschen haben es daher häufig leichter im Leben. Wirkt das fremde Gesicht negativ auf uns und der Betreffende handelt tatsächlich entsprechend, so fühlen wir uns in unserer Menschenkenntnis bestätigt (»Der erste Eindruck ist immer maßgebend«). Umgekehrt: Der negative Eindruck erzeugt ein Mißtrauen, das erst nach etlichen positiven Handlungen des Betreffenden abgebaut wird.

Diese Wechselspiele des zunächst rein physischen Gesichtsausdruckes und den Reaktionen der Umwelt können bei dem Betroffenen tatsächlich im Laufe der Zeit entsprechende Verhaltensformen hervorrufen. Zum Beispiel: Der Mann hat eine kühne Adlernase, ein vorstehendes Kinn – wir erwarten eine kämpferische, ja tollkühne Person. Tatsächlich zeigt dieser Mann diese Charaktereigenschaften. Er tut, was von ihm erwartet wird – die sich selbst erfüllende Prophezeiung ist eingetreten. Von Nina Grunenbergs General sind wir überzeugt, daß er willensstark ist und seine Befehle durchsetzen kann. Und so demonstriert er es uns auch: Er reckt das Kinn nach vorn.

Gerade von Menschen in höheren Positionen wird erwartet, daß sie auch den passenden Gesichtsausdruck aufsetzen. Sie wollen auch im Gesicht Macht und Dominanz darstellen, und allmählich wachsen diese täglichen Anforderungen an ihre Mimik in ihr Gesicht, als seien ihnen diese Gefühlsausdrücke angeboren.

Der Manager hat cool zu sein. Damit ist weniger Gefühlskälte gemeint. Er sollte nur keine Gefühle oder Gefühlsregungen zeigen. Der Mächtige verrät so wenig wie möglich von seinem Seelenzustand. Er kann es sich gar nicht leisten. Denn wenn er zeigt, was er denkt oder fühlt, gibt er wiederum den anderen Macht über ihn selbst. Sie können ihn besser einschätzen, ihn in den jeweiligen Situationen taxieren. Das schwächt seine Position. Je weniger man die Gefühle eines Menschen einordnen kann, um so schwerer ist es auch, ihm überlegen zu sein. Also versucht der Mächtige, seine Mimik zu beherrschen. Er darf ja sein Gesicht nicht verlieren. Und das ist in den Machtstrukturen der modernen Industriegesellschaft ähnlich wie in den Kulturen Asiens. Gefühlsausbrüche dürfen nicht gezeigt werden, zumindest nicht, wenn andere dabei sind.

Freilich: Gelten im Fernen Osten Gesichtsausdrücke wie Überraschung, Freude oder Wut als unhöflich, so werden sie in der westlichen Geschäftswelt als pure Dummheit angesehen. Beispiel: Bei den langwierigen Tarifverhandlungen zwischen Arbeitgebern und Arbeitnehmern haben nicht immer die besseren Argumente gesiegt, sondern oft nur die stärkeren Nerven. Das heißt:

Wer Streßsignale zeigt, signalisiert damit auch, daß er am Ende seiner Strecke angelangt ist. Er kann nicht mehr weiter reizen: Er ist angeschlagen – ein unschätzbarer Vorteil für den Gegner. »Pokerface« nennt man allgemein diesen leeren Gesichtsausdruck, der eigentlich gar keiner ist, weil er nichts verraten soll. Und es ist tatsächlich wie beim Pokern: Nur nichts preisgeben von der eigenen Stärke oder Schwäche. Die Aggression zählt nur im Überraschungsangriff, im Überrumpeln. Das gilt noch mehr bei hochkarätigen Geschäftsverhandlungen als beim Glücksspiel. Die Kontrolle des Gesichtsausdrucks hängt unmittelbar mit Macht und Status der Person zusammen.

Der Mächtige will mit seiner Mimik auch seine »Würde« bewahren, seine Unantastbarkeit. Emotionale Ausbrüche sind Ausrutscher und ein Beweis der Schwäche. Eine nur wenig bewegte Mimik signalisiert im allgemeinen eine konstante Stimmungslage – in der Ruhe liegt die Kraft. Dies soll heißen: Die Person läßt sich nicht ablenken, sie ist konzentriert, gelassen, ausgeglichen, überlegen. Aber Vorsicht, kommt zu dieser Beschaulichkeit im Gesicht noch eine Langsamkeit und Spannungslosigkeit der Gestik dazu, kippt der schöne positive Eindruck ganz schnell ins Negative um. Auf einmal sehen wir eine eintönige, antriebsschwache Figur mit einem leeren, nichtssagenden Gesicht, das bereits schon wieder eingeschlafen ist.

Es ist wie bei allen anderen Kapiteln der Körpersprache: Mimik kann zweideutig sein. Die Beherrschung des Gesichtsausdrucks birgt noch eine weitere Gefahr. Viele Manager haben bei der Kontrolle ihrer Gefühle im Laufe der Zeit den Kontakt zu ihnen verloren. Gefühle werden verdrängt – das erzeugt eine gewisse Stumpfheit, mit der man auf eine neue, überraschende Situation nicht schnell und wirkungsvoll genug reagieren kann.

Die absolute Beherrschung der Mimik ist illusorisch, sie gelingt so gut wie nie. Kleinigkeiten werden dann verräterisch, z.B. das kurze Zucken der Mundwinkel, oder wenn die Unruhe und Gespanntheit auf andere Körperteile übergreift. Die Anzeichen von Nervosität lassen sich vielleicht noch im Gesicht verbergen, doch plötzlich fängt ein nervöses Fußwippen an. Im Psychologendeutsch heißt das: Wo widersprüchliche Signale übermittelt werden, ist die Wahrscheinlichkeit groß, daß irgendeine andere Bewegung die wahre Stimmung widerspiegelt. Sie ist um so größer, je weiter weg vom Gesicht diese Bewegung abläuft. Hier die Meinung des Psychologen Desmond Morris zum speziellen Verhältnis von Gesichtsausdruck und den am weitesten entfernten Gliedmaßen: »Da die Füße so weit von unserem Körper entfernt sind, neigen wir dazu, sie zu vergessen, wenn wir in ein Gespräch vertieft sind. Das macht sie zu einem ungewöhnlich ehrlichen Teil unserer Anatomie. Ihr unbewußtes Handeln enthüllt unsere wahre Stimmung, ganz unabhängig davon, was unsere Gesichter vielleicht signalisieren mögen.«

Damit sind wir auch gleich beim Kapitel »Vermenschlichung der Gefühle«. Bei aller Coolness sind wieder wohldosierte Zeichen von Begeisterung und Dynamik gefragt: die Begeisterungsfähigkeit. Allerdings sind die erlaubten Formen recht stark eingeschränkt – etwa so: Eine Person, die eine bewegte und lebhafte Mimik zeigt, demonstriert in der Regel auch ein impulsives, gefühlsbetontes und aktives Verhalten. Hat diese Körpersprache jedoch einen monotonen Charakter (ständiges Wiederholen), ist das ein Zeichen von Schwäche: Dieser Typ ist hastig, unruhig und unfähig, sich auf unterschiedliche Situationen und Reize einzustellen. Eine überbetonte Mimik zeugt von Ablenkbarkeit: Dieser Typ reagiert sehr spontan und rasch auf Außenreize; er ist leicht zu beeinflussen.

Lee Iacocca – Eine Legende: made in USA

Beginnen wir mit einigen Schlagzeilen über Lee Iacocca, den berühmtesten Manager der Welt: »Der Autoverkäufer, der Präsident werden könnte« (*Die Weltwoche*, Zürich),»Ich habe nicht dieses Kämpfer-Image, ich bin es« (*Welt am Sonntag*, Hamburg), »Lee Iacocca – ein Manager träumt von Reagans Job« (*Abendzeitung*, München),»Ganz Charisma« (*Spiegel*, Hamburg), »Das ist der höchstbezahlte Angestellte der Welt« (*Blick*, Zürich).

Man könnte diese Zitatensammlung beliebig fortsetzen, denn über keinen anderen Manager wurde so viel zu Papier gebracht. Dafür hat er gesorgt – und schließlich selbst zur Feder gegriffen. Nachdem er bewiesen hatte, daß keiner so gut wie er Autos verkau-

Das Pokergesicht: Er liebt das Spiel und seine Mimik auch. Hier Lee Iacocca als aufmerksamer Zuhörer mit einem breiten, geschlossenen Lächeln, das sowohl Zustimmung als auch Spott bedeuten kann. Nur die Augen verraten, wie kalt und nüchtern er alles beobachtet.
Quelle: UPI, Kent

fen kann, schrieb der Chrysler-Chef zwei Bestseller, die sein Millionenvermögen um etliche Millionen anreicherten.

Was kann man über Lee Iacocca noch schreiben? Im Prinzip ist bereits alles gesagt. So wollen wir uns nur mit seinen Eigenarten, mit seiner Auffassung von Macht und Darstellung befassen. Lee Iacocca unter dem körpersprachlichen Aspekt – da gibt es auch einiges zu erzählen.

Ein massiger Mann, 1,85 Meter groß, über 200 Pfund schwer, mit einem breiten, gemütlichen Lächeln, das freilich auch bedrohlich wie das Zähnefletschen einer Bulldogge aussehen kann. Meist gibt er sich lärmend, kumpelhaft. Er liebt das Pokerspiel, sämtliche Facetten des Täuschens oder der Beherrschtheit, ganz wie man will: Er grinst breit – und Vorsicht ist angesagt. Er wirkt ernst und gesammelt – und in Wahrheit lacht er sich innerlich halbtot über die Argumente seiner Gesprächspartner. Er schaut drohend und gefährlich drein – und er meint es gar nicht so – oder doch erst recht. Er blufft und blufft nicht. Und sein Körper beherrscht diese Palette von Möglichkeiten geradezu perfekt. Seine drei Lieblingswörter sind auch an den Nachbartischen nicht zu überhören:»Guys, fuck, und hell off a ...« Ebenso locker wie seine Sprache ist seine Haltung. Zurückgelehnt, eine dicke Zigarre im Mund, wirkt er inmitten der übrigen nadelgestreiften Verantwortungsträger, als wäre er noch immer ein kommuner Autoverkäufer, der sich ins Direktionszimmer der Chrysler-Werke verirrt hat. Doch er weiß um den Wert des Andersseins. Und dieses Selbstbewußtsein verläßt Lee Iacocca nie, da können seine Aktien noch so schlecht stehen, schrieb 1986 Yvonne-Denise Köchli in der Schweizer *Weltwoche* (Nr. 11/1986).

Seine Aktien standen schon einmal sehr schlecht – eigentlich waren sie gar nicht mehr vorhanden. Damals war Iacocca noch Chef bei Ford, und es passierte, was ihm ein Freund und Kollege über die unberechenbaren Launen des Oberbosses Henry Ford II., des Mehrheitseigners des Konzerns, prophezeit hatte:»Er wird dich irgendwann feuern, weil du eine Milliarde Dollar verloren hast. Er wird dich irgendwann abends rausschmeißen, wenn er betrunken ist. Er wird dich einen Spaghettifresser nennen, und du wirst dich mit ihm prügeln.« So ähnlich kam es. Ford schickte am 13. Juli 1978 seinen besten Mann in die Wüste. Begründung:»Ich kann Sie nicht leiden.«

Iacocca prügelte sich nicht mit dem Exzentriker, obwohl er die größte Lust dazu hatte. Getreu seinem Motto:»Mit den Beinen auf dem Boden bleiben, Zähne zusammenbeißen und vorwärts«, setzte er sich hin und schrieb einen Bestseller über die Machenschaften bei Ford, *Iacocca, eine amerikanische Karriere* (ECON Verlag, Düsseldorf). Ein Jahr später heuerte er bei Chrysler an, das mit einem Verlust von 158 Millionen Dollar in den letzten drei Monaten nun vor der sicheren Pleite stand. Sein symbolischer Verdienst: 1 Dollar im Jahr. Iacocca kürzte die Gehälter der Angestellten um 10 Prozent, feuerte die meisten der 35 Vizepräsidenten und lieh sich im Land der unbegrenzten Möglichkeiten von der Regierung 1,2 Milliarden Dollar – im Prinzip eine Todsünde im Dorado der freien Initiative, das sich in seinem Wirtschaftsleben strikt gegen jegliche staatliche Bevormundung und Einmischung verwahrt. Doch Iacocca schaffte es, Amerika kaufte wieder Autos von Chrysler. Er pries seine Produkte an wie ein guter und fairer Sportsmann:»Sie können einen Chrysler kaufen oder einen anderen Wagen. Hauptsache, Sie kaufen.« Oder:»Wenn Sie ein besseres Auto finden, dann kaufen Sie es.« Die USA kamen ins Chrysler-Fieber, und ein Wall-Street-Banker schwärmte über Iacocca:»Er verkauft keine Autos, er verkauft Vertrauen. Er hat getan, was er versprochen hat. Er ist der ehrlichste Mann Amerikas.« Iacocca war wieder kreditwürdig – und mit ihm die Chrysler-Corporation; 1984, sieben Jahre vor dem festgelegten Termin, dann sein größter Triumph: Im National Press Club zu Washington überreichte er dem US-Finanzminister einen Scheck über 1,2 Milliarden Dollar, den höchsten Scheck, der jemals ausgestellt wurde. Chrysler hatte seine Schulden getilgt – und Lee Iacocca war endgültig der Superstar. Sein Gehalt von einem Dollar pro Jahr wurde auf 20 Millionen jährlich aufgebessert. »Was hat er, was andere nicht haben?« fragte die *Bunte* (Nr. 52/85). Und ließ Iacocca antworten: »Ich kenne viele Leute, die klüger sind als ich. Trotzdem bin ich an allen vorbeigezogen. Weil ich brutal bin? Nein! Man setzt sich nicht lange durch, indem man andere Leute zur Schnecke macht. Die ganze Aufgabe einer Führungskraft besteht darin, andere Leute zu motivieren. Wenn einer das nicht kann, ist er an der falschen Stelle . . . Mein Prinzip ist es immer gewesen, bis zum Augenblick der Entscheidung demokratisch zu verfahren. Dann übernehme ich das Kommando: Okay, ich habe jetzt alle gehört, sage ich. Jetzt werden wir folgendes machen . . .«

Für Nachahmer – hier die goldenen Regeln des Erfolges von Lee Iacocca:

- Mit Kummer mußt du dich abfinden.
- Wenn du nicht etwas hast, womit du dich vergleichen kannst, wirst du nie erfahren, was Glück ist.
- Ich lernte vor allem, Menschen rasch und richtig einzuschätzen. Die richtigen Leute einzustellen ist nämlich das Beste, was ein Manager tun kann.
- Zeit für gutes Essen und Trinken und für gute Freunde übrig zu haben – darauf habe ich immer geachtet.
- Gut zuhören muß man können, wenn man seine Mitarbeiter motivieren will. Genau da liegt der Unterschied zwischen einem mittelmäßigen und einem erstklassigen Manager.
- Poker spiele ich immer noch gerne. Man kann dabei vorzüglich lernen, wann man bluffen und wann man aus einem Vorteil einen Nutzen ziehen sollte.
- Wenn Sie jemanden loben, tun Sie es schriftlich. Wollen Sie jemanden zusammenscheißen, tun Sie es am Telefon.

- Das größte Talent ist kein Entschuldigungsgrund für bewußte Grobheit.
- Der Schlüssel zum Erfolg sind Menschen. Die emsigen Bienen, die mehr tun, als von ihnen erwartet wird. Man braucht viele. Mit 25 solcher Burschen könnte ich die US-Regierung leiten.

Bob Hawke,
Bobs Tränen, eine sympathische Werbung

Wenn ein Politiker in aller Öffentlichkeit weint, steigen seine Sympathiewerte. Und das ist vollkommen unabhängig von seiner sprachlichen Aussage. Bob Hawke, australischer Premierminister, brach in aller Öffentlichkeit in Tränen aus, als er in der großen Halle des Parlamentsgebäudes in Canberra vor 3000 australischen und chinesischen Gästen den Massenmord an Studenten in Peking anprangerte. Nach der Trauerfeier umarmte der Regierungschef eine an der australischen Universität in Canberra eingeschriebene Studentin, die ebenfalls weinte.

Ein kluger Taktiker,
der seine Gefühls-
regungen sehr wirkungs-
voll einsetzen kann:
Australiens Premier
Bob Hawke.
Quelle: Camera Press,
London

123

Hawke hat auch sonst ziemlich nahe am Wasser gebaut. 1988 teilte er in einer Fernsehsendung seinem verblüfften Publikum mit, daß er seiner Frau vor etlichen Jahren untreu war. Dabei schluchzte der gute Bob hemmungslos.

Bei einer Parlamentsdebatte ließ er während einer Drogendebatte seinen Tränen ebenfalls freien Lauf, als er dem Hohen Haus mitteilte, daß seine Tochter und sein Schwiegersohn rauschgiftabhängig seien.

Öffentlichen Umfragen zufolge haben Hawkes Tränen, die per TV einem ganzen Kontinent gezeigt wurden, seiner Popularität keinen Abbruch getan. Im Gegenteil: Seine Beliebtheitskurve bei der Bevölkerung steigt.

9.
Lachen und Lächeln

Der Souveräne lächelt. Damit entwaffnet er seine Gegner, entspannt sie und zeigt seine überlegene Position. Lächeln ist eine soziale Handlung. Man lächelt selten vor sich hin, sondern fast immer im Umgang mit anderen Menschen. Dabei ist das Lächeln – im Prinzip Ausdruck der Freude, des Vergnügens – oft verlogen. Das Lächeln verdeckt die wahren Absichten, es gaukelt Entspannung und Einverständnis vor.

Einer der elementaren Unterschiede zwischen Mächtigen und Untergeordneten liegt in der Häufigkeit des Lächelns: Der Untergebene lächelt häufiger als der Boß. Er signalisiert damit den Anschein einer angenehmen Beziehung zwischen Chef und Mitarbeiter. Mit dem Lächeln zeigt er sein Einverständnis mit den Entscheidungen des Vorgesetzten, er akzeptiert seine Macht. Lächeln wirkt besänftigend. Die Position des Mächtigen ist nicht gefährdet. Er muß daher auch weniger Druckmittel und Abwehrmaßnahmen anwenden. Mächtige sind deshalb stets von vielen lächelnden Gesichtern umgeben und schließen daraus, daß alle zufrieden und sorglos sind. Sie wissen, daß ich mich um sie kümmere. Vielleicht lieben sie mich sogar. Diese Schlußfolgerung ist allerdings häufig falsch. Wir wollen folgende Arten des Lächelns unterscheiden:

Das gewollte Lächeln:
Es ist zwanghaft, mehr ein Verlegenheitslächeln. Bei Fotoaufnahmen (cheese). Eine reine Zweckbewegung, sein Inhalt ist gering. Es tritt plötzlich auf und verschwindet genauso plötzlich wieder.
Das süßliche Lächeln:
Es wirkt unecht und übersteigert. Jemand will einem schmeicheln. Es drückt viel mehr Sympathie aus, als wirklich vorhanden ist.
Das Schmunzeln:
Es signalisiert Wohlwollen ohne ausdrückliche positive Zustim-

mung. Der Schmunzler drückt damit seine eigene Meinung zum Erlebten aus.

Das verschmitzte Lächeln:
Man freut sich über eine Sache, die eigentlich noch geheim bleiben sollte.

Feixen, Grinsen:
Eine freche, provozierende Grimasse. Häufig ein Ausdruck von Häme oder von vermeintlicher Souveränität: Ein Vorwurf prallt von uns ab.

Das aufgelockerte Lächeln:
Ein Signal für Liebenswürdigkeit und Freundlichkeit.

Wir sehen, daß Lächeln oder Lachen (dabei werden im Gegensatz zum Lächeln verschiedene Laute erzeugt) die verschiedensten Qualitäten haben kann. Es gibt boshaftes, künstliches, gehässiges, zynisches, blasiertes, verzweifeltes, trauriges, herzliches und befreiendes Lachen. Beim Lachen hängt die Bedeutung von dem dabei erzeugten Vokal ab.

Beim Lachen auf *A* ist der Mund weit geöffnet. Es ist ein befreiendes, offenes, herzhaftes Lachen. So lacht man, wenn man sich über etwas freut oder köstlich amüsiert. Beim *I* kommt die Schadenfreude zum Ausdruck. Es ist auch mehr ein Kichern. Das Lachen auf *O* zeugt von Trotz, Protest, Hohn, aber auch Abwehr. So lachen Leute, die sich in peinlichen Situationen befinden. Das Lachen auf *E* wirkt meist spöttisch, hämisch, verächtlich. So lachen überhebliche Typen.

Lachen und Lächeln reichen von der entwaffnenden Mimik bis zum dümmlichen Grinsen, das ärgerlich wirkt. Grundsätzlich kann man jedoch sagen, daß ein Lächeln verkrampfte Situationen entspannt und die Kontaktaufnahme wesentlich erleichtert. Vermutlich hat sich das Lächeln aus der Gebärde des Zähnezeigens entwickelt. Es war aber nicht als Drohung gemeint, sondern eine offene Zurschaustellung seiner Waffen. Man zeigt dem Gegner sein Potential, es gibt keine versteckten Tricks mehr. Diese Offenheit wirkt entwaffnend.

Lächeln kann der Unterdrückung von negativen Gefühlen dienen, dann wirkt es meist künstlich und aufgesetzt und wird zur Maske. Es kann aber auch signalisieren, daß man seine negativen

Gefühle überwunden hat und nun bereits einen Schritt weiter ist. Man hat sich geärgert, und nun lächelt man.

Beispiel: Streit zwischen zwei Autofahrern um einen Parkplatz. Plötzlich lächelt einer, obwohl ihm gar nicht danach zumute ist. Dieses Lächeln wirkt zunächst unecht, gequält, man ärgert sich weiter. Doch nach etwa zwanzig Sekunden verändert sich das Gefühl. Der Ärger weicht einer angenehmen Ruhe, man denkt wieder klarer und lächelt schließlich zurück. Das Lächeln hat einen bedrohlichen Konflikt bereinigt. Diesem Mechanismus kann man sich nur schwer entziehen. Lächeln bietet uns daher die Chance, aus negativen Situationen herauszukommen. Dabei werden die zunächst negativen Empfindungen nicht verdrängt, denn das würde bedeuten, sie aus seinem Bewußtsein zu schieben. Im Gegenteil, die negativen Gefühle werden bewußt wahrgenommen und allmählich durch positive ersetzt. Sie lösen sich ganz einfach auf.

Die Asiaten haben die Bedeutung des Lächelns weit besser als die Europäer erkannt. Japan ist das »Land des Lächelns«. Ein chinesisches Sprichwort sagt:»Wer nicht lächeln kann, soll keinen Laden eröffnen.« Gemeint ist damit: Wer nur unzufrieden mit sich selbst ist, der wird nicht erfolgreich sein. Ein burmesisches Sprichwort lautet:»Wenn du jemand ohne ein Lächeln siehst, gib ihm deines.« In den Etagen der Mächtigen und Bosse wollen wir es mit Laotse halten:»Wer lächelt, statt zu toben, ist immer der Stärkere.«

10.
Blick und Macht

Als Helmut Kohl 1982 zum Kanzler der Bundesrepublik Deutschland gewählt wurde und auf der Regierungsbank im Bundestag Platz nahm, schweifte sein Blick über das Plenum, das nun vor ihm lag. Es lag ein seltsamer Ausdruck in seinen Augen, fast von träumerischer Entspanntheit, ein Blick voll höchster Genugtuung. Er nahm buchstäblich Besitz von der Macht, vom höchsten Gremium des Staates. Und er signalisierte: Es ist endlich geschafft. Ich bin der Erste. Nur Ich! Der neue Regierungschef hätte es verbal kaum besser ausdrücken können. Worte hätten die wahren Gefühle dieses Triumphrausches, wie er ihn gerade erlebte, nur verschleiert. Sein Intellekt hatte ihn außerdem gewarnt, diese unbändige Siegesfreude laut herauszubrüllen. Nein, ein Triumphgeheul hätte der Würde des so lange angestrebten Amtes nicht entsprochen, obwohl ihm sicherlich danach zumute war. Allein die Augen verrieten, was der Mann in dieser Stunde fühlte und dachte. Der Blick spiegelte seine hochwallenden Empfindungen wider, den Augenausdruck vermochte der Kanzler einfach nicht zu beherrschen.

Ein altes Sprichwort lautet: »Ein Blick sagt mehr als 1000 Worte.« Wie wahr. Die Augen verraten, was sich im Gehirn abspielt, und mehr. Blicke können wie Waffen eingesetzt werden. Sie sind voller Haß, Verachtung, Ärger, Mißtrauen, Abneigung. Sie verletzen, verärgern, machen unsicher, verängstigen, schüchtern ein. Nur töten können sie nicht. Blicke sind in der Lage, andere Menschen zu beherrschen, sie in Trance zu versetzen. Andererseits verraten sie Schwäche, Angst, Trauer, Sympathie, Freude, Hohn, Genugtuung. Und Liebe – sogar auf den ersten Blick. Was immer in unserer Seele vorgeht, was immer uns auch bewegen mag, die Augen teilen es in den meisten Fällen der Umgebung mit. Sie sind, um es poetisch zu formulieren, der Spiegel der Seele.

Im Umgang mit der Macht wird der Blick im Zusammenhang mit Sprache und Gestik oft als Waffe benutzt oder als Instrument des Einverständnisses. Ein Blick kann strafen, ein Blick kann loben. Mit Blicken versucht der Mächtige zu überzeugen oder einzuschüchtern. Die Augen demonstrieren Macht. Man kann es gut auf Konferenzen beobachten, bei denen die Teilnehmer eine größere räumliche Distanz zueinander haben. Zustimmung oder Ablehnung von Argumenten werden oft nur mit dem Augenausdruck dargestellt. Es erfolgt eine Art Absprache per Blick unter den »befreundeten« Parteien. Partner, die einander täuschen oder belügen wollen, schauen sich wesentlich seltener in die Augen.

Man könnte also folgende Faustregel aufstellen: Wenn bei wichtigen Verhandlungen die andere Partei nur auf den Vertragsentwurf blickt und kaum aufschaut, ist Vorsicht angesagt. Es ist etwas im Busch, was der andere nicht erwähnen möchte. Das gleiche gilt für zugekniffene Augen. Der Öffnungsgrad zeigt an, wieviel man von seiner Umgebung sieht – oder sehen will. Der Medienmogul Leo Kirch gilt als besonders raffinierter Verhandlungspartner. Seine Augen sind stets zu engen Schlitzen verengt. In diesem Fall verrät der Blick des Filmtycoons jedoch nicht seine wahren Absichten. Kirch ist schwer zuckerkrank und fast blind. Sein Augenausdruck ist ein körperliches Gebrechen. Vielleicht verunsichert aber auch das die Geschäftspartner.

Einige Untersuchungen beschäftigen sich mit der Veränderung der Pupille. Sie ist nicht nur von den Lichtverhältnissen abhängig, sondern auch vom inneren Interesse der Person. Eine kleine Pupille erzeugt einen stechenden Blick – und läßt auf Abneigung oder arge Feindseligkeit schließen. Große weite Augen mit weiten Pupillen signalisieren lebhaftes Interesse, Zustimmung, oft sogar herzliche Zuneigung. Fast schamlos werden Blicke, wenn das Gegenüber nicht zurück in die Augen schauen kann. In diesem Fall wird der Vorteil genutzt, möglichst viel Information von anderen zu bekommen. Man selbst kann ja dabei nicht beobachtet werden. Das ist eine Seite. Andererseits rufen Menschen, die ihre Augen vor den anderen verbergen, beim Publikum großes Mißtrauen hervor. Solche Leute führen was im Schilde, es sind undurchsichtige Genossen, die etwas zu verbergen haben, so die landläufige Meinung. Bosse der Unterwelt tragen in schlechten Kriminalfilmen stets eine Sonnenbrille. Eine Reihe argentinischer Generäle, die mit Sonnenbrillen eine Militärparade abnehmen, wirken bedrohlich wie ein Gruppenbild finsterer und blutrünstiger Ganoven.

Der verstorbene CSU-Chef und bayerische Ministerpräsident Franz Josef Strauß mußte ebenfalls schlechte Erfahrungen mit dunklen Augengläsern sammeln. Bei seinem Wahlkampf als Kanzlerkandidat der Unionsparteien trug er häufig – und wohl auf medizinisches Anraten – eine Brille, deren Gläser sich mit zunehmendem Lichteinfall verdunkelten. Bei Veranstaltungen im Sonnenlicht oder unter den gleißenden Scheinwerfern in der Halle konnte man seine Augen nicht erkennen. Er wirkte undurchsichtig. Werbestrategen fanden erst später heraus, daß die dunkle Brille einige Sympathiepunkte gekostet hatte. Strauß verlor bekanntlich die für ihn wichtigste Wahl. Personen, die eine Vorbildfunktion haben, also Vorgesetzte, verlangen oft unausgesprochen, daß man zu ihnen aufschaut. (»Bitte schauen Sie mich an, wenn ich mit Ihnen rede!«) Umgekehrt blicken sie viel seltener in die Augen von Menschen, die einen untergeordneten Status haben. Auch so wird Macht und Unabhängigkeit demonstriert. Der Chef würdigt den Untergebenen keines Blickes, er zeigt ihm, was er wirklich von ihm hält: nichts.

Grundsätzlich ist der Blickkontakt äußerst wichtig bei der Einschätzung eines Gesprächspartners. Wie ist er einem gesonnen? Freundlich oder feindselig? Lauert er auf Schwächen oder sucht er Beifall, Einverständnis, Nähe und Intimität? Personen, die man mag oder von denen man eine Zustimmung erwartet, schaut man länger, offener und häufiger an. Menschen, die man ablehnt, werden nur kurz, sporadisch und abweisend (kleine Pupillen) fixiert.

Redaktionskonferenz bei einer großen deutschen Illustrierten: Ein Redakteur trägt ein wichtiges Thema vor, von dem er felsenfest überzeugt ist, daß es ins nächste Heft gehört. Der Chefredakteur sagt kein Wort. Er stimmt weder zu noch lehnt er die Geschichte ab – er starrt seinen Kollegen unentwegt an. Der wird bei seinem Vortrag immer unsicherer, verhaspelt sich und redet schließlich scheinbar wirres Zeug. Nun spricht auch der Chefredakteur: »War's das? Gut. Dann gehen wir zum Wichtigen über.« Die anderen Ressortleiter grinsen genüßlich, und der Kollege schweigt betreten.

Dies ist ein Beispiel für die Aggression bei Blickkontakten. Hier werden Konflikte bis zur Bösartigkeit ausgetragen. Anstarren wird unangenehm und bedrohlich. Es ist dominant und signalisiert absoluten Siegeswillen. Verhaltensforscher kennen diese Variation der Körpersprache aus der Tierwelt. Wenn ein Gorilla zu lange ununterbrochen angestarrt wird, fühlt sich der Affe bedroht. Er droht zurück, fletscht die Zähne und trommelt mit den Fäusten auf seinen Brustkorb. Er steht kurz vor dem tätlichen Angriff. Die andere Möglichkeit ist, daß er den Blick senkt und damit seinen potentiellen Gegner besänftigt. Dies soll heißen: Er unterwirft sich – wie jener Redakteur.

Wir kennen diese Art des Starrens aus der Kinderzeit. Da werden kleine Machtkämpfe ausgetragen, indem sich zwei in die Augen schauen. Dabei ist es gar kein richtiger Blick. Der Trick: Man fixiert den Blick nur auf einen Punkt, in diesem Fall auf eine Pupille. Dem Gegenüber beginnen nach einer gewissen Zeit die Augen zu tränen. Es ist ihm äußerst unangenehm, er fühlt sich in die Ecke gedrängt und senkt schließlich seinen Blick – zum Zeichen der Niederlage. Dieses kindliche Machtspiel setzen die wirklich Mächtigen ein, um Gegner oder Partner zu dominieren. Besonders unangenehm wird dieses Starren, wenn dabei kein Wort geredet wird. Die Drohgebärde wirkt ausgesprochen feindselig, wird sie noch mit einem leichten Nicken des Kopfes verbunden. In diesem Fall will der Aggressor die völlige Unterwerfung. Solche Blicke sind oft das letzte Mittel, einen Gegner kleinzumachen oder auch verlorengegangene Dominanz wiederzugewinnen. Vorgesetzte, die zu diesen Mitteln greifen, sind machtbesessene Karrieristen, die unter allen Umständen die Kontrolle über andere an sich reißen wollen. Ist jedoch erst einmal die dominante Position unangefochten aufgebaut und die Souveränität gesichert, ändert sich auch das Blickverhalten: Man würdigt den anderen keines Blickes.

Auch diese Szene kennt fast jeder hinreichend: Der Untergebene wird völlig überraschend zum Chef gerufen. Er hat ein schlechtes Gewissen. Was mag der »Alte« nur wollen? Habe ich einen Fehler begangen? Soll ich zur Rechenschaft gezogen werden? Also nimmt der Mitarbeiter sofort nach Betreten des Chefbüros einen intensiven Blickkontakt zum Vorgesetzten auf. Nun gibt es eine ganze Palette von Möglichkeiten, wie der Chef reagieren kann:

- ER redet ohne aufzublicken. Ein schlechtes Zeichen. Der Chef will den Untergebenen mit Verachtung tadeln. Er hält nichts von ihm.
- ER schaut von seiner erhöhten Schreibtischposition von oben auf den Mitarbeiter herab. Das signalisiert Überlegenheit, Dominanz, aber auch Überheblichkeit bis hin zur Verachtung. Immerhin hält er es für wert, seinen Gesprächspartner überhaupt anzublicken.
- ER fixiert ihn mit langen und häufigen Blicken. Der Boß weiß noch nicht alles. Er möchte etwas herausfinden, er braucht noch mehr Informationen, sein Bild ist noch nicht ganz abgerundet.
- ER blickt bei dem Gespräch freundlich und offen auf seinen Mitarbeiter, zwinkert gelegentlich sogar zustimmend mit den Augenlidern: Der Untergebene ist ihm sympathisch, er hält viel von ihm und ist eventuell sogar bereit, den Fehler zu verzeihen.
- ER blickt ihn durchdringend und stechend an. Er durchschaut ihn. Er signalisiert: Ich weiß alles von dir. Mir kannst du nichts vormachen, ganz gleich, was du jetzt sagst. Er demonstriert Macht und kalte Überlegenheit.
- ER schaut nur sporadisch auf und schlägt beim Blickkontakt sofort die Augen nieder. Geschieht dies mehrere Male hintereinander, so verrät es eine Unsicherheit beim Vorgesetzten, von der man noch nicht sagen kann, ob sie sich positiv oder negativ für den Mitarbeiter auswirkt.

Grundsätzlich dient der Blick dem Informationsbedürfnis des Mächtigen. Er versucht, die andere Person auf den tatsächlichen Inhalt ihrer Sprache zu taxieren, um die augenblickliche Situation besser einschätzen zu können. Dabei gilt: Wer nur zuhört, knüpft ungefähr doppelt so viele Blickkontakte wie der Sprechende. Das ist auch ganz plausibel. Beim Sprechen muß man seine Gedanken auf die Worte konzentrieren. Häufige Blicke würden das Gehirn mit zu vielen Informationen füttern, der Sprachfluß würde gestört, und man käme gegebenenfalls ins Stottern.

Er sprach von »haltlosen Verdächtigungen«. Das sagte Jürgen Hippenstiehl, Chef der Chemiefirma Imhausen, den Reportern. Sein Betrieb war in den Verdacht geraten, für Gaddafi eine Giftgasfabrik zu bauen. »Habe nichts damit zu tun«, beteuerte Hippenstiehl und schaute dabei schuldbewußt drein wie ein ertappter Sünder. Sein Körper hatte eine andere Sprache gesprochen. Kurze Zeit darauf kam der Staatsanwalt mit einem achtseitigen Haftbefehl ...
Quelle: dpa, Düsseldorf

Der Hörende hingegen will durch intensives Beobachten des Sprechenden seine Worte auf den Wahrheitsgehalt überprüfen. Er achtet darauf, ob Inhalt und Sprache mit dem Ausdruck der Augen übereinstimmen. Auf diese Weise kann nun wieder der Sprechende feststellen, ob seine Rede einen Aufmerksamkeitswert hat oder nicht. Freilich sind gebannte Blicke noch lange kein Beweis für gute und überzeugende Argumente. Es könnte auch durchaus sein, daß die oder der Zuhörer wie abwesend aus dem Fenster oder an die Decke starren – scheinbar völlig desinteressiert. Dahinter muß nicht unbedingt Langeweile stecken. Wer tief nachdenkt, und sei es über das, was man gerade hört, schweift mit seinem Blick oft vom Gegenüber ab. Man schaut ins Leere und nimmt überhaupt keine Dinge wahr. Der Blick ist ins Innere gerichtet.

Diese Beobachtung ist auch häufig bei übergeordneten Personen zu machen, die Untergebenen zuhören. Für sie ist der Sprecher buchstäblich Luft. Auch hier bietet der Bundestag ein interessantes Beobachtungsfeld. Ein wenig bekannter Hinterbänkler hat fünf Minuten Redezeit – seine prominenteren Kollegen schauen gelangweilt weg oder reden sogar ungeniert miteinander im Plenum, während vorne auf dem Sprecherpult der Abgeordnete X die Aufmerksamkeit des gesamten Hauses auf sich ziehen will. Er hat keine Chance, weil er von vornherein nicht akzeptiert wird. Man nimmt ihn nicht ernst und demonstriert ihm seine Überflüssigkeit.

Henry Nannen –
Ein Schauspieler mit vielen Gesichtern

Henry Nannen behauptete von sich selbst in einem nicht veröffentlichten *Playboy*-Interview:»Ich bin am besten, wenn ich angegriffen werde. Dann bin ich eiskalt. Obwohl ich eigentlich ein sehr emotionaler Mensch bin.«

Das ist Henry Nannen wahrhaftig. In einer ZDF-Diskussion warf ihm der erzkonservative Publizist Hans Löwenthal vor, er sei während des Krieges in eine Mordaffäre verwickelt gewesen. Diese Anschuldigung entbehrte allerdings jeglicher Wahrheit, sie sollte Nannen vor laufender Kamera nur fertigmachen. Er kehrte den Spieß um. Zunächst sah es so aus, als wolle er mit seinen zwei Zentnern Lebendgewicht über den Tisch springen, um Löwenthal die Faust ins Gesicht zu schlagen. Doch dann beherrschte er sich – und schmetterte seinen Gegner verbal und eiskalt ab, daß Löwenthal nichts zu erwidern hatte. Nannen wußte, daß es um sein Ansehen und das des *Stern* ging, dem er vorstand. Ein ehemaliger Reporter, der Schriftsteller Erich Kuby, schrieb:»Im Bewußtsein, mit glatten Lügen konfrontiert zu sein, war er, ein seltenes Mal in seiner Laufbahn, kein Schauspieler.«

Nannen hat nie versucht, seine Machtgelüste zu kaschieren. Er ließ seine Mitarbeiter seine gesamte Machtfülle spüren. Er tobte und schrie, servierte ab, trickste aus – und hatte dabei (wenn es um den Inhalt seines Blattes ging) meist auch recht. Dieses Gespür liebten und verehrten seine Leute, die ihn eigentlich für seinen Führungsstil haßten. Ein ehemaliger Kollege:»Man hätte ihn am liebsten erschlagen mögen, um dann auf seiner Beerdigung bitterlich zu weinen.« Als der *Stern* noch im alten Redaktionsgebäude in Hamburg untergebracht war, auf einem Flur nur mit einer Holzwand mit der *ZEIT*-

Henry Nannen, wie er leibt und lebt: Den Mund offen, die Zähne wie zum Biß freigelegt, die Hand mit dem Daumen zur Herrscherpose erhoben – ein Bild der Aggressivität und der Dominanz. Das Foto wurde 1975 aufgenommen, als sich der damalige *Stern*-Chefredakteur wegen der Veröffentlichung eines abgehörten Telefongesprächs von Kohl und Biedenkopf verteidigte.
Quelle: dpa, Düsseldorf

Redaktion getrennt, herrschte eine große Platznot. Die gesamte Redaktion hatte nur fünf oder sechs Zimmer zur Verfügung, in denen drängten sich zehn und mehr Redakteure und Reporter. Natürlich hatte Nannen seinen eigenen großen Raum, in dem er residierte. Hier ein Auszug aus einem Interview mit der *Schweizer Illustrierten* (21. 2. 1983). Frage:»Haben Sie, Herr Nannen, das Gefühl, daß Sie für Ihre intimen Partner, die allernächsten Menschen um Sie herum, eine Freude sind, oder glauben Sie, daß diese Menschen manchmal auch unter Ihnen zu leiden haben?«

Nannen:»Ich kann das immer nicht begreifen, aber es muß wohl doch so sein. Meine Frau hat einmal gesagt:›Wenn du in ein Zimmer kommst, ist der Raum voll. Dann fühle ich mich ein bißchen an die Wand gedrückt.‹ Ich selbst kann es überhaupt nicht begreifen, weil ich durchaus kein ungebrochenes Selbstbewußtsein habe, überhaupt nicht. Ich weiß, wie eng meine Grenzen sind. Und ich stoße gegen diese Grenzen immer unter großen Schmerzen, muß ich sagen.«

Erich Kuby, ein ehemaliger Mitarbeiter, hat Nannen später mit großem Mißtrauen beobachtet. In seinem Buch *Der Fall Stern und die Folgen* (Konkret-Literatur-Verlag, Hamburg) rechnet der Schriftsteller mit seinem ehemaligen Chef ab:»Würde man alles, was Nannen im Laufe der Jahre über sich selbst gesagt hat, und alle die Geschichten und Anekdötchen, die er hundertmal zu wiederholen pflegt, einem Computer einfüttern, zusammen mit einem Ordnungsraster: Ich, der Schüchterne; ich, der Menschenscheue; ich, der Unsichere; ich, der Yachtbesitzer (er ist es nicht mehr); ich, der Sohn eines schlichten Arbeiters aus Emden, der sich hinaufgearbeitet hat, und so weiter, so würde sich herausstellen, daß die jeweils passenden Ausführungen abrufbereit in seinem Kopf zur Disposition stehen, ein für allemal fixiert. Er benutzt sie so, daß er den Eindruck erweckt, er führe mit dem jeweiligen Partner einen echten Dialog, während er ihn in Wahrheit nur so anfertigt, wie es in seine Imagepflege am besten paßt.«

Der Verleger Gerd Bucerius beschreibt das Phänomen Nannen wesentlich freundlicher:»Einst hatte der Journalist hinter seiner Arbeit zu verschwinden; persönlicher Journalismus galt als unanständig. Nannen dachte da anders. Die Sorgen der kleinen Leute schilderte er am Schicksal seines Vaters, eines mittleren Polizeibeamten aus Emden; für das Leid der Alten ließ er seine Schwiegermutter herhalten. Was einer Hausfrau beim Einkaufen so begegnet, das ließ sich gut mit Martha, seiner Frau, darstellen. Examenssorgen – dafür hatte er einen Sohn. Ärger mit den Handwerkern? Nannen beschreibt, wie sein Gartenzaun, in Schwarzarbeit, angestrichen wurde. Auch so wurde er erfolgreich. Und ich wurde dank Nannen doch recht wohlhabend.«

11.

Das Macht-Wort

Der Ton macht die Musik. Ein Machtwort klingt anders als eine freundliche Aufforderung, obwohl die verwendeten Worte vielleicht dieselben sind. Zu den nonverbalen Signalen gehören daher auch die »hörbaren« Signale, also die nonverbalen Laute. Bestimmte emotionale Laute treten dabei unabhängig von der Sprache auf und dienen ausschließlich dem Ausdruck von Gefühlen wie Weinen, Stöhnen und Lachen. Andere stimmliche Signale sind eng mit der sprachlichen Aussage verbunden und ergänzen oder kommentieren sie. Dazu gehören die Stimmhöhe, die Betonung sowie die zeitliche Abstimmung (Pausen).

Die Interpretation der durch die Stimme vermittelten Gefühle wird jedoch dadurch erschwert, daß Gefühle unterschiedlich ausgedrückt werden. So sprechen beispielsweise die meisten Menschen schneller, wenn sie Angst haben. Dagegen reden Menschen, die grundsätzlich ängstlich sind, gerade dann langsamer. In Experimenten schwankte die Genauigkeit, mit der sprachliche Äußerungen richtig erkannt wurden, zwischen 25 und 50 Prozent. Am besten werden Furcht und Zorn anhand des Tonfalls erkannt. Häufig verwechselt wurden die Gefühle Liebe und Traurigkeit sowie Stolz und Zufriedenheit. Negative Emotionen wie Ärger, Traurigkeit, Gleichgültigkeit und Unglücklichsein wurden schneller identifiziert als positive. Bei jeder der geäußerten Emotion wirken dabei Lautstärke, Betonung und Geschwindigkeit in einer bestimmten Art und Weise zusammen. Doch welche Prozesse genau bei der Entschlüsselung ablaufen, ist bisher weitgehend unbekannt. Grundsätzlich läßt sich die Stimme schlechter kontrollieren als beispielsweise der Gesichtsausdruck. Hier sickern daher häufiger echte Gefühle durch. Der Tonfall trägt zwar etwas weniger als die Mimik, aber viel stärker als die sprachlichen Inhalte dazu bei, die Einstellung des Sprechers gegenüber anderen Personen zu erkennen.

Wer überzeugend sein möchte, spricht schneller, lauter, hat einen größeren Umfang in der Tonhöhe und eine regelmäßigere Sprechgeschwindigkeit. Wer so spricht, wird auch als überzeugender wahrgenommen, wobei aber noch offenbleibt, ob er damit sein Gegenüber auch wirklich überzeugt. Personen, die fließend sprechen, werden zwar als kompetenter, nicht aber als glaubwürdiger oder zuverlässiger angesehen.

Rückschlüsse auf persönliche Charaktereigenschaften einer Person allein aufgrund ihrer Stimme sind nur sehr bedingt möglich. Ein Ergebnis zahlreicher Untersuchungen war, daß Menschen mit einem starken Durchsetzungsvermögen schneller, mit mehr Intonation und größerer Tonhöhe sprechen und dabei selbstsicherer klingen. Einige der gängigsten Stereotypen (bei Männern), die einen Zusammenhang von Stimme und Persönlichkeit herstellen, sind folgende: Männer mit einem faden Redestil werden als männlicher, kühl und zurückhaltend beurteilt. Eine kehlige Stimme wird mit den Eigenschaften realistisch, weltoffen und gut angepaßt in Verbindung gebracht. Wer schnell spricht, gilt als lebendig und extrovertiert. Ist die Stimme volltönend, gilt der Sprecher als energisch, stolz und interessant. Ist sie abwechslungsreich in der Tonhöhe, hält man den Sprecher für dynamisch, feminin und ästhetisch veranlagt.

Während diese Beurteilungen mit Vorsicht zu genießen sind, geben andere Aspekte der Stimme wie Lautstärke, Tonhöhe und Akzent deutlichere Hinweise auf die Persönlichkeit des Sprechers. Schichtunterschiede lassen sich am besten am Akzent erkennen. Neben der Kleidung ist der Akzent der wichtigste Hinweis auf die soziale Schicht, aus der eine Person stammt. Viele Menschen versuchen daher, ihren Akzent dem einer höheren Klasse anzupassen. Sie haben jedoch nur selten Erfolg damit. Meist erkennt der Gesprächspartner die tatsächliche Gesellschaftsschicht des Sprechers, und besonders in Streßsituationen neigt man dazu, in seinen ursprünglichen Akzent zurückzufallen. Sehr gebildete Personen und Angehörige der Mittelschicht haben eine klarere Artikulation, mehr Intonation und sprechen die Konsonanten deutlicher aus. Wird die Gruppenzugehörigkeit einer Person anhand ihres Akzentes identifiziert, dann werden die Stereotypen über diese Gruppe automatisch auch auf diese Person angewendet: Ein Deutscher gilt dann als korrekt, ein Amerikaner als oberflächlich, ein Engländer als distanziert.

Die Stimme unterscheidet sich bei Männern und Frauen. Frauenstimmen sind höher, haben eine größere Variation in der Tonhöhe. Dabei lassen sich die Unterschiede in der Tonhöhe nicht allein auf die anatomischen Verschiedenheiten zurückführen. Sie sind zwar vorhanden, jedoch weitaus geringer als die tatsächlich gezeigten Unterschiede. Mit welcher Tonhöhe eine Person spricht, ist daher gelernt und gehört mit zur sozialen Rolle. Wer von der Norm abweicht, wird auch als Persönlichkeit anders eingeschätzt. Frauen mit tiefer Stimme wirken männlich (dominant), Männer mit hoher Stimme weiblich (weich).

Machtunterschiede sind besonders im Sprachstil einer Person deutlich sichtbar. Untergeordnete Personen verwenden häufiger stereotype, zögernde oder selbstherabsetzende Aussagen. Ihre Äußerungen sind unpräziser und umschweifiger:»Eigentlich kann ich dazu ja nichts sagen, aber wenn Sie meine persönliche Meinung hören wollen ...« Unbestimmte und vage Aussagen schützen vor Angriffen und ermöglichen jederzeit einen gefahrlosen Rückzug. Wer Macht hat, drückt sich direkter und prägnanter aus. Wünsche werden in Form von Aufforderungen oder Befehlen geäußert.

Der weibliche Sprachstil entspricht eher dem der Untergeordneten. Die Ausdrucksweise von Frauen ist verschleierter, sie stellen häufiger Fragen, geben seltener Statements ab und entschuldigen sich häufiger für ihre Aussagen.

Auch Unterbrechungen sind stets ein Privileg der Mächtigen. Wenn der Chef spricht, muß der Untergebene schweigen. Umgekehrt muß er sofort aufhören zu sprechen, wenn dieser ihn unterbricht. Manchmal läßt sich allein an der Zahl der erfolgreichen Unterbrechungen die Rangordnung innerhalb einer Gruppe erkennen. Entsprechend ihrem Sprachstil, unterbrechen Männer ihre Gesprächspartner häufiger und erfolgreicher als Frauen.

Insgesamt wird der männliche Sprachstil als bestimmter und weniger freundlich beschrieben. Dabei achten Männer mehr auf die Stimme, während Frauen dem Gesichtsausdruck mehr Aufmerksamkeit widmen. Grund dafür könnte sein, daß der vokale Kanal mehr mit Macht und Dominanz, das Gesicht dagegen mehr mit Freundschaft und Anziehung zu tun hat.

Besonders deutlich werden Statusunterschiede in der Anrede. Je niedriger der Status, um so respektvoller und förmlicher ist die Anrede. Umgekehrt spricht der Mächtige seine Untergeordneten formlos, häufig sogar mit Vornamen an: Für sie ist er der »Herr Direktor Dr. Huber«, für ihn ist sie »Fräulein Gabi«. In Firmen ist für die Form der Ansprache daher seltener das Alter oder die Dauer der Firmenzugehörigkeit als die Höhe der Position ausschlaggebend. Gleichheit bedeutet daher auch die gleiche Form der Anrede. Wer Hierarchien abbauen will, der darf auch diesen Aspekt nicht vernachlässigen. Daran dachte man vielleicht auch bei dem Computerunternehmen Digital Equipment GmbH. Dort spricht jeder Mitarbeiter nicht nur seinen Kollegen, sondern auch seinen Vorgesetzten mit dem Vornamen an (wahlweise mit *Du* oder *Sie*). Wer Macht hat, darf auch mehr fragen. Während sich der Boß nach der Familie seines Mitarbeiters erkundigen kann, ist das Privatleben des Chefs für den Untergebenen meist tabu. Hier gilt die Regel, um so mehr ich über eine Person weiß, um so angreifbarer und verletzbarer ist sie. Je mächtiger eine Person ist, um so häufiger hüllt sie sich daher in Schweigen und bleibt rätselhaft und unergründlich wie Howard Hughes, allerdings meist auch sehr einsam.

Besondere Bedeutung haben die stimmlichen Signale beim Telefonieren. Da wir den Gesprächspartner nicht sehen können, achten wir unweigerlich mehr auf seine Stimme, seinen Tonfall und seinen Sprachstil. Aber wie telefoniert man richtig? Wie klingt man überzeugend? Wie kann man seine Macht auch am Telefon demonstrieren und den Partner dominieren? Diese und ähnliche Probleme müssen der englischen Telefongesellschaft British Telecom (BT) zu Ohren gekommen sein. Um die »Kunst des richtigen Telefonierens« allen Interessenten zugänglich zu machen, beauftragte BT den namhaften Psychologen Dr. David Lewis von der Universität Sussex, eine entsprechende Kommunikationsfibel zu schreiben. Die 40-Seiten-Broschüre erwies sich als

Renner. 10000 Exemplare waren schnell vergriffen, man mußte nachdrucken. Bis jetzt sind 250000 Stück abgesetzt worden. Es besteht offenbar ein großer Nachholbedarf, das »richtige Telefonieren« zu erlernen. Professor Lewis weiß, wovon er spricht. Neben seinem wissenschaftlichen Programm ist er als Berater für die mittleren Manager- und Führungskräfte des Industriegiganten IBM tätig. Er kennt also auch die Schwächen und Stärken der Bosse am Telefon. »Wir neigen dazu, das Telefon bei der Arbeit als etwas Selbstverständliches hinzunehmen. Doch ob man sein Sklave ist, hängt davon ab, ob man gelernt hat, richtig mit dem Telefon umzugehen. Erst wenn man sein eigenes Telefonverhalten versteht, kann man nicht nur gezielt sprechen, sondern auch das Verhalten des anderen Teilnehmers analysieren und sich dieses Wissen zunutze machen.«

Eine der Grundregeln am Telefon liegt in der Beherrschung der eigenen Emotionen. Sobald sich Streß aufstaut, leidet die Konzentration, und das Kommunikationsvermögen geht auf Talfahrt. Die körperliche Anspannung schlägt sich auf die Stimme nieder. Forschungsergebnisse belegen: Ein Mann, der nicht entspannt telefoniert, klingt ältlich, reizbar und unflexibel. Unentspannte Frauen werden als launisch, irrational und beschränkt eingestuft.

Wichtiger Rat des Telefonexperten Dr. Lewis: »Lockern Sie vor einem wichtigen Anruf Verstand und Muskeln. Das läßt sich schnell und diskret sogar im Schreibtischsessel bewerkstelligen. Also: Bewußt alle Muskeln anspannen. Die Hände zur Faust ballen, die Zehen zum Klammergriff eindrehen, Bauch einziehen und tief einatmen. Mit angehaltenem Atem langsam bis fünf zählen. Ausatmen. Erneut tief einatmen. Fünf Sekunden lang die Luft anhalten, beim Ausatmen darauf achten, daß die Zähne nicht zusammengebissen sind. Weitere fünf Sekunden ruhig atmen. Sie spüren dann eine tiefe, stille Entspannung, die durch den ganzen Körper strömt. Beruhigen Sie nun Ihre Nerven, und stellen Sie sich vor, Sie lägen im goldenen Sand eines sonnengewärmten Strandes an kristallblauer See. Behalten Sie dieses Bild ein paar Momente vor dem geistigen Auge. Das beruhigt die Nerven.«

Stellen Sie sich die Frage: Was bezwecke ich mit meinem Anruf? Bevor die Nummer gewählt wird, braucht man eine klare Vorstellung davon, was man mit dem Gespräch erreichen will.

Vorweg: Der Anrufer ist immer im Vorteil. Er hat beschlossen, dem Angerufenen Zeit abzuverlangen, und der Angerufene hat sich diesem Wunsch gebeugt. Indem der andere Teilnehmer den Anruf entgegennimmt, erwartet er vom Anrufer die Führung. Weil der Anrufer die Wahl hatte, das Gespräch zu beginnen, hat er eine bessere Chance, den Verlauf nach seinen Wünschen zu gestalten. Er ist auch in der stärksten Position, das Gespräch zu beenden, ohne daß Ärger entsteht. Er kann somit kostbare Zeit sparen. Wie klinge ich nun am Telefon? Komme ich bei meinem Gesprächspartner richtig und überzeugend an? Hier die Empfehlungen von Dr. Lewis:

– Um entschiedener zu klingen, sollte man stehend telefonieren. Das erhöht Ihr Autoritätsgefühl und schärft gleichzeitig das Denken. Im Stehen ist unser ganzes System wacher und reaktionsschneller. Wollen Sie hingegen einen gelösten Eindruck erwekken, lümmeln Sie sich ruhig in den Sessel. Das tut auch der Kreativität gut.
– Benützen Sie genau dieselbe Körpersprache, wie sie es auch bei einem persönlichen Gespräch tun würden. Wenn Gestikulieren und eine starke Mimik Ihr Stil sind, dann müssen Sie sich am Telefon genauso benehmen. Das Widerspiegeln der Empfindungen im Gesicht läßt die Stimme entspannter, selbstsicherer und natürlicher klingen. Wer am Telefon lächelt, klingt nicht nur beruhigend oder gar enthusiastisch, sondern er erhöht damit auch seinen eigenen Energiespiegel, denn Lächeln setzt im Gehirn Chemikalien frei, die den Menschen sicherer und optimistischer machen oder zumindest ihn so fühlen lassen.
– Beim Telefonieren mit einem schwierigen Gegenüber erweist sich ein elementarer Nachteil des Telefons als unschätzbarer Vorteil: Man kann den Partner nicht sehen. Da kann selbst die kleinste und schüchternste Person – nach einigem Training – energisch und bestimmt wirken.
– Selbst äußerst erfolgreiche Menschen leiden an einer Mikrophonangst, die auch beim Telefonieren auftreten kann. Diese Angst kann man loswerden, indem man nie zum Hörer spricht, sondern sich vorstellt, daß der Gesprächspartner einem direkt gegenüber sitzt. Und nun sprechen Sie direkt zu ihm. Malen Sie

sich ganz plastisch aus, wie der andere auf Ihre Bemerkungen reagiert. Sie sehen ihn lächeln, wenn Sie etwas Witziges gesagt haben, und Sie sehen ihn strahlen, weil Sie ihm gerade ein Kompliment gemacht haben.

Das ist die eine Seite des Telefonierens, die aktive. Die andere, die passive, ist das Zuhören, einen Vorteil umbiegen, das scheinbare Einlenken, das Abwimmeln. Und da kommt Dr. David Lewis mit einer überraschenden Erkenntnis: »Ob Sie's glauben oder nicht, es macht einen Unterschied, mit welchem Ohr man zuhört. Wenn es darauf ankommt, komplizierte Fakten zu analysieren, sollten Sie den Hörer ans rechte Ohr halten. Das rechte Ohr ist mit der linken Seite des Großhirns, also unserer logischen Seite, verbunden. Die Informationen werden dann objektiv weitergeleitet und sofort verarbeitet. Ist ein freundschaftlich-verständnisvolles Lauschen angebracht, so halten Sie den Hörer besser ans linke Ohr. Dieser Gehörgang leitet die Information an die rechte Gehirnhälfte weiter, in die Hemisphäre der Intuition und Vorstellungskraft. Das linke Ohr erhöht das Einfühlungsvermögen, indem es die Empfänglichkeit gegenüber unausgesprochenen emotionellen Regungen verstärkt.« Zu den wichtigsten Geboten des Zuhörens gehört: Unbedingt auf den Ton achten, in dem der Anrufer spricht. Klingt er niedergeschlagen, obwohl er von einer guten Nachricht, etwa einer Beförderung, redet? Vorsicht, dann stimmt was nicht. Oder klingt er freudig erregt, obwohl er gerade von einem handfesten Krach mit dem Chef berichtet? Widersprüche dieser Art zwischen dem, was gesprochen wird und der Art, wie diese Worte gehört werden und ankommen, liefern wichtige Hinweise auf schmerzliche Emotionen, die unter der Oberfläche des telefonierenden Gesprächspartners brodeln.

In seinem Leitfaden befaßt sich Lewis über mehrere Seiten hinweg auch mit Beschwerdeanrufen, die ankommen und die man selbst führt. Wenn sich jemand bei Ihnen am Telefon beschwert, bleiben Sie ruhig, unterbrechen Sie ihn nicht, zeigen Sie Verständnis. Durch gutes Zuhören kann man bewußt zum Freund des Beschwerdeführers werden. Wiederholen Sie seine Klagen mit Ihren eigenen Worten, versprechen Sie, ihn nach entsprechender Beratung zurückzurufen – und halten Sie dieses Versprechen. Machen Sie keine spontanen Zusagen, die Sie nicht einhalten können.

Beschwerdeführer sollten ebenfalls besonnen, aber auch entschieden sein. Das vermittelt dem Gesprächspartner Souveränität. Wenn man versucht, Sie abzuwimmeln, verlegen Sie sich einfach auf die »Technik kaputte Schallplatte« und wiederholen Sie so lange Ihre Forderung, bis sie erfüllt wird. Wenden Sie sich stets an die höchste Person. Je höher Sie gehen, um so schneller wird Ihre Beschwerde bearbeitet. Fragen Sie vorher die Telefonistin nach dem Namen. Wenn man jemanden namentlich verlangt, wird man schneller durchgestellt. Wenn Sie mit jemandem sprechen, den Sie nicht gut kennen, reden Sie ihn im letzten Satz mit Namen an. Fassen Sie unmittelbar vor dem »Auf Wiederhören« noch einmal zusammen, denn das Gedächtnis funktioniert nun einmal so, daß wir uns am besten an das erinnern, was wir in einer Unterhaltung als erstes und letztes gehört haben. Bleiben Sie fest, und lassen Sie sich nicht in eine irrelevante Diskussion steuern. Falls es Ihnen schwerfällt, das Gespräch zu beenden, benutzen Sie ganz einfach plausible Ausreden: »Ich habe noch ein anderes Gespräch in der Leitung.« Oder: »Ich muß in eine dringende Konferenz.«

Der Telefonpsychologe teilt die Telefonierenden in vier Verhaltensgruppen (»Telefonpersönlichkeiten«) ein:

Der Gipfelstürmer:
Er benutzt gern Ausdrücke wie »Zielsetzung«, »Vorausplanung« und »Fortschritt«. Sein Ton ist flott, geschäftsmäßig und rein zweckgerichtet. Beim Telefonieren mit »Gipfelstürmern« sollte man möglichst schnell auf den Punkt kommen.

Der Harmoniker:
Er spricht langsam, leise und wählt gern Sätze und Worte wie »nach meinem Gefühl«, »irgendwie glaube ich, daß . . .«. Mit ihm sollte man nicht nur übers Geschäft reden, sondern ihn auch nach dem Befinden der Familie, nach seinen Ideen und Sorgen fragen. Aber Vorsicht, Harmoniker sind auch sehr aufmerksame Zuhörer. Lassen Sie sich nicht mehr über die eigenen Gefühle entlocken als angebracht ist.

Der Hans-Dampf-Typ:
Er hört sich energiegeladen und begeisterungsfähig an. Er spricht schnell und erregt. Dabei überschlagen sich seine Ideen geradezu. Zu seinen Lieblingsvokabeln gehören »aufregende Sache«, »ganz tolle Idee«, »phantastisches Projekt«. Im Umgang mit ihnen sollte man ebenfalls lebhaft sein, ihn ermutigen und anregen, daß er nur neue Ideen zu Papier bringt. Freilich besitzt dieser Typus eine nur begrenzte Geduld. Wenn er anfängt zu sagen »o.k.«, »alles klar!« oder »geht in Ordnung«, meint er in Wahrheit nur »Auf Wiederhören«.

Der Methodiker:
Er erwartet in einem geschäftlichen Telefonat keine gesellschaftlichen Floskeln. Er drückt sich überlegen aus (»objektiv gesprochen«, »logischerweise«), spricht langsam mit vielen Denkpausen und korrigiert jeden Versprecher seines Gesprächspartners. (Aus: *Discovering your phone personality.*)

Daniel Goeudevert
Der unberechenbare Querdenker

Seine Lieblingsworte sind Empfindung und Empfindsamkeit, Instinkt und Intuition. Spricht so ein Manager? Im allgemeinen nicht, aber was ist schon allgemein an Daniel Goeudevert? Als Ford-Chef machte er innerhalb von acht Jahren seinen Konzern zum profitabelsten deutschen Automobilhersteller. Das rothaarige Verkaufsgenie, das stets sich und seine Firma immer nur im besten Licht zu präsentieren verstand, sprach auf dem Höhepunkt seiner Karriere plötzlich davon, wie gut er mit einem Tempolimit leben könnte. Mehr noch: Er kritisierte die Aufrüstung der Motoren mit immer mehr Ventilen, PS und Zylindern. Schließlich warf er zum 1. Mai 1989 bei Ford das Handtuch, machte eine Entschlackungskur mit Honig und Tee, begann seine Autobiographie zu schreiben – und erwog ernsthaft, eine Managerschule zu gründen. Dann gab es wieder eine kleine Sensation: Vier Monate später kehrt er in den Schoß der Autobranche zurück, als Einkaufsvorstand zu VW. Daniel Goeudevert, der Querdenker, der immer das tut, was man am wenigsten von ihm erwartet. Der ZEIT sagte er: »Manche glauben, daß ich ein Außerirdischer

145

Die rechte Hand kraftvoll in die Seite gestützt, der Ellbogen stark nach außen
gewinkelt, die linke auf das Auto, sein Symbol, gestützt – eine Pose des Selbst-
bewußtseins: Automanager Daniel Goeudevert.
Quelle: dpa, Düsseldorf

bin, irgendwie nicht ganz normal.« Nicht normal? »Ich war noch nie
auf dem Seminar ›Wie kleidet sich der Manager‹, so was gibt's
wirklich«, grinst er und schwingt sich in seine saloppe Lederjacke. Er
braucht auch nicht die typischen Machtgebaren deutscher Indu-
striekapitäne. Im Gegenteil, er will menschlich bleiben, das ist für ihn
»das Normalste der Welt«. In einer Managerwelt, die nur Stärke zur
Schau stellt und keine Schwächen zuläßt, wird man zwangsläufig zur
Härte gezwungen. Das fällt Goeudevert »ungeheuer schwer«, das
geht an seine Substanz, ist »fast selbstmörderisch«. Er will so nicht
sein. Er will mit seiner Persönlichkeit überzeugen, nicht nur mit
Herrschaftswissen – wie ein guter Lehrer. Der Vergleich liegt überhaupt nicht fern. Daniel Goeudevert, Sohn eines französischen Polizisten, war Professor für Literatur an der Pariser Sorbonne, ehe er aus
»Zufall und Schicksal« in die Wirtschaft ging. Freilich ist der Mann

146

kein Revolutionär, »kein Missionar und auch kein Ideologe«. Er setzt auf Vernunft und Lernfähigkeit, er möchte die kalte und schroffe Unternehmenskultur und das Klima in den Konzernen verbessern, die sonst nur die »Vogel-friß-oder-stirb«-Mentalität sorgsam pflegen. Der Manager Goeudevert bekennt sich – außergewöhnlich genug – zu Gefühlen. Er managt mit dem Bauch, und dabei sagt er seinen Mitarbeitern Dinge, die sie nicht für möglich gehalten haben: beispielsweise, daß hohe Geschwindigkeiten im Stadtverkehr eine Sünde seien oder daß man wirkliche Gespräche nur in der Eisenbahn führen könnte, nur mit Blickkontakt. Auf die Frage, ob man denn diese Art des Managements lernen könnte, antwortete Goeudevert der ZEIT:»Bestimmt nicht in Harvard. Wohl aber durch eine Art Selbstanalyse, die dann auch befähigt, den Partner besser zu verstehen.«

Bei seinen (gleichberechtigten) Kollegen rufen solche An- und Einsichten Mißtrauen und auch Verärgerung hervor. So einer wie Goeudevert gibt ohne Not Machtpositionen preis. Aber: Falsch kann der Arbeitsstil nicht sein. Der Erfolg – und der ist unbestritten – gibt dem Querdenker recht.

12.
Aggressionen – wenn die Macht angreift

Macht und Aggression gehören zusammen. Ohne Aggressivität kann der Aufstrebende keine Macht erlangen, und als Friedenslamm kann er die endlich gewonnene Macht nicht verteidigen. Die Aggression gehört zum täglichen Leben des Chefs, sie drückt sich entsprechend in seiner Körpersprache aus. Milde Formen der Aggression stoßen sogar bei Untergebenen auf Anerkennung, sie werden förmlich erwartet.

Franz Josef Strauß hatte stets den lautesten Beifall und den größten Zuspruch, wenn er beim aggressiven Abkanzeln seiner Gegner auch den Kopf bedrohlich nach vorne schob und sein ganzer Körper in Angriffshaltung ging. Wenn der ehemalige Kanzler Helmut Schmidt, der als Napoleon von Bonn galt, zackig die Kabinettsrunde betrat, waren die Gespräche verstummt. Jeder wartete auf die ersten Worte des Regierungschefs. Beim Militär demonstriert der Ranghöhere seine Macht durch eine aggressive Tonlage, vorgereckten Kopf und oft mit in die Hüften gestemmten Händen. Die Untergebenen signalisieren ihren Respekt durch starre Haltung und Bewegungslosigkeit: Sie verharren wie das sprichwörtliche Kaninchen vor der Schlange. Der ausgestreckte Zeigefinger, der auf das Gegenüber deutet, ist aggressiv, der senkrecht erhobene kann als Drohung gewertet werden. Oft nimmt der Chef statt des Fingers einen Bleistift, Kugelschreiber und Füller als Ersatz.

Um das Phänomen Aggression und ihren Ursprung ranken sich eine Reihe sehr unterschiedlicher Theorien und Erklärungsmodelle: Für Freud war der Todestrieb des Menschen die wahre Quelle der Aggression. Dagegen sah Alfred Adler im Willen zur Macht ihre alleinige Ursache. Nach der Frustrations-Aggressions-Theorie führen erlittene Frustrationen unter Umständen zu einem aggressiven Verhalten. Die durch zahlreiche Untersuchungen bestätigte Theorie des sozialen Lernens geht schließlich davon aus, daß aggressives Verhalten erst durch Beobachtung gelernt wird.

Aggression ist in der Regel eine nach außen gerichtete aktive Handlung im Gegensatz zum passiven, resignativen Abwarten. Sie kann sich allerdings auch gegen das eigene Ich wenden. So wird häufig Depression als eine nach innen gerichtete Aggression betrachtet. Statt aktiv etwas an seiner Situation zu verändern, macht sich der Depressive mit Selbstvorwürfen und Schuldgefühlen das Leben schwer. Soziale Normen und Regeln zwingen uns, Aggressionen zu unterdrücken oder abzuschwächen. Statt eines Faustschlags verteilen wir dann verbale Schläge in Form von Beleidigungen oder Vorwürfen.

Besonders in ungleichen Partnerschaften versucht der Mächtige, seinen Willen aggressiv durchzusetzen und damit seine Macht zu erhalten oder zu festigen. Nicht selten wehrt sich der Unterlegene seinerseits mit aggressiven Gefühlseruptionen gegen den auf ihn ausgeübten Druck. Beispiele: Der Chef will seine Anweisungen unbedingt durchsetzen. Mit einer knappen Handbewegung würgt er die Diskussion seines Teams ab. Der Klang seiner Stimme wird schärfer. Er erhebt sich, steht vor den anderen, die noch sitzen. Sein Ton hat jegliche Jovialität verloren. Der ganze Körper droht mit fürchterlichen Konsequenzen, wenn nicht befolgt wird, was er jetzt sagt:»Ich erwarte, daß Sie mir folgen. Das ist keine Bitte, das ist eine Anweisung.«

Umgekehrt: Der Chef ärgert Tag für Tag immer den gleichen Angestellten, der sich nicht zur Wehr setzt, der so lange schluckt, bis das Faß überläuft. Dann wird er rot und blaß (den Frauen treten vielleicht Tränen in die Augen), er schreit, seine Stimme überschlägt sich und versagt schließlich. Fast sieht es so aus, als wolle er dem Boß an die Krawatte. Doch dann schießt er aus dem Raum und schlägt die Tür krachend hinter sich zu. Der Boß hat diese Gebärde durchaus verstanden. Er hat gespürt, daß er den Bogen überspannt hat. Er hat die Grenzen des Zumutbaren überschritten – und der Schwache wehrt sich und kann in seinem Aggressionsschub sogar gefährlich werden.

Interessante Zusammenhänge zeigen sich zwischen Handbewegungen und Aggressionen. Personen, die ihre Aggressionen offen und direkt zeigen, machen häufiger Handbewegungen, die von ihrem Körper wegführen. Die Hände bewegen sich auf das Gegenüber, auf eine andere Person oder Sache zu. Diese Handbe-

149

wegungen treten vor allem unmittelbar vor der aggressiven Äußerung auf und tragen offensichtlich dazu bei, die aggressiven Gefühle in die entsprechenden Worte umzusetzen. Bei Personen, die
dagegen ihre aggressiven Gefühle nur versteckt oder gar nicht
zeigen, wurden mehr Handbewegungen beobachtet, die auf den
eigenen Körper gerichtet sind. Die Hände fahren über die Haare,
sie streichen sich übers Gesicht oder zupfen am Ohrläppchen.
Häufig werden diese Bewegungen mehrere Male hintereinander
wiederholt. Dabei stehen diese Gesten in keinem unmittelbaren Zusammenhang zu den Dingen, die der Betreffende gerade
äußert. Sie zeugen eher von einer gewissen Spannung.

Besonders auffällig werden Aggressionen deutlich in der Körpersprache von Fußballspielern. Man sollte meinen, daß sich Leute
mit einem solch hohen materiellem Status (meist Millionäre)

Der Chef und sein leitender Angestellter: Gerd Schmelzer, Präsident des
1. FC Nürnberg, im trauten Zwiegespräch mit Hermann Gerland, dem Trainer
seiner Bundesliga-Mannschaft: Gestik und Mimik Schmelzers sagen alles. Er
und nur er zeigt, wo's langgeht. Gerland hat einverstanden zu sein, sonst nichts.
Quelle: Horst Müller, Düsseldorf

Finster wie sein Regime ist auch der Gesichtsausdruck von Chiles ehemaligem Diktator Pinochet. Auf diesem Foto thront er noch auf seiner Macht und verfolgt die Militärparade anläßlich des 16. Jahrestages seiner Machtübernahme. Ein finsterer Despot, der kein Wort zu sprechen braucht, um seinen Charakter darzustellen. Sein Körper verrät es auch so.
Quelle: dpa, Düsseldorf

besser unter Kontrolle hätten. Aber nein, auf dem Platz ist die freundliche Fassade der sympathischen Sportlichkeit wie weggewischt. Eine Horde von 22 Primaten stürzt aufeinander los. Es wird getreten, geschlagen, gespuckt, gebissen, geschossen, gebombt. Die Gesichtsausdrücke entgleisen zu ungebändigten Haß- und Wutgrimassen – vom verbalen Repertoire wollen wir vornehm schweigen. Entsprechend auch die Rolle des Schiedsrichters. Er ist zwar im Alltagsleben mit weitem Abstand der sozial Schwächere, doch auf dem Spielfeld ist nur er die absolute Autorität, er leitet das »Spiel«. Das muß er dieser entfesselten, wilden Bande mit seiner Körpersprache zeigen. Und das tut er auch; schließlich hat man ihm diese Gestik auf den Schiedsrichterlehrgängen beigebracht. Er läßt die Spieler bei sich »antanzen«. Er winkt sie autoritär mit dem Zeigefinger zu sich. Seine Hand- und

Armbewegungen sind stets auf andere gerichtet und werden zakkig wie Säbelschläge ausgeführt. Er benutzt seine Trillerpfeife wie ein Feldwebel seine Stimme. Wenn ihm das Match entgleitet und sich die Aggressivität seiner Untergebenen durchsetzt, kanzelt er die Fußballstars ab wie ein Spieß die Rekruten. Seine Ultima ratio ist die rote Karte. Und muß er sie mal zeigen, so geschieht das fast immer im gleichen Ritual: Mit dem Finger winkt er den Sünder herbei. Der steht dann sekundenlang mit gesenktem Kopf vor ihm. Schließlich zückt der Mann in Schwarz die rote Karte, wie es im Sportreporterjargon heißt. Richtiger ist: Er stößt sie in einem letzten gewaltigen Stich nach vorne. Wie ein Todesstoß bei einer Hinrichtung. Er muß recht behalten, er muß siegen. Nur dann läuft das Fußballspiel in einem einigermaßen geordneten Rahmen. Nur dann ist der Schiedsrichter ein guter Schiedsrichter.

Im Berufsleben jedoch wird diese Form der Aggression meist vornehm unterdrückt. Je höher der Status des Chefs, desto weniger aggressiv gebärdet er sich. Er strahlt Autorität aus. Für die Umsetzung seiner Aggressionen hat er seine Leute – wie ein General einen Feldwebel hat. Er läßt drohen – und er läßt hinrichten. Die Henker befolgen seine Befehle, obwohl er manchmal sicherlich selbst genügend Lust, besser gesagt Wut und Zorn hat, die Prozedur selbst vorzunehmen. Aber er beherrscht sich. Eine solche Selbstdisziplin fordert auch ihre Opfer. Permanent unterdrückte Aggression und in sich hineingefressener Ärger haben nicht selten psychosomatische Beschwerden zur Folge.

13.
Die pervertierte Macht

Der Schriftsteller Lion Feuchtwanger hat in seinem Roman *Erfolg* das Aufkeimen des Nationalsozialismus in München beschrieben. Es wurde ein bissiges Zeitbild vom korrupten, spießbürgerlichen Provinzialismus und dem latent schwelenden Faschismus. Feuchtwanger schilderte die ersten Auftritte Hitlers in den Bierkellern der Stadt, der im Roman verschlüsselt Rupert Kutzner von den »Wahrhaft Deutschen« heißt, sowie seine absurde Körpersprache, die er mit Hilfe eines Schauspielers inszeniert hatte: »Die Leute lauschten benommen, glücklich. Der prächtige Schall Rupert Kutzners, seine bewegte Mimik riß sie mit. Sie vergaßen, daß ihre paar Wertpapiere wertlos waren, die Versorgung ihres Alters gefährdet. Wie dieser Mann es verstand, ihren Träumen Worte zu geben. Wie seine Hände groß durch die Luft fegten, gewaltig aufs Pult schlugen, sich markig reckten, wohl auch ironisch Bewegungen imitierten, mit denen die schlichteren Witzblätter jener Zeit Juden charakterisierten. Glückselig hingen sie an seinen Gesten. Einmal sprach er von dieser traurigen Berliner Regierung, die gegen die berechtigte Empörung des Volkes keine andere Waffe habe als die des Ausnahmegesetzes. ›Wir Wahrhaft Deutschen‹, rief er, ›wenn wir an der Macht wären, wir brauchten keine Ausnahmegesetze.‹ – ›Was würdet ihr dann tun‹, rief eine sonore wohlklingende Stimme dazwischen. Rupert Kutzner schwieg einen Augenblick. Dann, in den lautlos gespannten Saal hinein, mit einem träumerischen Lächeln, sagte er: ›Wir würden unsere Gegner legal hängen.‹ Es machten aber die Wahrhaft Deutschen vier Prozent der Bevölkerung aus, 34 Prozent waren neutral: Gegner waren 62 Prozent. Alle im Saal lächelten jetzt das gleiche nachdenkliche Lächeln wie der Führer. Sie sahen ihre Gegner am Galgen hängen oder an Bäumen, mit blauen, hervorquellenden Zungen . . ., und alle tranken tief und befriedigt aus den großen, grauen Krügen.«
Soweit Lion Feuchtwanger. Hitler hat solche Sätze tatsächlich

gesagt, er hat tatsächlich so gehandelt. Seine Gestik, sein Sprachvermögen hat die Massen tatsächlich so mitgerissen, seine Körpersprache beherrschte tatsächlich die Säle.

Das war nicht immer so. Am Anfang seiner Karriere wirkte Hitler noch unsicher. Als 1925 der Fotograf Hoffmann im Zirkus-Krone-Bau Mimikaufnahmen von Hitler machte und dabei ein Magnesiumblitzlicht verwendete, waren die Fotos zum Schreien: ein wildfuchtelnder Hitler, eine Witzfigur (übrigens durfte später nie mehr bei Fotoaufnahmen von Hitler geblitzt werden).

Genau wie es Feuchtwanger in seinem Roman schilderte, nahm sich auch Hitler einen Fachmann, der seine Auftritte beriet, ihn in seiner Gestik schulte, seine Wahlveranstaltungen sorgfältig probte und plante. Bis 1942 unterrichtete der Schauspieler und Operettensänger Paul Stieber-Walter, bekannt unter dem Künstlernamen Paul Devrient, Adolf Hitler in Gasthöfen, Privatwohnungen und Hotels. Sogar der Machtgruß und die Bettelbesuche bei deutschen Industriellen wurden auf diese Art sorgfältig vorbereitet. Hitler trainierte seinem Körper die Sprache an, die andere überzeugen sollte – und schließlich auch die meisten überzeugte. Er war ein gelehriger Schüler, denn Ende 1932 bedurfte es keines Nachhilfeunterrichts mehr. Nach dem Krieg schrieb Paul Devrient über diese Lektionen und Stunden mit dem »Führer« ein Buch. Der Titel: *Mein Schüler Hitler – Tagebuch eines Lehrers.* Wir wollen daraus die typischen Passagen zitieren:

»Ich nehme mir vor, sehr früh schlafen zu gehen, da ich nach meinem heutigen Mißgeschick unter allen Umständen vermeiden will, nochmals zu spät zu kommen. Da fällt mein Blick auf eine Tafel Schokolade. Mir kommt der Gedanke, mir damit einen Bart anzuschminken, wie ihn Hitler trägt. Danach beginne ich, genau wie er die Zähne zu fletschen, die Augen zu rollen. Ich verwandle mich in Hitler. Nichts erfinde ich, wiederhole bloß, was ich bisher an ihm und bei ihm gesehen habe. Dabei gelingt es mir, mich immer mehr in Hitler hineinzufühlen. Der Spiegel enthüllt bittere Eckigkeit, viel qualvolles Gehemmtsein, so daß ich mich wundere, dies bisher bei Hitler übersehen zu haben. Abermals bin ich überzeugt, Hitler auch auf diesem Gebiet zu helfen ... mit allem, was mir darüber zu Gebote steht ...

Hitler schlägt als Probe eine Szene aus dem Laienspiel *Der*

Wildschütz von Hölltal vor, in dem er, wie er sagt, als Schüler mitgewirkt hat. Den Part habe er noch im Kopf. Hitler beginnt... sogleich mit seinem Spiel. Ohne sich zu bewegen, bleibt er, wie von seinen Reden gewohnt, auf dem Podium stehen und deklamiert den ihm in der Tat noch erinnerlichen Wildschützpart... Doch dann erinnert er sich an das Spiel und geht mehrmals hin und her und stößt an die Stühle, die er beiseite schiebt. Er stockt, sieht irritiert auf mich herab und demonstriert, daß er den Text doch teilweise vergessen hat. Doch auf einmal packt es ihn. Zur Figur des Wilddiebs, die nun offenbar vor seinen Augen steht, beginnt er Worte zu erfinden. Er experimentiert, wie die Bühnenleute sagen, und es gelingt ihm, in seine Sätze etwas hineinzulegen. Es reißt ihn fort, mit wachsendem Feuer, zunächst zu seinen alten Gebärden, dem Grimassenschneiden, Fuchteln... Plötzlich jedoch scheint es mir, als wandle sich sein Äußeres: Er sieht mit seinem Bart, der in die Stirn fallenden dunklen Strähne auf einmal wie ein ›Wildschütz vom Hölltal‹ aus. Dicht an der Bühnenrampe, an die er vorspringt, die rechte Faust wie auf den Lauf einer Büchse geballt, entringt sich ihm der Schrei: ›Rache!‹ und nochmals ›Raaache!‹ Es erleuchtet jäh wie ein Blitz in der Finsternis die Figur des Jägers... Das heißt Talent! Schauspielerisches Talent!«

»Auf einigen Manuskriptseiten hat Hitler eine neue Rede ausgearbeitet. Es ist eine Rede über das Verhältnis der Nationalsozialisten zu den Juden. Bei dieser Rede verfällt Hitler in seinen alten Fehler. Er springt auf dem Podium geradezu hin und her, als sei er von Furien gejagt, faßt sich mit beiden Händen an den Kopf und windet sich buchstäblich vor Anstrengung. Dann tritt er plötzlich neben das Pult, packt dessen Rand und rüttelt an ihm. Schließlich reckt er die Arme – wie gen Himmel – nach oben. Er ist wieder heiser.«

Obwohl Hitler bei Sitzungen sich mehr als launisch und divahaft gebärdet, macht sein Lehrer geduldig weiter. Er will Erfolge sehen, und sein Schüler präsentiert sie ihm auch, selbst die US-Zeitschrift *Vanitiy Fair* bezeichnet Hitler schließlich als einen der »bekanntesten Redner unserer Zeit«. Aber zitieren wir Devrient weiter:

»Am nächsten Tag, an dem Hitler wieder redet, spüre ich sofort, daß er die vorausgegangenen Einsichten und Erkenntnisse in die

Tat umgesetzt hat. Ich bin entzückt. Alles Bisherige klingt nagelneu, man glaubt's aufs Wort. Selbst die kleinsten Effekte glühen neu auf. Das Publikum geht wie rasend mit, hängt an Hitlers Lippen, was wiederum ihn elektrisiert. Er kommt in Hochform. Übertrifft sich selbst und ist mit unwiderstehlicher Intensität da. ›Fast wie ein Hypnotiseur‹, durchfährt es mich. Seine Bewegungen, seine Gebärden, seine Gesten, sein Mienenspiel wirken perfekt ... Er hat einen durchschlagenden Erfolg. Ist das nicht ein überzeugendes Beispiel für die Bedeutung der erlernten Schauspiel- und Rhetorikkunst? frage ich ihn nachher stolz. Hitler pflichtet mir bei und sagt: ›Mir kam es fast wie ein Wunder vor. Alles, was ich oft schon geredet habe, bekam wieder mitreißende Kräfte. Mir war, als hätte ich eine völlig neue Rede gehalten.‹«

Nach diesem durchschlagenden Erfolg hat Devrient das Vertrauen Hitlers. Er darf ungehindert in sein Hotelzimmer – und erlebt eine merkwürdige Szene:

»Nur in Hemd und Hose, ohne Schuhe und Strümpfe, auf dem Rücken am Boden liegend, hat er beide Beine an die Wand hochgestemmt und die Augen geschlossen. ›Ich bin ganz ruhig, ganz ruhig‹, flüstert er vor sich hin. In dieser Lage, erklärt er mir, konzentriere er sich vor jeder Rede, sofern es ihm möglich sei. Den Tip habe er von einem Berliner Nervenarzt bekommen. Es erhöht, das schwört er, die Gedächtnisleistung. Zwanzig Minuten lang behält er die Stellung bei. ›Obendrein beruhigt es das Herz, Kreislauf und alle Aspekte, von bloßer Unruhe bis zur lähmenden Unlust. Ich hab's oft genug ausprobiert‹, sagt er, als ich wieder gehe ...«

Hitler ist, so scheint es Paul Devrient, der Auffassung, daß ein Redner nur dann wirklich glaubwürdig wirkt, wenn er ›ganz dabei‹ sei, wenn sein Körper und seine Extremitäten die Stimme ›einrahmten‹ und sich von ihr – und dem jeweiligen Inhalt der entsprechenden Worte – jeweils spontan die Reaktionen diktieren ließen. Also, ›Zappeln‹, denke ich – und sage es auch: ›Zappelnde Arme und tänzelnde Beine töten die eindringlichsten Worte, anstatt sie zum Leben zu erwecken. Nicht ohne Grund heißt man die Worte eines Redners seine ›Hände‹, mit denen er ›zupackt‹. Sein ›Mund‹ zieht sein Publikum in Bann, nicht aber seine Arme und Beine. Hände und Füße sollen mit möglichst wenigen Bewegungen nur die Wirkung seiner Worte verstärken.‹ Hitlers Reaktion: ›Man braucht sich also nur auf einen engen Umkreis zu konzentrieren und ist sofort ›zu Hause‹. Man vergißt, daß einen von drei Seiten fremde Augen beobachten. Ein einfaches Rezept!«

Das wohl auffälligste Merkmal an der Körpersprache des Nazidiktators, der Hitlergruß, war für Devrient ein großes Stück Arbeit. Der Schauspieler und persönliche Berater Hitlers übte mit ihm wochenlang. Er erzählt in seinem Buch:

»Die nächste Unterrichtsstunde findet im tristen Trockenraum eines Gasthauses statt, in dem Hitler Wohnung genommen hat. Es ist ein langer, fensterloser Raum, durch den Leinen gespannt sind, an denen viele Wäschestücke hängen. Ich will Hitlers Parteigruß noch einmal nach allen Regeln der Darstellungskunst ›durchleuchten‹ und beginne wie folgt: ›Ihr Gruß, Ihre typische Haltung, ist ein zweites Partei-Emblem!‹ Hitler blickt mich erwartungsvoll an, und als ich ihn bitte ans andere Ende des Raumes zu gehen, dort stehenzubleiben und in vier Versionen zu grüßen, tut er es ohne Widerrede. Ich habe ihm nicht erklärt, wie er grüßen soll, sondern lediglich, welchen Anlaß er sich dabei jeweils vorstellen möge. Seine Aufgabe lautet also:

1. Grüßen Sie Ihr Publikum, wenn Sie mit der Rede beginnen wollen.
2. Ein intimer Anlaß: Sie reden zu höchstens zehn Personen, die Sie erwarten.
3. Ein Festanlaß. Dabei einige Schritte gehen. Zum Beispiel: Begräbnis, Kranzniederlegung oder dergleichen.
4. Ihr Gruß unterwegs, aus dem Kraftwagen, aus dem Flugzeug, beim Einstieg oder Verlassen. Also auch ein Gruß in der Bewegung.

Hitler richtet sich auf, macht einen Schritt und grüßt ›seine Zuhörer‹ bei seinem Auftritt. Er macht das starr, beinahe stocksteif, jedenfalls übertrieben. Es herrscht Stille, wie vor Beginn einer Rede. Da gleitet Hitler auf dem Linoleum aus. Er vermeidet gerade noch einen Sturz. Ich rege mich nicht. Dennoch fragt er mißtrauisch, fast drohend: ›Haben Sie gelacht?‹ ›Überhaupt nicht‹, antworte ich. Ich verschweige, daß ich am liebsten weinen würde – über seine Unfertigkeit. Hitler läßt den Arm sinken. ›Nun Beispiel zwo!‹ fordere ich. Hitler fixiert mich; zweifellos diene ich ihm als Vorstellung des ›intimen Personenkreises‹. Gemessen, zugleich vorsichtig, macht er zwei Schritte auf mich zu, hebt nur wenig den Arm, halb nach hinten gebeugt ... wie wir es schon früher eingeübt hatten. Seine Augen suchen weiter eine imaginäre Personenversammlung. Doch er erstarrt wieder zur Unbeweglichkeit. Ich warte, und seine Haltung wird natürlicher. – Diese Unterrichtsstunde unterstreicht wieder seine Anlagen zu einem Schauspieler; verdeckt zwar, weil unbeholfen, doch deutlich festzustellen. Wahrscheinlich glaubt Hitler es sei nötig, etwas zu unternehmen. Ohne Aufforderung hört er auf, beginnt mit der Situation Nr. 3: dem ernsten Festanlaß. Dies gelingt ihm ausgezeichnet. Alles wirkt dekorativ und eindringlich. Man hat das Gefühl, er sieht einen Kranz, ein Denkmal vor sich. Er wirkt nicht vorwurfsvoll, wie es bei Dilettanten oft geschieht, sondern groß und mahnend. Selbst ein Denkmal! Das ist also geglückt! Und nun die vierte Übung, den Gruß aus dem Auto und Flugzeug und so weiter, also aus einer behinderten Situation. Hier wirkt er schlecht. Kann sein, daß er sich keine Technik denken kann. Erst legt er die Linke an den Bauch, reckt erst danach seine Rechte, senkt dabei den Kopf so niedrig (aus einem imaginären Fenster?), daß nur noch sein Scheitel anstatt des Gesichts erscheint ... eine quälende Pause tritt ein.

Endlich. Im Gefühl einer beengten Lage blickt Hitler zu mir, wendet sich aber sogleich wieder ab, als ob er unsicher wäre. Er beginnt seine Darstellung zu ändern und damit eine verkrampftere Pose einzunehmen. Erst beugt er sich zurück, dann wieder vor, beginnt nach verschiedenen Richtungen hin zu grüßen, verklemmt die Grußhand zu werfen ...
›Wie haben Sie sich gefühlt?‹ frage ich, als er abbricht und zu mir kommt. ›Gefühlt‹, staunt er und meint: ›Ich tat doch nichts Besonderes!‹ ›Sie grüßten, und zwar in vier verschiedenen Situationen!‹ ›Ich fühlte nichts. Das hier war doch nicht Wirklichkeit! Höchstens Unwohlsein durch Lüge, Zurschaustellung. Ich fühlte mich am unpassenden Ort. Wenn ich grüße, brauche ich das

Publikum. Dieses Loch stört mich. Etwas in mir wünscht, daß wirklich Menschen zu sehen sind. Meine Hände gehorchten mir zwar, doch alles blieb Pose. Dies ist nach meiner Meinung viel schwerer als in Wirklichkeit. Die Lüge liegt mir eben nicht.‹ ›Dieses Durchspielen bestimmter Möglichkeiten war jedoch sehr wichtig für Sie, da es sich um Szenen aus Ihrem Alltagsleben handelt‹, rechtfertigte ich mein Experiment und doziere: ›Jeder Anlaß fordert ein anderes Grüßen. In der Öffentlichkeit muß man den Anlaß spiegeln ... Ihr Gruß, erkenntlich abgewandelt, muß die Reaktion sein. Das ist bisher leider nicht immer der Fall. Dem Zuschauer wird nicht immer zwingend deutlich, was in Ihnen vorgeht. Sie zeigen nicht selten sogar eine Art Hilflosigkeit mit dem Wunsch, Eindruck zu machen. Der Zuschauer aber muß gezwungen werden, ausdrücklich auf Sie zu schauen.‹«

Hitler nähert sich seiner Machtübernahme. Er strebt eine nationalsozialistisch-konservative Koalitionsregierung an, der er als Reichskanzler vorstehen will. Doch dafür muß er noch »betteln« gehen. Bei der deutschen Industrie, aber vor allem bei den Massen – mit seiner dämonischen Rednergabe und seiner fast schon medialen Fähigkeit, das Wahlvolk zu fanatisieren und zu lenken. Solche Auftritte nennt Hitler im internen Kreis »Bettelgänge«. Devrient schlägt ihm nun vor, Gespräche mit Industriellen vorher einfach zu proben und einzustudieren. Damit sich der betreffende Direktor nicht vor Hitlers martialischem Auftritt verängstigt oder gar geschockt wird, soll sich Hitler an ein striktes Schema von seinen »Bettelgängen« halten. Wir zitieren Devrient: »›Ich soll also vor jedem Besuch dieser Art ein Theaterstück dichten?‹ schüttelt sich Hitler vor gekünstelter Heiterkeit. ›Sie müssen es, wenn Sie Ihre Würde und Überlegenheit hüten und bewahren wollen‹, erwidere ich und schildere ihm, was ich als Bühnenmann tausendfach durchexerziert habe. ›Meine These läuft darauf hinaus, daß es gut ist, in solchen Fällen mehrere Modelle einstudiert und abrufbereit zu haben.‹ – ›Vorschlag von mir!‹ unterbricht Hitler mich lächelnd und ergänzt: ›Jetzt gleich will ich den Bettelgang umdichten!‹ Gesagt, getan. Bereits nach zwanzig Minuten hat er die Szene skizziert, wie sie nach seinem Dafürhalten ein Erfolg hätte werden können.

Die Aufnahmen entstanden bereits 1925. Hitler wollte mit einer Gestik, die lächerlich und überzogen wirkte, seine Zuhörer fesseln. Er hatte aber schon erkannt, daß Körpersprache genauso oder noch mehr beeinflussen kann wie die verbale. (1. Bild): Vor einem Spiegel probt Hitler die Rolle des jovialen Redners, der auf ein Problem aufmerksam macht. Es folgt die kämpferische Phase der Ansprache – (2. Bild) mit Armverrenkungen und Fäustefuchteln. Dann gleitet Hitler in die beschwörende Gestik über (3. Bild).

Die erhobenen, weit aufgerissenen Hände sollen das Visionäre des Führers signalisieren, seine Sicht in die Zukunft, in die Vorsehung und in das Heil. Diese Posen zeigen Hitler aber nur am Anfang seiner Karriere. Später nahm er richtigen Unterricht bei dem Schauspieler Paul Devrient, der ihm das unbeherrschte, fast verrückte Gefuchtel abgewöhnte. Devrient brachte ihm die beherrschende Gestik und Körpersprache des Diktators bei. Quelle: Keystone, Hamburg

Schon beim Eintreten funktioniert die Person ›A‹, wie Hitler sich in seinem Konzept (nach Vornamen Adolf) bezeichnet, ganz anders: Knapper Gruß, höflich, doch nicht zu höflich, Platznehmen – und dann rundheraus ohne Hemmung das Anliegen (nicht linkisches Katzbuckeln). Kein Widersprechen und Wortabschneiden bei Themen, die weder dazugehören noch notwendig sind. ›Den Partner, auf den alles ankommt‹, so hat er tatsächlich geschrieben, ›nur so kurz belasten wie möglich. So hat er kaum Zeit zu ermüden (es gibt Ablehnung aufgrund von Ermüdung). Man hat ... Raum, das Anliegen noch einmal, ja zweimal zu wiederholen usw. Selbst dramaturgische Kniffe, die für Bühnenstücke gelten, hat er eingefügt. Die folgenden Unterrichtsstunden sollen Hitlers Wirkung und Überzeugungskraft steigern, auch im ungünstigen Rahmen: in häßlichem Auftrittsraum, bei Lärm, auf provisorischem Podium und unzureichendem Zubehör. Er entscheidet nämlich, wie mir scheint, oft zuerst mit den Augen. Immer wieder bemerkte ich, wie er sich von einer unschönen Umgebung negativ beeinflussen läßt.‹«

Hitler war ein gelehriger Schüler, seine Lehrzeit neigt sich dem Ende zu. Nachdem er die Regierungsgewalt hat, wird sein Ausbilder schlagartig vergessen. Devrient ahnt das. Er weiß, daß sein Leben als einer der Kenner von Hitlers intimstem Privatleben nicht einen Pfifferling mehr wert ist. Noch vor der Machtergreifung gibt er seinen Unterricht auf – sein Schützling beherrscht ohnehin fast alles perfekt, was ihm Devrient beigebracht hat. Aus den letzten Lektionen:

»In der nächsten Stunde erkläre ich meinem Schüler, daß ein Schauspieler alles noch einmal neu lernen müsse, was er von Natur aus längst beherrscht: Gehen, Stehen, Sprechen, Lachen, Hinsetzen, Aufstehen ... praktisch alles – jede noch so alltägliche Handlung, weil auf der Bühne oder hinter dem Rednerpodium jeder Fehler, jede falsche Bewegung stets viel schärfer sichtbar sei als sonst. Hitler wirkt ein wenig unfreundlich, aber er will gerade diese Einzelheiten erfahren, nachdem ich besonders pathetisch gesagt habe: ›Nicht für uns – für das Publikum, sollte es heißen, nicht in der Öffentlichkeit auftreten, sondern richtiger für die Öffentlichkeit ... Man dient ihr, muß ihr also gefallen!‹ Aus einem kleinen ›ABC des Theaters‹ lese ich sinngemäß vor:

A: Die Haltung des Körpers stets aufgerichtet, Brust raus, die obere Hälfte der Arme nur bis zum Ellbogen stets an den Körper schließen.
B: Nie zum Boden (zur Decke) sprechen, immer ins Publikum. Statt den Kopf zu drehen, mit den Augen spielen.
C: Nie im Profil reden! Wenn einmal unumgänglich, dann nur so weit, daß drei Viertel des Gesichts noch vom Zuschauer gesehen wird.
D: Beachten, auf welcher Raumseite Sie stehen: wenn rechts, agieren mit der linken Hand, und umgekehrt – damit Ihr Körper nie durch den Arm verdeckt wird.
E: Aus dem gleichen Grund nur den linken Fuß vorsetzen, wenn Sie links stehen, den rechten auf der rechten Raumseite.
F: Einen Schritt vortreten, wenn Sie zu sprechen beginnen, einen zurück, wenn Sie enden – wirkt gefällig, erhöht die Wirkung beim Zuhörer.

G: Niemals sich festhalten, um Armen und Händen volle Beweglichkeit zu sichern.

H: Die Arme stets nur langsam erheben, ›gegliedert‹, das heißt erst nur die Hand, dann den Ellbogen, endlich den ganzen Arm.

I: Machen Sie keine Fäuste; auch keine Soldatenhand (an Schenkeln anliegen), natürlich wirken müssen beide Hände; locker hängend, beide mittlere Finger zusammen, Daumen, Zeige-, kleiner Finger leicht eingebogen.

J: Bewegen Sie die obere Hälfte Ihrer Arme stets weniger als die untere; je geringer man sie bewegt, desto stärker wirkt es, tut man es doch einmal.

K: Als letzter Trick: Aus keiner einmal gemachten Gebärde eher in Ruhe zurückkehren, bis Sie nicht den dazu gesprochenen Satz beendet haben . . . das wirkt suggestiv!

Als ich fertig bin, blicke ich auf und stelle erstaunt fest, daß Hitler mit privaten Kürzeln und einer eigenwilligen Art von Stenographie mitgeschrieben hat. Ehe ich jedoch mein erfreutes Erstaunen in Worte kleiden kann, sagt er mit undurchsichtiger Miene: ›Das Beste, was ich bisher von Ihnen gehört habe.‹ Ich kann mich nicht mit fremden Federn schmücken, dieses Lob nicht auf mich beziehen und entgegne daher: ›Es ist Jahrtausende alt. Schon die alten Griechen spielten danach Theater.‹«

Am 11. Oktober, dem 1. Tag seiner »großen Propagandafahrt durch Deutschland« (*Völkischer Beobachter*), sagt Hitler vor einem großen Publikum:»Meine Gegner täuschen sich vor allem in meiner ungeheuren Entschlossenheit. Ich habe meinen Weg gewählt und gehe ihn bis ans Ende.« Wenige Monate danach ist Hitler an der Macht – der Sturzflug in die größte aller Menschheitskatastrophen hat begonnen.

14.
Jawoll, Herr Hauptmann

Der Spieß brüllt aus vollem Hals. Er steht breitbeinig vor dem Rekruten, die Fäuste in die Hüfte gestemmt, Kopf und Nacken aggressiv nach vorne gereckt:»Stramm gestanden. Ich mache Sie zur Schnecke, Sie armes Würstchen. Ich reiße Ihnen den Arsch auf, Sie alte Hupfdohle.« Der Rekrut zweifelt nicht im geringsten an den Drohungen des Feldwebels. Er glaubt alles bis aufs Komma, was sein Vorgesetzter gerade brüllt. So steht er widerspruchslos vor ihm, wie zur Salzsäule erstarrt. Seine Hände sind an die Hosennaht gepreßt, als seien sie dort festgewachsen. Er hat somit keine Chance zur Gegenwehr. Er hat sich ergeben, die Dominanz des Spieß beherrscht ihn voll und ganz. An seiner Autorität kommt keinerlei Zweifel auf.

In keinem anderen Lebensbereich wird die Körpersprache so deutlich eingesetzt wie beim Militär. Sie ist dort Zeichen der Privilegien (Offiziere) und der Ohnmacht (Untergebene). Sie ist festes Regularium der Disziplin und Ausdruck von strengem hierarchischem Denken. Die Bosse erwarten beim Militär eine festgelegte körpersprachliche Unterwürfigkeit, und die Untergebenen akzeptieren die Macht und ihre eigenen Ohnmachtgebärden. Einfluß, Dominanz und Rangordnung drücken sich fast ausschließlich in Ritualen der Körpersprache aus. Da eine solche Gestik nicht natürlich ist, muß sie den Rekruten erst eingebleut werden, aber keineswegs mit Geduld oder Nachsehen, sondern von Anfang an mit Lautstärke, Befehlston und Autoritätsgebaren.

Nun müssen die Körperbewegungen von Soldaten einen bedrohlichen, raumgreifenden Charakter haben. Das ist am besten an den Marschschritten zu erkennen. Diese martialische Form des Gehens signalisiert aggressives Verhalten. So bewegt man sich in Angriffsformation nach vorn, so sehen keine defensiven Bewegungen aus. Und vor allem: So flieht man nicht.

Besonders prägnant sind die Grußzeremonien bei allen Armeen dieser Welt. Noch vor wenigen Jahren mußten Soldaten ihre

Vorgesetzten in allen möglichen und unmöglichen Situationen grüßen. Lag ein Gefreiter bei einer Reparatur unter einem Panzer und ein Vorgesetzter nahte, so mußte er seinen Schraubenschlüssel fallenlassen, aufspringen und die ölverschmierten Finger zakkig an den Kopf reißen. Selbst unter der Dusche hatte der einfache Soldat dem Feldwebel die Ehrenbezeugung zu zeigen.

Ehrenbezeugung? In der Tat wird der militärische Gruß bis heute als Teil des Ehrenkodex angesehen, obwohl immer der Rangniedere den Ranghöheren zuerst zu grüßen hat. Der Ursprung dieser antiquierten Bewegung liegt im Mittelalter, wie Militärhistoriker immer versichern. Damals, als die alten Ritter noch ihre (empfindlichen) Gesichter mit Visieren schützten. Wenn sich zwei solche Ritter begegneten, schoben sie die Metallklappen nach oben, um festzustellen, ob der andere Freund oder Feind war. Aus dieser Bewegung habe sich später der »respektvolle Gruß unter Soldaten« entwickelt.

Bei straffgeführten Organisationen wie der Bundeswehr ist jegliche körperliche Betätigung geregelt – ob es nun das Essenfassen, Singen oder auch Grüßen ist. Es gibt für alles, was der Wissenschaftler als körpersprachliches Signal sieht, eine Zentrale Dienstvorschrift. Das Verzeichnis sämtlicher Vorschriftenbücher ist allein 100 Seiten stark. So heißt es zum Beispiel in der Vorschrift zur Grußpflicht in Nr. 10/8, Kapitel III aus dem Jahr 1983, daß »alle Soldaten einer höheren Dienstgruppe in Uniform innerhalb geschlossener militärischer Anlagen stets militärisch zu grüßen sind«. Aber auch außerhalb der Kasernen wird vom Soldaten »Einnehmen der Grundstellung mit Front zum Vorgesetzten« erwartet. Das sah, zumindest früher, etwa so aus: Noch bevor ein Offizier die Dienststube betrat, rief die Ordonnanz: »Aaachtung!« Sofort standen die Soldaten stramm. Übrigens ein Ausdruck, der auch gern im Zivilleben verwendet wird. Der Boß läßt seine Mitarbeiter mal eben »strammstehen«, er macht ihnen aufs deutlichste klar, wer hier das Sagen hat.

Zurück zur Armee. Die stramme und für Untergebene oft demütigende Grußordnung hat immer wieder Kritik bei den Verteidigungspolitikern aller Parteien hervorgerufen. Der SPD-Abgeordnete Walter Kolbow, stellvertretender Vorsitzender des Verteidigungsausschusses, wird in einer Sonntagszeitung wie folgt

165

zitiert:»Der Bürger in Uniform hat Anspruch darauf, als Demokrat zeitgemäß behandelt zu werden. Überflüssige Gängeleien, wie Grußpflicht oder der Befehl zum Singen, gehören abgeschafft. Wir verlangen vom Verteidigungsministerium die Einsetzung einer Arbeitsgruppe zur Entbürokratisierung der Bundeswehr, die inzwischen mit Vorschriften, Erlassen und Verordnungen überhäuft ist.« Der FDP-Wehrexperte Werner Hoyer:»Die Bundeswehr ist Weltmeister in Bürokratie. Darunter leiden die Soldaten am meisten. Auch eine starre unzeitgemäße Grußvorschrift, die von der Praxis im Normalbetrieb längst überholt ist, gehört abgeschafft.« Und aus Unionskreisen war zu diesem Thema zu hören:»Die Leistungsfähigkeit der Truppe hängt nicht davon ab, daß Soldaten zackig grüßen können.«

Man sieht, daß sich sogar Parlamentarier mit körpersprachlichen Auswüchsen befassen. Immerhin erklärte auch Oberstleutnant Peter Lemm, unter Minister Wörner seines Zeichens Referent für soldatische Ordnung im Verteidigungsministerium:»Wir haben alte, längst überholte Zöpfe abgeschnitten und in der neuen Fassung gefestigt, was sich in der Praxis der Bundeswehr als sinnvoll erwiesen hat und auch den allgemeinen Umgangsformen entspricht.« Sein Minister, der zackige Gesten über alles liebt und jetzt der NATO in Brüssel als Generalsekretär dient, hat als Abschiedsgeschenk die neue Zentrale Dienstvorschrift ZDV 10/8 »Gruß und Anrede« hinterlassen. Diese Vorschrift war eine ziemlich harte Geburt, wenn man bedenkt, daß es ja nur um Handbewegungen geht. Zunächst wurde die Truppe nach ihren Änderungsvorschlägen befragt. Aus den Antworten ergab sich ein erster Vorschriftenentwurf, der an vierzig Referate des Verteidigungsministeriums weitergeleitet werden mußte, ebenso an die Führungsakademie der Bundeswehr und an das Militärgeschichtliche Forschungsamt. Das Procedere dauerte knappe fünf Jahre, dann hatten alle Beteiligten den gemeinsamen Nenner gefunden. Danach vergingen noch sechs Monate fürs Drucken, Kartonieren und Verteilen. Aber schließlich konnte Bundeswehrchef Manfred Wörner doch noch stolz verkünden, daß die neue Grußordnung auch den letzten Schreibtisch in den Dienststuben erreicht hat.

Das revolutionäre Werk sah dann so aus: Der militärische Gruß selbst hat sich nicht geändert. Weiterhin ist gültig:»Der militäri-

Ein eisiger Abschied: Verteidigungsminister Wörner reicht seinem General Kießling zum letztenmal die Hand. Beide blicken sich in die Augen, doch ohne einen Funken von Herzlichkeit. Wörners Gesicht ist wie versteinert, und auch Kießlings angedeutetes Lächeln wirkt aufgesetzt und künstlich. Beide Männer haben sich nichts mehr zu sagen. Kießling wurde von Wörner in eine widerliche Affäre hineingezogen, über die der Minister beinahe stolperte. Kießlings Kollege General Altenburg applaudiert zwar zaghaft, aber auch sein maskenhaftes Gesicht verrät nicht die Spur von Herzlichkeit. Quelle: Werek, Bonn

sche Gruß wird ausgeführt durch: Anlegen der rechten Hand an die Kopfbedeckung oder der rechten Hand an den Kopf und Einnehmen der Grundstellung mit Front zum Vorgesetzten oder Blickwendung.« Dabei darf jetzt, und das ist ein Teil der Reform, auch gesprochen werden. »Der militärische Gruß kann um eine gebräuchliche Grußformel und die dienstliche Anrede, zum Beispiel ›Guten Tag, Herr (Dienstgrad)‹, – ›Grüß Gott, Herr (Dienstgrad)‹ erweitert werden.« Wie dann ein bayerischer General darauf reagieren wird, wenn ihn ein ostfriesischer Leutnant mit »Moin, moin, Herr General« anspricht, wurde bislang noch nicht überliefert.

167

Zweiter Teil der Reform: Nur »bei der ersten Begegnung am Tag sind zu grüßen: die unmittelbaren Vorgesetzten, der Kompaniefeldwebel und innerhalb umschlossener militärischer Anlagen alle Soldaten einer höheren Dienstgradgruppe in Uniform.« Begründung laut Oberstleutnant Lemm: »Schließlich grüßt auch niemand im Geschäftsleben seinen Chef zweimal hintereinander.« Das gilt freilich nicht für jeden Chef, die Superbosse haben ein Recht auf ständige Ehrerbietung, und so steht geschrieben: »Bei jeder Begegnung sind zu grüßen: Generale, Admirale der Bundeswehr und ausländische Streitkräfte in Uniform.« Auch einige Zivilisten haben Anspruch auf ständigen körpersprachlichen Tribut an ihre Dominanz: Der Bundesminister der Verteidigung, der Bundeskanzler, der Bundespräsident und die Staatsoberhäupter sowie Regierungschefs anderer Staaten.

Dafür hatte man endlich das Einsehen, daß der normale Soldat beim Essen und auf der Toilette auch mal der Ruhe bedarf. »In Gemeinschaftsräumen, Speisesälen, Wasch-, Dusch- und Toilettenräumen entfällt der militärische Gruß.« Diese Neuerung ist eigentlich zu bedauern. Aber wir wollen hier nicht ausmalen, wie lustig es früher auf Gemeinschaftstoiletten der Bundeswehr zuging, als der Rekrut den neben ihm stehenden Offizier während des gemeinsamen Geschäftes noch schneidig grüßte: »Guten Morgen, Herr Hauptmann.«

Immerhin wurden den Gemeinen ein paar Privilegien eingeräumt. Der Vorgesetzte darf nach seinem Gruß nicht mehr nur gnädig nicken, sondern er muß zurückgrüßen, wie es sich gehört: »Guten Tag, Herr Gefreiter!« Schließlich entfiel, und das ist der entscheidende Teil von Wörners Grußreform, eine weitere bis dahin eisern geforderte Pflicht des Soldaten: Die Dienstwagen der Generale und Admirale bekommen jetzt keine Ehrenbezeugung mehr. Früher mußte vor ihnen stramm salutiert werden. Selbst wenn sie auf dem Parkplatz standen – und leer waren.

Daß diese »reformierten« Grußregeln immer noch von Soldaten, zunehmend auch von Politikern, kritisiert werden, mag manchem militärischen Traditionalisten zuwider sein. Vielleicht denken einige von ihnen versonnen an die »gute alte Zeit«, als jeder Offizier noch einen Burschen hatte, einen Diener in Uniform, einen Gemeinen – wie einst der Oberleutnant Lukosch seinen

Schweijk. Der mußte dem Herrn sogar die Stiefel ausziehen und bekam dabei von seinem Chef – das auch wieder als körperlicher Ausdruck der Hackordnung – einen kräftigen Fußtritt ins Gesäß.

Und auf die anschließende Frage, ob das nicht gutgetan habe, schnarrte ein guter Bursche pflichtschuldig in entsprechender Haltung:»Jawoll, Herr Oberleutnant.«

15.
Die Kirche – heilige Macht, stille Macht

Also hob Jesus die Hände – eine großartige Geste, halb deutend, halb gebend. Er sprach:»Du bist Petrus, der Fels, und auf diesem Felsen will ich meine Kirche bauen.« Seit dieser Zeit gibt es eine Kirche, und es gibt Päpste. Seit diesen 2000 Jahren wurde eine Körpersprache ritualisiert – langsame, gediegene Handbewegungen voller Pathos und Symbolik: Würde in Zeitlupe, Würde für die kommenden Jahrhunderte, ein Verharren und Meditieren für die Ewigkeit.

Sollten wir jemals die verbalen Inhalte der Botschaft nicht hören oder gar vergessen, die Körpersprache kirchlicher Würdenträger (auch Kirchenfürsten genannt) würde uns das sakrale Ritual anschaulich signalisieren. Das Geben und Nehmen, das Erhöhen und Sichergeben, das Niederknien (die Unterwerfung) und das Kanzelwort (von oben herab). In keiner Bewegung kommt Hektik auf, Nervosität, Eile oder gar Panik. Spontane Gefühlsausbrüche zerfließen in getragener Souveränität. Reflexe des Körpers, nur vom Instinkt gesteuert, sind im Gotteshaus verpönt und allenfalls Kindern, Trauernden oder Jungvermählten gestattet. Die heilige Kirche, diese uralte stille Macht, erlaubt sich keine banalen Ausbrüche. Sie verbreitet den Gottesglauben, pflegt und inszeniert ihn.

Die Kirche übt auf jeden Menschen eine Faszination aus. Ihre Schafe sehen darin ein tröstliches Symbol ihrer Identität; Nichtgläubige (sagen wir: Neutrale) sind gefesselt oder gebannt von ihrer Widersprüchlichkeit. Die Kirche überlebt seit 2000 Jahren, und die Katholiken halten auch diese Langlebigkeit für einen schlagenden, theologischen Beweis göttlicher Existenz.

Die Kirche ist ein Machtinstrument, ihr katholisches Oberhaupt hat die Autorität über 800 Millionen Christen. Sein Wort kommt einem Gotteswort gleich, er ist der Stellvertreter des Herrn auf Erden. Diese Macht hat – außer in China und Indien – kein Staatschef, kein Multikonzernboß der Welt.

»Zwei emotionale Expressionen vom Papst«, lautet der Bildtext unter dem AP-Foto von Johannes Paul II. Es zeigt einen Mann in fast schon mystischer Konzentration. Die Augen geschlossen, die charismatische Stirn mal auf, mal zwischen die Hände gelegt. Der Papst wie ein Heiliger in höchster geistiger Verzückung, er ist ganz allein mit seinem Gott. So sollte man meinen, und so glaubt man es auch. Aber dieser Papst kennt sein Publikum besser, als es ihn kennt. Er ist für seine großen Auftritte geschult. In seiner Jugend war er Laienschauspieler, er weiß also, wie man sich bewegt und was Gesten bewirken. Wenn er beispielsweise bei der Ankunft den Boden seines Gastlandes küßt, dann meint er das zwar ehrlich, aber die Geste gehört auch zu einem inszenierten Rahmen. Kommen wir auf unser Bild zurück. Er meditiert, denken wir. Er schläft ganz einfach! Johannes Paul II. hat bei einem Interview einmal zugegeben, daß er nur so fit sei, weil er bei allen Gelegenheiten ein paar Minuten schlafen kann, selbst wenn es so aussieht, als ob er ins Gebet versunken sei. Quelle: Associated Press

Er spricht von sich stets im Pluralis majestatis in der ersten Person Plural! Wir führen die weltlichen Majestäten. *Er* läßt sich anreden mit: Eure Heiligkeit. Seine Kardinäle werden mit »Exzellenzen« betitelt. Sogar der einfache Pfarrer wird in einigen Regionen Süddeutschlands und Österreichs gegrüßt: »Grüß Gott, Hochwürden.« Dieser Vatikan ist ein Staat mit Ministern in Priestersoutanen, mit Botschaftern, mit Banken, Geschäften und den dazugehörigen Intrigen. Der Vatikan verfügt über einen Reichtum, der nur annähernd geschätzt werden kann, weil es öffentliche Bilanzen nicht gibt: *Zwei Milliarden* Mark – oder doch Dollar? Oder drei? Oder dreißig?

Ein umfassender Staat von mittelalterlichen Strukturen, einem hohen moralischen Anspruch, einem riesigen Potential menschenliebender Idealisten, aber eben auch mit einer globalen Macht, die hin und wieder ihre Muskeln spielen läßt.

Es gab viele Päpste, einige waren sogar heilig. Für die meisten von ihnen war ihr Amt, so Gorden Thomas und Max Morgang-Witts in ihrem Buch *Pontiff* (Vatikan – Mechanismen kirchlicher Macht), eine hochgefährliche Beschäftigung. Die ersten 18 Päpste wurden während der Römerzeit gekreuzigt, erwürgt, geköpft, vergiftet oder erstickt. Manche fanden selbst im Grab keine Ruhe, wie Formosus (891–896). Neun Monate nach seiner Beerdigung wurde er exhumiert und sein verwesender Leichnam in päpstlichen Gewändern auf einen Stuhl gesetzt, um einem Glaubensgerichtsverfahren beizuwohnen, bei dem sein Nachfolger den Vorsitz hatte. Oder nehmen wir Johannes XIV., dessen Leiche enthäutet und durch die Gassen Roms geschleift wurde. Andere Kirchenoberhäupter wiederum wurden eingesperrt, verbannt, abgesetzt. Sie machten sich untereinander den Thron Petri streitig, beschuldigten einander der Ketzerei, wählten Gegenpäpste oder ließen sich dazu wählen, kassierten Millionen – besser: Milliardensummen (nach heutigem Wert) – für die Erlassung allzu menschlicher Sünden. Ließen verbrennen, hinrichten, foltern. Mußten Kirchenspaltungen und einen massiven Abfall vom rechten Glauben erleben, verschlossen die Augen vor noch radikal Mächtigeren (wie dem Faschismus und Nationalsozialismus). Aber: Die Kirche und ihre Geistlichen schenkten Millionen Menschen Trost. Sie halfen ihnen, oft unter Einsatz des eigenen Lebens bei Hunger und Krankheit. Sie gaben der Menschheit mit den Zehn Geboten einen Moralkodex, der Gut und Böse definiert – und wohl auch heute noch richtig zuordnet.

Über allem liegt die Gestik der Kirche: der würdevolle Segen des Papstes, über die Erde mit allen ihren Menschen, das Segnen der Waffen, beim Gebet für den Sieg, beim Beschwören und Kruzifixzeigen in den Folterkammern der Inquisition, beim demutsvollen Verharren und stummen Trost für die Trauernden, beim Krönen mächtiger Häupter, beim letzten Handauflegen am Bett des Sterbenden. 2000 Jahre die gleiche Gestik, die gleiche Körpersprache, die für die Ewigkeit gedacht und empfunden wird. So unbeirrt können sich nur Menschen bewegen, die an das Prinzip der Allmacht glauben und sie anbeten.

Josef Ratzinger – Wachhund oder Hofnarr?

Der Journalist Hansjakob Stehle beginnt im *Zeit*-Magazin (Nr. 27/1989) sein Portrait über den deutschen Kardinal Josef Ratzinger, den obersten katholischen Glaubenshüter des Vatikans so:»Die sonst so glockenhelle Stimme, das sanfte, stets freundliche Lächeln unter dem glasklar-kühlen Blick – alles schien erstickt von bebendem Zorn. So hatte den Kardinal noch keiner der vatikanischen Prälaten erlebt. Es war unlängst bei einer jener Sitzungen hinter verschlossenen Türen, durch die selten etwas dringt – auch weil sich dahinter fast nie viel bewegt. Und auch diesmal war über den Anlaß nichts zu erfahren, aber seine Wirkung, der Ausbruch bitter aufgestauten Unmuts beim obersten Glaubenshüter der katholischen Kirche, überraschte seine Zuhörer so sehr, daß sie noch lange davon redeten.«

Was hatte der Reporter erfahren, welchen Inhalt? Genaugenommen gar keinen, denn Josef Kardinal Ratzinger umgibt sich mit einer freundlichen, aber eisernen Verschwiegenheit, das Schweigen des Mächtigen, der seine Geheimnisse und Schwächen vor der Öffentlichkeit bewahrt. Er ist der Chef der Kongregation für die Glaubenslehre, mithin Vorsitzender der einstigen obersten Inquisitionsbehörde. Ein deutscher Dramatikprofessor mit philosophischen Höhenflügen, klug, geistreich, von einer (äußerlichen) Freundlichkeit, die die Strenge und Enge seines Amtes etwas mildert. Er kämpft nicht mehr mit Mitteln der Inquisition, das Ziel freilich ist das gleiche geblieben: Eine Kirche, in der Rom und nur Rom das Sagen hat. Wachhund des Papstes hat man ihn genannt. Der Kardinal sagte:»So ein Hund kann ja ein ganz nützliches, ja sympathisches Geschöpf sein. Vorausgesetzt, daß es niemanden ungewarnt beißt, und zweitens, wenn schon, dann den Richtigen.« Ratzinger beißt stets die Richtigen, sollte man glauben. Wen? Von einer Kanzel

Erzbischof Joseph Ratzinger: Eine jahrtausendalte Körperhaltung. Die offene Hand wie zum Gruß erhoben – das signalisiert Offenheit, aber auch Mäßigung. Es kann als Zeichen der Arglosigkeit, aber auch des Einhaltgebietens gedeutet werden. Dazu die Insignien eines Fürsten: Bischofshut und Stab, der den Weidestock des Hirten symbolisiert, aber wie ein übergroßes Zepter wirkt. Quelle: dpa, Düsseldorf

seiner bayerischen Heimat predigte er einmal herab: »Statt uns zu begeistern, uns den Wein der Freude einzuschenken, erscheint die Kirche nur von allen Seiten her als Anstoß und Ärgerlichkeit. Die einen ärgern sich an dem, was sie Amtskirche nennen, und fühlen sich von ihr vergewaltigt, die anderen stöhnen ob des Wirrwarrs und der Eigenmächtigkeit in der Kirche... Wir sollten wieder der heiligen Macht Jesu vertrauen lernen ... Dürfen wir unsere eigene Logik immer gleich Gott aufdrängen und ihn auf unsere Programme verpflichten?« Mag der intellektuelle Geistliche etwa die Intellektuellen nicht? Die Reformer in seiner Kirche, die sich zuerst an die sakrale Musik wagen und dann noch ganz was anderes in Angriff nehmen könnten?

Da wären wir auf einer richtigen Fährte, denn diese Sparte hat auch die *Zeit* in ihrem Portrait ausgemacht. Sie schreibt:»Nein, gegen Rock und Pop in der Kirche sträubt sich nicht nur das Ohr des Kardinals. Sein Katastrophengespür wittert dahinter – wie er vom Kongreß für Sakralmusik 1986 dozierte, ›anarchische Freiheitsideen‹, ja sogar das ›entscheidende Vehikel einer Gegenreligion‹.«

Manchmal kommt Ratzinger in den einsamen Stunden der Bitterkeit der spanischen Ritter Don Quijote in den Sinn:»Langsam ist uns das Lachen vergangen. Aber wir müssen die Narrheit des wahren heiteren Herzens ohne Abstriche wagen.« Der Kardinal – ein Hofnarr des Papstes? In München wurde ihm zu Fasching der Narrenorden verliehen, ob seiner Weisheit und seines Humors, weniger ob seiner Härte.

»Früher durften nur die Hofnarren die Wahrheit sagen«, lächelte Josef Kardinal Ratzinger. Aber stets nur die Wahrheit der Mächtigen. »Es ist gut, daß die heilige Inquisition nicht mehr mit Feuer und Schwert kämpft.«

175

16.
Haben Sie Zeit?

Was hat Körpersprache mit Zeit zu tun? Nun, mit der Zeit verhält es sich ähnlich wie mit dem Raum. Zwischen Raum und Zeit bestehen gewisse Parallelen. Deutlich wird dies bereits im Sprachgebrauch. Man spricht von Zeiträumen, Zeitbegrenzung oder Zeitüberschreitung. Zeitliche Rangfolgen werden räumlich sichtbar gemacht, etwa durch die Bildung von Warteschlangen. Führt man die Raum-Zeit-Analogie weiter, so lassen sich verschiedene Zeitzonen aufstellen. So wie die Art der Kommunikation durch den Abstand mitbestimmt wird, so führen auch verschiedene Zeitzonen zu unterschiedlichen Kommunikationsformen. Begegnungen mit Wildfremden, die ausschließlich einem Informationsaustausch dienen, laufen in der Regel in allerkürzester Zeit ab. Dagegen verbringen wir mit Personen, mit denen wir uns eng verbunden fühlen, freiwillig viel mehr Zeit. Im Gegensatz zur Raumzone, die mit wachsendem Vertrauen immer enger und kleiner wird, wächst die Zeitzone mit der Sympathie zum Kommunikationspartner. Dabei lassen sich analog zu den Raumzonen folgende Einteilungen machen:

Bei der »öffentlichen Zeit« geht es meist um kurze Auskünfte an fremde Menschen, z.B. Wegbeschreibungen oder Zeitangaben. Diese Begegnungen sind anonym und dauern nur wenige Sekunden. In der »sozialen Zeitzone« kommunizieren die Partner bereits miteinander. Hier geht es um formelle Kontakte oder unpersönliche Geschäfte wie beispielsweise beim Einkaufen. Es sind oberflächliche Gespräche, wie wir sie alle aus dem Alltag kennen. Man redet, um zu reden. Zeit: bis zu 15 Minuten. In der »persönlichen Zeit« enthalten Gespräche schon wesentlich mehr intime Substanz. Es sind Kontakte mit mehr oder weniger starker persönlicher Beteiligung unter Mitarbeitern und Kollegen, bei Vorstellungsgesprächen, Beratungen, Arztbesuchen. Sie dauern 15 bis 30 Minuten.

Je vertrauter und wichtiger der Partner ist, um so mehr Zeit verbringt man mit ihm (oder möchte man mit ihm verbringen). Die »intime Zeit« setzt daher eine enge Beziehung zum Gegenüber voraus. Liebespaare und Familien verbringen häufig 24 Stunden am Tag miteinander. Doch auch bei solchen engen Kontakten gibt es Zeitgrenzen, wenn die Toleranz eines Partners verletzt wird – wenn man sich sprichwörtlich »auf den Geist geht« und sich zurückziehen möchte. Solche Grenzen gibt es auch bei ganz innigen Beziehungen. Häufig zieht sich dann ein Partner – wiederum zeitlich begrenzt – vom anderen zurück.

Die Länge der verbrachten Zeit hat Einfluß auf die Art der Beziehung. Je mehr Zeit man miteinander verbracht hat, um so mehr weiß man über den anderen und um so enger wird daher die Beziehung.

Ähnlich wie bei den Raumzonen sind wir daher irritiert oder verletzt, wenn andere die Grenzen unserer Zeitzonen überschreiten. Es stört ganz einfach, wenn wir zu lange mit einem Partner zusammen sind oder ein Fremder unsere Zeit überstrapaziert. Diese Verletzungen der Zeitzonen erzeugen ein Gefühl des Unwohlseins. Umgekehrt sind wir betroffen, wenn eine uns nahestehende Person keine oder nicht genügend Zeit für uns hat oder wenn wir bei geschäftlichen Terminen das Gefühl haben, zu schnell abgefertigt zu werden.

Und damit sind wir wieder bei der Macht oder bei den Mächtigen. So wie sie den räumlichen Abstand festlegen, so bestimmen sie auch die zeitliche Dauer des Kontaktes und damit die Art der Begegnung. Analog zum Raumverhalten haben Vorgesetzte das Privileg, soviel von der Zeit des Untergebenen zu beanspruchen, wie sie es wünschen. Sie bestimmen den Termin und die Gesprächslänge. Gleich aufgeteilt wird die Zeit nur zwischen gleichberechtigten Personen: Sie verbringen relativ wenig Zeit für formlose und unpersönliche Kontakte und opfern für persönliche oder gar intime Treffen soviel Zeit, wie sie nur entbehren können. Eine asymmetrische Zeitaufteilung gibt es in der Regel nur bei ungleichen Partnern. Hier ein Beispiel: Der Chef hat fast nie Zeit für ausführliche Gespräche mit seinen Untergebenen. Für seinen Chef muß er jedoch so viel Zeit opfern, wie dieser es wünscht. Einer von beiden muß warten – und das ist eine weitere Spielart der Macht.

Denn bei uns dreht sich absolut alles um die Zeit. Das zentrale Credo der Geschäftswelt lautet klipp und klar: Time is money – Zeit ist Geld. Geld kann man nie genug haben, folglich auch nicht Zeit. »Es gibt in Europa und Amerika nur wenige Menschen, die wirklich Zeit haben. Vielleicht gar keine. Daher rennen auch die meisten durchs Leben wie ein geworfener Stein. Fast alle sehen im Gehen zu Boden und schleudern die Arme weit von sich, um möglichst schnell voranzukommen. Wenn man sie anhält, rufen sie unwillig: ›Was mußt du mich stören; ich habe keine Zeit, siehe zu, daß du deine ausnützt.‹ Sie tun gerade so, als ob ein Mensch, der schnell geht, mehr wert sei und tapferer als der, welcher langsam geht.« So beschreibt der Südseehäuptling Tuiavii von der Insel Tiavea den Weißen – den »Papalagi«. Solche Gesetzmäßigkeiten fallen einem Südseehäuptling natürlich deutlicher auf als einem termingehetzten Mitteleuropäer. Denn er schreibt der Zeit eine Bedeutung zu, die sie einfach nicht hat. Egal, was wir mit ihr anfangen, die Zeit läuft unbestechlich weiter – und zwar nicht langsamer oder schneller. Zeit an sich ist nicht faßbar und nicht manipulierbar. Ihre Wahrnehmung ist jedoch sehr subjektiv. Herr Maier empfindet einen Zeitraum als sehr lang, für Herrn Huber ist es nur ein kurzer Moment. Zeit hat keine gesetzlichen Beschränkungen – wie der Raum. Im Gegenteil: Zeit kann man stehlen, mißbrauchen, an sich reißen oder vergeuden, ohne Strafe befürchten zu müssen.

Bleiben wir weiter bei unserem weisen Südseehäuptling, der unser Zeitdilemma sehr treffend beschreibt – und besonders das unserer Bosse: »Es gibt Papalagi, die behaupten, sie hätten nie Zeit. Sie laufen kopflos umher, wie vom Aitu (Teufel) Besessene, und wohin sie kommen, machen sie Unheil und Schrecken, weil sie ihre Zeit verloren haben. Diese Besessenheit ist ein schrecklicher Zustand, eine Krankheit, die kein Medizinmann heilen kann, die viele Menschen ansteckt und ins Elend bringt.«

In der Tat kann man das Zeitgebaren mächtiger Menschen bisweilen hysterisch nennen. Bedeutende Zeitgenossen (und die es sein wollen) teilen ihren Tag Minute für Minute ein. Sie hetzen von Termin zu Termin – wie mondsüchtig. Ihre Zeit ist kostbar, denn ihre Zeit ist gleich barem Geld. So wird es zumindest gesehen. Die zeitliche Überlastung wird zum herausragenden Prädikat der eigenen Persönlichkeit, mithin zum Beweis für die Tüchtigkeit und Bedeutung einer Person. Was wäre von einem Manager, einem Politiker, Arzt oder Wissenschaftler zu halten, hätte er stets genügend Zeit? Sein sozialer Stellenwert wäre recht niedrig, denn Zeitmangel bestimmt die Bedeutung einer Person.

Die amerikanischen Trendsetter haben – wie könnte es anders sein – dieses Phänomen untersucht, beschrieben und betitelt: Acceleration Syndrom – Beschleunigungssyndrom. Ein imposanter Begriff für einen simplen wie verrückten Vorgang: Man muß den Tag vollstopfen, bis er platzt. Evelyn Holst, Amerikakorrespondentin des Magazins *Stern*, beschreibt aus eigener Erfahrung das neue Feeling so:»Nichts ist peinlicher, als Zeit zu haben. Nicht nur zwei Sachen auf einmal machen, sondern mindestens fünf.« Nehmen wir zum Beispiel eine gestreßte Karrierefrau. Hat sie Zeit für ihre Kinder? Evelyn Holst:»Steht auch auf dem Terminkalender unter ›quality time‹. Das ist das Stündchen zwischen Büro und Geschäftsessen, wenn die Karriere-Mami – zwecks Schenkelstraffung – auf dem Computerbike sitzt, aus einem Kinderbuch vorliest, einem pädagogisch wertvollen natürlich, und gleichzeitig mit einem Auge auf die Nachrichten schielt.« Daneben gibt es für den Managervater Kinderpostkarten mit Sätzen wie ›Viel Spaß in der Schule‹ oder auch ›Ich hätte dich heute abend so gern ins Bett gebracht‹. Was nun leider nicht geht, vor lauter Verabredungen.

Der Satiriker Jackie Mason witzelte bereits in der *New York Times*:»Jeder hat ständig Verabredungen, selbst wenn er sich nicht mehr erinnern kann warum und mit wem. Er beeindruckt seine Geschäftspartner, daß er – leider – zu spät kommt und jetzt leider auch nicht mehr länger bleiben kann.« Fazit: Nichts ist in der Welt der Wichtigen und Schönen, der Bosse und ihrer Nacheiferer wirklich unangenehmer als ein Mensch, der tatsächlich noch nicht gestreßt und überbeschäftigt aussieht.«

Das sind also die Zeitrisiken der Bessergestellten. Und wie verhält es sich bei den unteren Schichten? Im Gegensatz zu den Mächtigen verfügen die Schwachen nur über ein ausreichendes Kapital: Sie haben genügend Zeit (wie peinlich!). Das heißt: Sie können auch warten. So lange, bis der Rastlose, der Wichtige auch für sie endlich einmal Zeit hat. Die Untergebenen warten nahezu überall: beim Chef, beim Vorstellungsgespräch, beim Arbeitsamt, beim Arzt, bei Gericht, auf der Behörde, vielleicht nur nicht bei der Kündigung. Und sie warten in der Regel auf einen Mächtigeren. (Das ist selbst bei einem Rendezvous der Fall!) Derjenige, der wartet, opfert seine Zeit dem, der ihn warten läßt. Jemanden warten zu lassen, ist wie jemanden auf räumlicher Distanz zu halten, ihn draußen vor der Tür stehenzulassen. So bekommt das Warten einen negativen, oft sogar einen demütigenden Aspekt. Wer wartet, hat genügend Zeit, um sie zu vergeuden. Er ist einfach nicht wichtig genug. Der Wartende ist in einer unterlegenen Position und abhängig von dem, der ihn warten läßt. Meist kann er an seiner Situation nichts ändern – es sei denn, er findet den Mut, steht auf und geht. Umgekehrt befindet sich der Zuspätkommende in der besseren Position: Er weiß, daß der Wartende etwas von *ihm* will und vermittelt ihm das Gefühl, daß seine Zeit weit weniger wert ist als die eigene. Warten verursacht Unterlegenheitssyndrome, Wartenlassen dagegen Überlegenheit.

Gemäß dem Beschleunigungssyndrom kann der Zuspätkommende die Knappheit der eigenen Zeit vorführen und damit seinen sozialen Status und seine Bedeutung erhöhen.

Dieses Spielchen ist besonders in der Arbeitswelt beliebt. Ganz ohne Worte kann der Chef so dem Untergebenen klarmachen, wie viele Aufgaben er zu erledigen hat und wie sehr er gebraucht wird. Ganz im Gegensatz zu dem armen Würstchen, das da sitzt und einfach nur wartet. So wird die Zeit (diese vierte Dimension haben die emsigen Zeitgenossen noch nicht begriffen) zu einem weiteren Qualitätsmerkmal umfunktioniert: Wer weniger Zeit hat, hat mehr zu sagen. Wer lange wartet, kann noch länger warten. Die wahren Mächtigen warten nicht – sie lassen stets nur warten.

Als ein solcher Typus hat sich Franz Josef Strauß zu Lebzeiten gesehen. Er ließ seine Gesprächspartner – mal abgesehen von Konrad Adenauer und diversen Industriebossen – gern und oft warten. Wie konnte er einfacher und besser erklären, wo der Bartel den Most holt? Besonders beispielhaft ist eine kleine Episode aus den Memoiren des verstorbenen bayerischen Ministerpräsidenten. Es war im Winter 1957, Strauß war im Kabinett Adenauer Verteidigungsminister und erwartete in seinem Privathaus in Rott am Inn eine israelische Militärdelegation unter Leitung von Shimon Peres, der damals immerhin Generalsekretär des israelischen Verteidigungsministers war. Die Mission galt als streng geheim. Die Israelis wollten Bonn um massive Waffenlieferungen bitten – ein politischer Eiertanz. Also ein hochbrisantes Treffen, irgendwo versteckt im verschneiten bayerischen Voralpenland. Das Dumme war nur, daß ausgerechnet an diesem Tag der Hund des deutschen Verteidigungsministers ausgerissen war. Da gab es auch für Strauß kein Halten mehr, stundenlang irrte er durch den Schnee, bis er das Tier gefunden und angeleint hatte – derweil mußten die Gäste aus Tel Aviv warten und mit Frau Marianne Strauß vorlieb nehmen, die ihnen zum Trost etwas kochte. Übrigens kam die geheimnisvolle Waffenlieferung trotzdem zustande.

Auch *Spiegel*-Herausgeber Rudolf Augstein, selbst ein Mann ohne übertriebene Minderwertigkeitskomplexe, war ein Opfer von (un)bewußter Straußscher Unpünktlichkeit. Bei einem Interviewtermin mußte er über eine Stunde im Vorzimmer warten. Schließlich kam ein frischgefönter Strauß und erklärte, er hätte noch einen wichtigen Termin beim Friseur gehabt ...

Wie barsch ein Mächtiger reagieren kann, der seinen Untergebenen zunächst warten läßt und dann auch noch bestraft, mußte General Müller-Hildebrand vom Generalstab des Bonner Verteidigungsministeriums erfahren. Er wurde vom damaligen Minister Strauß zum Rapport bestellt, weil der Offizier die militärischen Kenntnisse seines Dienstherrn unverhohlen angezweifelt hatte. Müller-Hildebrand, obwohl herbeizitiert, mußte im Vorzimmer warten. Nach einer Viertelstunde platzte ihm der Kragen und er verließ das Ministervorzimmer mit der Bemerkung, daß man ihm diese Warterei nicht zumuten könne. Solche frechen Eigenmächtigkeiten duldete Strauß nicht. Er ließ den General durch zwei Feldjäger (Militärpolizei) zurückholen und »las ihm in unmißverständlicher Weise«, so Strauß in seinen Memoiren, »die Leviten. Er wurde dann von mir zunächst als stellvertretender Divisionskommandeur zur Truppe versetzt.« Das hatte nun der General von seiner Zivilcourage ...

Wechseln wir die Szene, und kommen wir zu einer Softiebranche, in der man sich Ellenbogen und Machtgehabe zunächst einmal gar nicht so recht vorstellen kann. Gemeint ist die Unterhaltungsszene mit ihren Mächtigen, den Stars, die von ihren Untergebenen, den Fans, bisweilen wie Götter verehrt werden. Und im Kultnebel einer Götterdämmerung kann sich der Star (fast) alles erlauben. Mitunter springen sie mit ihrem treuen Publikum um wie mit Tanzmäuschen. Kaum ein Rock- oder Popkonzert, das pünktlich beginnt. Warum auch. Man läßt die nach ihrem Gott gierende Menge zu Füßen eines meist gigantischen Podestes warten, bis sich die Spannung in einen hysterischen Rausch steigert. Schließlich lechzen Tausende nach ihrem Idol, das dann irgendwann, oft betrunken oder drogenbenebelt, erscheint – ohne ein Wort der Entschuldigung. Er ist ja ein Erlöser, der die da unten glücklich macht. Und dafür können die auch schon einmal ein bißchen warten. So ist das eben mit den Mächtigen und den armen Würstchen . . .

Wir sehen, daß höhergestellte Persönlichkeiten in ihren Entscheidungen einfach freier sind. Sie können es sich im Gegensatz zu den Unterprivilegierten aussuchen, wem sie ihre Zeit wann widmen oder gar »schenken«. Das ist eine Art Vorrecht, das eigentlich überhaupt nicht vernünftig zu begründen ist. Es ist einfach nur »menschlich«. Menschlich ist dabei, daß sich die Mächtigen selbst größere Zwänge auferlegen, als sie bei Unterprivilegierten herrschen. Ist die Gier nach mehr Macht, Perfektion oder Profit einmal entdeckt, wird die Arbeitszeit länger als die eines normalen Angestellten. Dann werden sogar Erholungspausen, Wochenenden, Urlaub genutzt, um Dinge zu erledigen, die eine normale Zeiteinteilung im Büro nicht mehr erlauben würde. Und so wird der Mächtige und Machtbewußte zum Sklaven seiner kostbaren Zeit, die ihn trotz aller zur Schau gestellten Souveränität grausam diktiert. Der Mächtige kennt das eherne Gesetz: Verlorengegangener Besitz, Geld und Macht können zurückerobert oder wiedergewonnen werden, verlorene Zeit jedoch nicht. Sie ist unwiderruflich vertan und läßt sich auch nicht mehr zurückholen, sosehr die Mächtigen es auch versuchen können.

Diese Tatsache erregt das Mitleid unseres weisen Südseehäuptlings, und er – selbst ein Mächtiger – empfiehlt voller Weisheit: »Wir müssen den armen verirrten Papalagi vom Wahn befreien, müssen ihm seine Zeit wiedergeben. Wir müssen ihm seine kleine runde Zeitmaschine zerschlagen und ihm verkünden, daß von Sonnenaufgang bis -untergang viel mehr Zeit da ist, als ein Mensch gebrauchen kann.«

17.
Gesellschaftsspiele

»Ich habe einen einfachen Geschmack – nur das Beste.«
OSCAR WILDE

Was nützt denn schon die ganze schöne Macht, wenn sie nicht so richtig glänzt? Dienstwagen? – Nun gut! Chefsuite in der obersten Etage? – Sicherlich erstrebenswert! Eigene Firma? – Wunderbar! Staatssekretär mit Bundestagsmandat? – Auch nicht schlecht! Aber wo, bitte, bleibt der Glanz? Der Glamour – wie wir uns gleich von Anfang an korrekt ausdrücken wollen. Die wirklich Mächtigen, die Bosse der Bosse und ihre Frauen und Freunde, umschreibt man doch mit einem ganz anderen Begriff: Die oberen Zehntausend. Das sind nun wirklich die, die ganz oben stehen, die keinen Normalsterblichen an sich heranlassen – es sei denn den Starcoiffeur, den Butler, Chauffeur, Leibwächter oder die Garderobenfrau –, die Leute eben (nach denen in den USA sogar eine großaufgelegte Zeitschrift benannt wurde: *People*), von deren Parties, Yachtreisen und Empfängen immer so hübsche Geschichtchen in den Klatschspalten der Illustrierten und Boulevardzeitungen stehen. Das sind die mit den fettgedruckten Namen, deren Alter man diskret verschweigt (sie altern sowieso nie!), deren Lachen stets bezaubernd und deren Charme selbstredend ist. Das sind die Reichen und Schönen – die Mächtigen, denn Macht – das weiß mittlerweile fast jedes Kind – macht schön. Zu denen muß man einfach dazugehören, wenn man den Ton angeben will. Aber das ist sehr, sehr schwer . . .

Wir wollten aber von den Verhaltensregeln sprechen, von der Körpersprache dieser Gesellschaftsspiele und ihren Akteuren, vom Klang und Tonfall der feinen Szene. Zunächst einmal: Wo spielt sich so ein gesellschaftliches Leben ab? In Hamburg? Na ja, fein schon, aber leider etwas zu steif. In Berlin? Vielleicht wieder demnächst – Trendwende in Sicht! Etwa in Bonn? Was soll man da sagen – außerdem kommen wir später automatisch auf die Bundeshauptstadt zu sprechen. Bleibt nur noch München – und genau da sind wir richtig! München ist so etwas wie das freiwillige Exil der besseren Leute, wenn sie sich zwischen New York, L. A., Paris, Cannes und Juan-les-Pins, Gstaad und demnächst auch Moskau ausruhen und es sich dabei gutgehen lassen wollen. München ist die Weltstadt mit Herz, und ein besonders großes hat sie für ihre Schickimickis, die falschen und die echten, die Reichen und die Mächtigen, für die Großkopferten: Flick residiert dort, Merck sowieso, Gunter Sachs hat eine Wohnung, alle Filmemacher und Produzenten, ein paar wichtige Verleger, die gehobene Kulturszene, selbstverständlich Schriftsteller, Dichter, Sänger, Maler, Intendanten, Heinz Rühmann am Starnberger See und natürlich der FC Bayern. Lauter Reiche, Prominente, Mächtige.

Wo und wie bewegen sie sich? Und vor allem: Was verraten ihre Bewegungen? Es wäre in der Tat vermessen, eine wissenschaftliche Abhandlung über die temperamentvolle Gestik auf Parties und Stehempfängen darzulegen. Seien wir also nicht zu streng – plaudern und interpretieren wir ein wenig nach, sagen wir, dem gesunden Menschenverstand und über das (allerdings streng festgelegte) Ritual solcher Treffen. Vorschlag: Blue hour in »Schumann's Bar« an der Maximilianstraße. Vielleicht kam man gerade vom Shopping oder von einer Besprechung mit dem Steuerberater oder Verleger. Man flaniert gemessenen Schrittes an den prächtigen Geschäften (»alles Schrott«) vorbei, betritt gegen 18 Uhr die Bar. Ach ja, drüben in der Ecke sitzt der Dichter Wondratschek mit Produzent Bernd Eichinger, kurzes, knappes Kopfnicken, ein kurzes Lächeln, nur nicht zuviel, das wirkt devot. Und sie nicken garantiert zurück – selbst wenn sie Sie nicht kennen sollten. Ah, dort steht auch Jürgen von der Hypobank, hingehen, aber bloß nicht die Hände schütteln, nur kurz die Hand heben wie zum Cäsarengruß, Innenfläche nach außen – das signalisiert »Frieden«, und dann sprechen mit lässigem Tonfall: »Grüß dich, Alter, was mußte ich letztens beim Graeter in der Kolumne lesen: Mit welcher Maus warst du auf dem Fest von Peter? Du, die kenn ich auch. Ich kann dir sagen . . .« Das reicht schon. Im Zweifelsfalle zahlt er auch noch den Drink. Schau, das ist ja Ramona, und endlich kommt die bedeutende Bewegung der Edelkörpersprache zum Zuge: »Grüß dich, Ramona, guat schaust aus. Marbella?« Die Dame wird umarmt und bekommt – Bussi, Bussi – zwei schnelle, aber nette Küßchen auf beide Wangen. Sie küßt angedeutet zurück. Das ist Pflicht, das gehört sich so. Die typische Geste der Gesellschaftslöwen, der Mächtigen und Ohnmächtigen: Bussi, Bussi. So hält's der Obermanager von McDonald's wie der TV-Star, der Großverleger, Industriellensohn, der Publizist und der Champagnerkönig. So haben wir es auch in der denkwürdigen TV-Serie »Kir Royal« gesehen, als sich die Werkzeugmaschinen-Fabrikbesitzer und Großschlachter aus der Provinz an die Tresen der Promis vorquälten, eifrig Sekt ausgaben, unentwegt strahlend, irgendwie Hände schüttelten, aber dabei gnadenlos abblitzten. Der kleine geniale Trick, die Brücke von Macht zu Macht (ganz privat), war ihnen nicht eingefallen: Bussi, Bussi. Verlassen wir nun die »Blue hour«, begeben wir uns auf eine Sommerabendsoiree im parkähnlichen Garten einer großen Dame aus der besseren Gesellschaft in München-Grünwald. Richtig, der Staatssekretär ist da. »Der Minister konnte leider nicht kommen, der mußte mal wieder in Bonn nach dem Rechten sehen. Sie verstehen.« Der Filmmogul ist da, die Prominentenwirtin aus Schwabing, guck an, da hinten steht der Sawallisch (»Sieht etwas bedrückt aus, liegt wahrscheinlich wieder an Everding«), warum ist der eigentlich nicht da? Na, vielleicht kommt er ja noch mal kurz rüber von seinem Schloß. Dafür ist der berühmte Drehbuchautor da und der Rechtsanwalt, der nebenher Politik macht, Fotografen sind auch da – dann kann der Abend beginnen. Vorsicht, hier sind Bussis weniger angebracht, gut, die Damen grüßen sich so. Aber sonst bitte keine einschmeichelnden Intimitäten. Wieder freundlich Lächeln, Kopfnicken, Cäsarengruß – und diesmal auch der trockene, kräftige Händedruck des gestandenen Mannes. Lächeln ist das wichtigste. Danach kommen die Kleider. Jeans dürfen nur die Kreativen (Werbemenschen, Filmemacher, Dichter, Sänger, Journalisten, Drehbuchschreiber, also fast alle) tragen. An diesem Abend speziell steht man in leichten Leinenanzügen oder im Dinnerjackett auf der wunderschönen Terrasse, plaudert und lächelt. Bis die Gastgeberin ihren Auftritt hat. An diesem Abend trägt sie ein lang herunterwallendes Jungmädchenkleid mit buntem Blumenmuster. Man schweigt, und sie begrüßt die Gäste. Dann folgt ein Gedicht, ein selbstverfaßtes, das Madame mit edlen Gesichtszügen in den lauen Abend haucht. Alle stehen stumm und ergriffen herum, die Gesichter signalisieren höchste

Konzentration, und nur einer ganz hinten kann sich nicht beherrschen: Er lächelt, man könnte auch grinsen sagen. Schließlich sind die Verse zu Ende gereimt – und es entsteht eine etwas peinliche Situation, die weder Gäste noch Gastgeberin voll im Griff haben: Das Publikum will begeistert applaudieren, und nun merken die meisten Leute, daß sie in der einen Hand das Champagnerglas halten und in der anderen die Zigarette, und weit und breit ist kein Tisch oder Aschenbecher in Sicht. So klopft man dumpf und vorsichtig die Handballen aneinander, was sich etwas albern anhört. Der Beifall für das wunderbare Gedicht gerät dünn, und sogar der Staatssekretär lächelt ein bißchen säuerlich.

Es gibt diverse Treffpunkte, die die bessere Gesellschaft oft im Laufe einer Nacht abzirkelt. Zu diesen bevorzugten Adressen gehört auch »Kai's Bistro« – eine Mischung von Bar und Restaurant, immer sehr exotisch dekoriert, unsere Freunde brauchen den Glanz. Kai ist ein liebenswürdiger »Gesellschaftskolumnist«, was nicht unbedingt bedeutet, daß er über die sozialen Belange der Gesellschaft grübelt. Nein, Kai schreibt in verschiedenen Hochglanzmagazinen über die Gesellschaft, wobei er eindeutig die bessere meint. Und wer seine hohe Meinung von der Prominenz auch noch geschmackvoll und kultiviert zu Papier bringt, wird auch belohnt: Die Gesellschaft kehrt gern bei Kai ein. Man speist, trinkt Champagner, gibt viele, viele Bussis. Um den Reiz des Außergewöhnlichen noch etwas zu erhöhen, hat der Wirt sein Lokal abwechselnd nach einem Motto dekoriert. Nehmen wir zum Beispiel Italien. Dann steht irgendwo eine Gondel rum, man fühlt sich an eine Taverne erinnert, und sogar die netten und hübschen Kellner laufen als Italiener kostümiert herum. Oder wir sagen Spanien: Dann sieht alles aus wie in einer spanischen Taverne, und die Kellner sind feurige Don Juans, olé. Dieses Spielchen ist beliebig fortzusetzen. Leider ist Kai noch nicht auf die Idee mit der Feuerwache oder der Aufnahmestation einer Nervenklinik gekommen. Sein einflußreiches Publikum würde diese Extravaganz dankbar und begeistert mitimprovisieren.

*

Da wir schon bei den Anekdoten sind: Auch aus Hamburg gibt es einiges zu berichten, beispielsweise vom souveränen Auftritt eines berühmten Verlegers in der Hamburger Oper: Placido Domingo sang, und tout Hamburg war da, der Adel der Pfeffersäcke, der Kunst, Industrie, des Handels, der Wissenschaft und Publizistik. Und mittendrin unser berühmter Verleger, der den Sangeskünsten des Tenors ergeben lauschte und hin und wieder tief seufzte. In der Pause schritt er mit etwas instabiler Körpersprache in die Toilettenräume. Da stand er dann am Becken, neben ihm ein ebenfalls berühmter Chefredakteur. Und wiederum seufzte der Verleger tief und laut:»Endlich Genuß ohne Reue!«

*

Bei den Gesellschaftsspielen sollten wir nicht nur auf die Körpersprache, auf die nackten Bewegungen schauen, wir dürfen es nicht versäumen, die Titel etwas näher zu betrachten, die unsere Bosse für ihr Imponiergehabe brauchen. Wie klingt denn schon Vorstandsmitglied Meier? Zwei zusätzliche Buchstaben machen den Namen mit einem Schlag attraktiv: Dr. Meier, Vorstandsmitglied. Wie aber schießen, wenn man kein Gewehr hat? Und nun treten Kaufleute in Aktion, die uns einen»Dr.« besorgen, wir müssen nur entsprechend zahlen. Sagen wir, ab 50 000 Mark verleiht uns eine mittel- oder südamerikanische Universität die begehrte Dissertationsurkunde.

Für Geld kann man fast alles kaufen, ein altes Sprichwort. Und da die Mächtigen stets viel Geld haben, können sie sich auch fast jeden Titel kaufen, den Baron, Grafen, Ritter, den Honorarkonsul und in Wien den Hofrat. Nur bis zum König hat es bis jetzt noch keiner gebracht. Doch sonst sind alle Titel wohlfeil. Ein junger Mann, der durch Adoption zum»Prinz Anhalt« befördert wurde, betreibt dieses Geschäft mit großer Chuzpe. 1989 verkaufte er dem amerikanischen *Playboy*-Besitzer Hugh Hefner den Titel»Prinzessin« für 500 000 Mark. Hefner schenkte ihn seiner jungen Frau Kimberley zu Weihnachten.

Aber wir müssen gar nicht mal in die Ferne schweifen. Unser schöner Konsul Hans Hermann Weyer ist ebenfalls sehr erfolgreich in der Branche, die unsere Mächtigen mit prima Titeln versorgt: Es liegt schon einige Jahre zurück, und Weyer, der Teufel mag wissen wie das kam, vertrat diplomatisch das afrikanische

Land Liberia. Wieder einmal war eine Dienstreise in den schwarzen Erdteil fällig, diesmal hatte der schöne Konsul Reisebegleitung in seinem gecharterten Lear-Jet. Zwei Journalisten, seine (damalige) Freundin, ein älteres Ehepaar, zwei Rechtsanwälte und eine äußerst attraktive, junge Dame, die ihre Schönheit gewerblich nutzte. In Liberia wurde der Troß vom Sohn des Staatspräsidenten Tolbert abgeholt. Es war ein prächtiges Bild: Der junge Tolbert mit Schwanzquaste und Giraffenhut, die prächtigen Uniformen der Polizeieskorte, der Konsul ganz in Weiß, die Anwälte in Schwarz, das ältere Ehepaar und die schöne Frau, die dann ziemlich bald mit dem jungen Sohn des Staatschefs im Hotel verschwand. Und zwischendurch warf Weyer Ein-Dollar-Noten in die gaffende Menge. Nun müssen wir das ältere Ehepaar ein bißchen näher betrachten: Geschäftsleute aus dem Schwäbischen, die der soziale Wohnungsbau nach dem Krieg zu soliden Millionären gemacht hatte. Sie konnten sich alles leisten, Anwälte, den Lear-Jet, die Reise. Zum Glück fehlte nur noch ein schöner Titel, den es im Schwäbischen nicht gibt. Die Bedingungen waren rasch geklärt: 100000 Mark in bar, und schon wird der Bauunternehmer (klein, übergewichtig, Glatze) Konsul von Liberia in einer schwäbischen Großstadt, etwa so groß wie Augsburg. Leider kam das Geschäft dann doch nicht zustande, der Unternehmer hatte Herrn Weyer wenige Monate später verklagt.

Wir können auch eine erfolgreiche Vermittlung schildern, die in einer römischen Hotelsuite ablief. Ein namhafter Münchner Rechtsanwalt aus dem Freundeskreis des verstorbenen Ministerpräsidenten Franz Josef Strauß stand der Sinn nach einem schönen Titel, der seine Visitenkarten zieren sollte. Kein Problem, sprach Konsul Weyer, und man reise gen Rom. Im Hotel mußte der Advokat auf dem Teppichboden niederknien. Dann betrat Weyer den Raum – ein Bild von einem Mann: Hoher schwarzer, mittelalterlicher Hut, ein langes, in der Mitte gegürtetes Gewand eines Edelmannes, auf der Brust ein großes Kreuz und in der Hand glitzerte ein Schwert. Zweimal schlug er dem Niederknienden mit der flachen Klinge auf die Schulter. Dann durfte er sich wieder erheben: Er war soeben von Weyer zum »Ritter des heiligen Malteserordens« geschlagen worden – und somit um rund 100000 Mark ärmer.

Wenden wir uns dem festlichen Leben und dem Glanz unserer Bundeshauptstadt zu, die nun wirklich häufig die Mächtigen dieser Welt beherbergt. Staatsempfang auf Schloß Brühl, eine Szenerie der gemessenen Schritte, des fließbandartigen Händereichens, der Distanz, des Lächelns, der gedämpften Diplomatensprache. Der unvergleichliche Walter Henkels, diplomatischer Korrespondent der *Frankfurter Allgemeinen Zeitung*, schreibt in seinem Buch *Lokaltermin Bonn*: »Der Staatsempfang besteht aus seidenweicher Atmosphäre, aus Würde und Wichtigkeit, aus Fräcken und großen Abendtoiletten der Damen. Daß die Würde keinen Strahlenkranz ums Haupt trägt, ist die adäquate Konzession an unser demokrati-

Drei Herrscher auf dem Götterhügel von Bayreuth (25. Juli 1979): Leopold Sedar Senghor, Präsident von Senegal, ist auf dem Weg zur »Lohengrin«-Aufführung bei den Wagner-Festspielen. Bayerns Ministerpräsident Franz Josef Strauß hebt bereits die Hände zur freundlichen Begrüßung, quasi von Herrscher zu Herrscher, doch Wolfgang Wagner, der Herrscher der Festspiele, ist mit seinem ausgestreckten Arm einfach schneller. Seine Gattin blickt zurück und schaut auf Senghor herunter – aber nicht weil er schwarz ist, sondern weil er kleiner ist.
Quelle: Associated Press, Frankfurt

sches Zeitalter. Der Film, ein Ausstattungsfilm, in dem sie alle statieren, ist illuminiert von unzähligen Kerzen, die von den Seitenwänden mehr als genügend Licht über den Staatsempfang fließen lassen ... Den Widerschein im letzten Winkel, wo die beiden Kriminalbeamten stehen, liefert die Kerzenindustrie. Es ist zuerst immer nur Impression. Schon an der Garderobe, bevor man in die großen Säle tritt, geht etwas Gala vonstatten. Wie die Damen pittoresk noch einmal vor den Spiegel treten, wie zwei Botschaftergattinnen, die den Spiegelblick schon hinter sich haben, etwas gedämpfte Konversation dahinfließen lassen; die Herren der Schöpfung, die befrackten, das Dekolleté der Damen, die sich nicht scheuen, öffentlich und keck Bekenntnis abzulegen von dem, was ihnen die Natur verliehen hat, und schweigend zur Kenntnis nehmen, wie sich diese Herren noch einmal über die Haupthaare fahren, falls noch welche da sind; wie sie etwas betreten und selbstkritisch die nackte Brust mustern, weil noch keine da sind, Orden nämlich, seht an, das sind die ersten Impressionen beim Staatsempfang. Gedämpft und getragen ist die Stimmung schon vor dem Eintritt in den Festsaal.«

Bisweilen werden Protokollfragen, schreibt ebenfalls Walter Henkels, mit bitterernster und tiefgründiger Genauigkeit betrieben. Er schildert den Besuch des englischen Königspaares mit Kindern und wie die Geschenke für die königliche Familie aufgebaut wurden. Darunter auch ein Teddybär für den Prinzen Edward, der damals gerade den Windeln entwachsen war. Der Protokollchef schaute noch einmal äußerst kritisch darüber – und blieb beim Teddybär hängen. Nein, diesen Teddy könne man beim besten Willen nicht verschenken. Warum? Er sehe einfach nicht intelligent genug aus. Walter Henkels beschreibt diese hübsche Story mit einem kleinen Postskriptum:»Dies ist eine wahre Geschichte.«

*

Diplomatenjagd – welch ein Begriff! Wer dazu eingeladen wird, hat's geschafft. Er ist an der Spitze, ganz, ganz oben. Nur die Dolmetscher gehen in Deckung.»Was wir stolz auf unseren Schultern tragen«, sagte einst Jagdherr und Finanzminister Dahlgrün, »sind kein Besenstiele, sondern ernste Waffen, und diese Waffen speien Tod und Verderben, aber keine Marmelade.« Sprach's und präsentierte die Flinte. 1954 gab der damalige Bundespräsident Theodor Heuss die erste Diplomatenjagd der jungen Bundesregierung. Es war im Hunsrück, und alle waren abenteuerlich gewandet. Zwanzig Förster bliesen zu Heuss' Ehren den »Fürstengruß«, und eine Schulklasse sang vom »Jäger aus Kurpfalz«. Der gemütliche Heuss stand mittendrin, die Hände ganz unweidmännisch um den Bauch gefaltet. Ein zufriedener Mann, zweifelsohne. Später bekam er viele Briefe von Tierfreunden, einer fragte: »Lassen Sie die Tiere erschießen? Was sagt denn Ihre Frau dazu?« Heuss antwortet:»Meine Frau sagt: Theodor, ich bin dankbar für jeden Tag, wo du an der frischen Luft bist.«

Wir wollen ein letztes Mal Walter Henkels zitieren, der viel Anekdotenhaftes von der Diplomatenjagd, dem Vergnügen der Reichen und Mächtigen, zu berichten weiß: Er schreibt von einem arabischen Diplomaten, der ein Stück Rehwild, ein kleines Böckchen, das nicht freigegeben war, erlegt hatte und es nun dem Forstmeister mit dem Satz offerierte:»Ich hab' einen ganz kleinen Hirsch geschossen.« Dem argentinischen Botschafter, dem General Galterio Ahrens, kam plötzlich eine Dachsfamilie entgegen. Ihm gelang nur dieser Satz:»Alle Dachse sehen aus, als ob sie Chruschtschow hießen.« Schön und typisch ist auch die Story von der Hunsrückjagd, zu der Heiner Prinz Sayn-Wittgenstein geladen hatte. Er fuhr mit einer schwarzen Limousine vor, saß neben seinem Fahrer, im Fond hockten zwei seiner Privatförster. Einer öffnete beflissen die Wagentür, nahm Haltung an und fragte: »Welche Büchse nehmen Durchlaucht?« Der Prinz hörte erst gar nicht. Und der Förster wurde immer steifer und wiederholte die Frage. Da antwortete der Edelmann, beide Hände auf die Oberschenkel gestützt:»Franz, das ist doch scheißegal.«

Gabriele Henkel – Auftritt einer »Grande Dame«

Sie schreitet nicht; nein, sie schwebt. Schwebt nicht etwa in der Horizontalen, sondern kommt von oben herab wie eine Offenbarung. Bei den denkwürdigen Soirees in ihrem Düsseldorfer Haus gleitet sie meist die breite, geschwungene Wendeltreppe hinab, wallenden Gewandes – Eleganz, Kultur, Lifestyle und Unnahbarkeit in einem. Man sieht es auf den ersten Blick: das Copyright auf einen der exklusivsten Titel des Landes. Sie ist wohl die großzügigste Gastgeberin der Bundesrepublik. Gabriele Henkel, Gattin des gleichnamigen Industrieunternehmers – ihr Name steht für die großzügige Sammlerin und Mäzenin, für die »Grande Dame«, oft kopiert und dennoch ohnegleichen, in deren Salon Kunst, Wirtschaft und Politik einander begegnen, wie man so schön sagt. Die angehende Journalistin hatte vor vielen Jahren Konrad Henkel geehelicht, Chef einer rheinischen Familie, deren unermeßlicher Reichtum aus der Chemie kommt, genauer aus der Waschmittelproduktion des Düsseldorfer Henkel-Konzerns.

So etwas ist keine Schande, denn Frau Henkel gibt viel Geld für die schönen Künste aus. Sie lebt mit und in ihnen, war/ist Lehrbeauftragte an der Gesamthochschule Wuppertal für Form und Präsentation, Fachbereich V, Kommunikationsdesign. So kommt es auch, daß dieser elegante, fließende Ausdruck des Körpers in die verbale Sprache einfließt, in einen Rhythmus gepflegten Lebensstils, der manchmal freilich auch ein wenig ins Wanken (oder sollten wir Stottern sagen?) gerät. Ihr feuilletonistisches Umfeld übt eine ungeheure Anziehung auf andere Kunstbeflissene aus. Rolf Hochhuth ließ im *Zeit*-Magazin auch Gabriele Henkel ein Tagebuch schreiben, als ob sie tatsächlich eines schreiben würde. Sie beginnt mit Musil: »Man kann natürlich sagen, jeder zeige das, was er für seine Tugend halte. Aber der Mensch ist doch nicht nur das Produkt seiner sozialen Funktion.« Dann fragt sich die Autorin: »Produkt seiner sozialen Funktion, und wenn dem so ist, welches der zur Verfügung stehenden Klischees kleben wir auf? Industriellengattin? Diffus. Bin ich ein Markenartikel, einer in Klammern, wie er so oft hinter dem Namen auftaucht (Persil)? Wie kann sich ein Mensch ohne klare Berufsbezeichnung wie CDU-Politiker, Schauspieler oder Tiefbauingenieur darstellen? . . . Welches Kleid trage ich zu diesem Anlaß, zu welcher Ornamentalisierung entschließe ich mich?« Schließlich beantwortet sich Gabriele Henkel die Frage: »Jeder Alltag ist banal, selbst der von Thomas Mann, der in seinen Tagebüchern über Jahrzehnte unermüdlich vom Wetter, von körperlichen Unpäßlichkeiten und von Teestunden mit K. berichtet.« Diese verflixten banalen Teile des

Eine Frau in einer männlichen Pose: Die Beine übereinandergeschlagen, und um Knie und Schienbein sind beide gefalteten Hände geschlungen. Eigentlich eine Pose der Souveränität – wäre da nicht der mißtrauische Blick zur Seite, als ob sich die Dame ständig beobachtet fühlt: Gabriele Henkel. Quelle: Keystone, Hamburg

Alltags also – und weil dem so ist, nichts wie raus mit der Wahrheit: »Tagebuch also. Ich notiere, daß mein Sohn Heuschnupfen hat. Ich möchte nicht verschweigen, daß ich Lust habe, mit meinem Freund in der Düsseldorfer Altstadt ein Bier zu trinken. Ich war gestern nicht im Museum und habe nicht im Angesicht eines Kunstwerkes beschlossen, mein Leben zu ändern, was ich trotz Aufforderung von Rilke im übrigen doch nicht tue . . .« Mag sein, daß diese Sprache nur von eingefleischten Lesern der Hochhuthschen Tagebuchsammlung verstanden wird, daß Rilke erst der bildungsbürgerliche Einstieg dieser Tagebuchnotiz war. Der Aufsatz gipfelt in der stillen Betrachtung der Luc-Bondy-Inszenierung »Triumph der Liebe« von Marivaux an der Schaubühne Berlin (1985). In einem abstrakten Bilderbogen von sanfter, aber irrwitziger Sprache wurden Robert Tomlinson, Watteau und Peter Wapnewski gestreift. Schließlich endet das Tagebuch der

Gabriele Henkel, die so schreibt, als würde sie wirklich eines schreiben:»Was hat er (Peter Wapnewski?) gegen die geistvoll ornamentale ›Marivaudage‹ als Exkurs der Liebe?«

Sorry, aber das mußte sein. Nur so können wir uns einigermaßen ein Bild von dieser herzensguten Dame machen: diese fließende Sprache, diese fließenden Bewegungen, alles gleitet ästhetisch ineinander über. Man verstünde auf Anhieb die Worte der Gabriele Henkel, würde sie ihren fiktiven Tagebucheintrag beim würdevollen Herunterschreiten der Wendeltreppe deklamieren. Metaphern – Vorschlag für das nächste Tagebuch bei Hochhuth:»In Logik gepreßte Ekstase.«Diese theatergleichen Inszenierungen im Hause der »Grande Dame« beeindrucken die Geladenen zutiefst. Rolf Vollmann beschrieb sein Gefühl auf der Anreise zu einem Henkel-Porträt im Magazin der FAZ wie folgt:

»Wir Armen, wenn wir in den Künsten etwas tun, haben wir leicht davon zu träumen, reich zu sein, und dann etwas für die Künste zu tun. Aber die Genauigkeit der Träume nimmt doch sehr ab.«

Nicht so bei Frau Henkel. Sie realisiert einen guten Teil dieser Träume – in perfekter Harmonie, in ästhetischem Gleichklang, zu dem auch der distinguierte Butler Charles beiträgt. Manchem ist diese Einheit von Gestik und Sprache zu überhöht, zu gekünstelt: Doch ist es nur eine stille, verzehrende Sehnsucht nach Anerkennung, danach, der Mittelpunkt zu sein? Ein undankbarer Gast, dessen Namen wir in seinem Interesse besser verschweigen, sagte einmal nach einer dieser denkwürdigen Soirees:»Kunst kommt von Können. Käme das Wort von wollen, hieße es nicht Kunst, sondern Wunst.«Das möchten wir in bezug auf Gabriele Henkel dementieren: energisch.

18.
Der Manager – wie muß er aussehen, wie ist er wirklich?

Gleich vorweg: Der erfolgreiche Manager muß nach dem Motto leben: Nur nicht negativ auffallen. Das gilt für das gesellschaftliche Benehmen, für seine Kleidung und seinen Familienstand. Der Personalberater Hans-Detlef Pries hat im *manager-magazin* über die entsprechenden Voraussetzungen für eine respektable Karriere philosophiert. Davon einige Auszüge: Die wichtigste Erkenntnis ist folgende: Unter 1,70 Meter kommt keiner groß raus. 1,90 Meter sind schon ein Geschenk des Himmels. Über zwei Drittel aller Führungskräfte haben eine Körpergröße von 1,80 Meter und mehr. Allen kleinwüchsigen Managern rät Pries, ihre Erwartungen nicht allzu hoch zu schrauben. Leute unter 1,70 Meter haben so gut wie keine Chance. Großen Wert wird auf das äußerliche Erscheinungsbild – Kleidung und Auftreten – gelegt. Auch dabei gilt: Alles vermeiden, was nur irgendwie unangenehm auffallen könnte. Bereits ein Bart könnte schon disqualifizieren.

Obwohl Siemens, Daimler oder IBM niemals verlangen, daß Führungskräfte ausschließlich im Nadelstreifenanzug herumlaufen, so ist es doch selbstverständlich, daß die Bosse elegant-konservativ in der Firma erscheinen sollten. Bloß keine grellen Farben und außergewöhnliche Stoffmuster. Nicht selten mußte Pries von seinen Kunden über einen Kandidaten hören:»Jackett und Krawatte sind zu auffällig.« Überhaupt nicht gefragt: Übertriebenes Styling – etwa eine Nelke im Knopfloch. Gute Umgangsformen werden allgemein vorausgesetzt. Schon die Hand in der Hosentasche kann Ablehnung hervorrufen.

Junggesellen haben keine allzu großen Chancen. Eine Untersuchung über erfolgreiche Manager ergab, daß nur zwei Prozent aller Vorstände und Geschäftsführer unverheiratet waren. Vier Prozent lebten getrennt oder waren geschieden. Nur sechs Prozent waren mit Ehefrauen verheiratet, die selbst im Berufsleben standen. Nebenberuflich beschäftigt waren zehn Prozent der Ehefrauen. Die überwiegende Zahl (78 Prozent) konzentrierte sich auf den Haushalt, die Kinder und den Ehemann. Ihre erfolgreichen Männer geben gern zu:»Ohne die Unterstützung meiner Familie hätte ich die physische und psychische Belastung der Karriere nicht durchgestanden.« Wer nicht mobil ist, bleibt stehen. Alle großen Konzerne haben multinationale Interessen. Sie planen die Karrieren ihrer Führungsleute durch Jobrotationen im In- und Ausland. Das verlangt auch von den Familien eine entsprechende Mobilität.

Aufsichtsräte und Beiräte (besonders bei Banken) und Firmeninhaber bevorzugen bei der Besetzung von Führungspositionen immer wieder Personen aus ihrem persönlichen Bekanntenkreis. Diese freundlichen Förderer steuern den Karriereweg anderer gern unsichtbar von hinten. Motto: Wen man kennt, den nimmt man lieber. Dabei gilt für Aufstrebende der alte sozialpsychologische Grundsatz:»Kontakt schafft Sympathie.« Der Freund oder Bekannte aus dem Lions-, Rotary- und einem anderen Club hat bereits einen Pluspunkt bei der Besetzung einer wichtigen Position.

Bisher haben mehr als die Hälfte der Deutschen jedoch überhaupt keine guten Chancen, in nennenswerter Zahl Vorstand oder Geschäftsführer zu werden. Sie haben einen Geburtsfehler: Sie sind Frauen.»Dies wird sich wandeln«, meint Hans-Detlef Pries, »denn wir erleben es immer häufiger, daß wir gezielt gebeten werden, möglichst auch Frauen bei unserer Suche zu berücksichtigen.«

Nur nicht zu auffällig. Nur nicht zu salopp. Das US-Wirtschaftsmagazin *Fortune* hat bereits bitter beklagt, daß die europäischen Bosse mehr zur Kombination Hose/Sakko neigen als zum klassischen Anzug. Doch wo bleibt da die Seriosität?

Wir möchten die Amerikaner nicht als letzte Instanz in Sachen Herrenmode erklären. Dazu haben sie zu oft danebengegriffen. Sagen wir mit Jochen Holy, Geschäftsführer von Boss:»Mal ist alles im Anzug, dann wieder im Sakko, dann wieder im Blazer, und jetzt haben wir die Zeit, wo man sogar in Jeans in die Oper gehen kann.«

Allerdings: Jeans und Blazer sind bei Konferenzen und wichtigen Besprechungen nicht zu empfehlen. Das könnte leicht als Extravaganz ausgelegt werden: Vorsicht, ein Mann, der nicht auf Manieren und Etikette Wert legt. Der Durchschnittschef zieht gedeckte Farben und edle Stoffe vor: Dunkelblauer Blazer zur grauen Flanellhose – nie ein Fehler. Leichter grauer oder dunkelblauer Anzug – ideal. Zuviel Auffälligkeiten bei Farben und Muster erregen Mißtrauen. Zum Beispiel ist die Hose mit dem Golfmuster (auch dezent kariert) total out. Die Träger solcher Kleidungsstücke erregen den üblen Verdacht: Achtung, ein Hinterwäldler. Vorsicht auch bei Nadelstreifen – out.

Weiße Socken sind nur im Sport oder in der Unterhaltungsbranche gestattet. Der Geschäftsmann oder Politiker wählt die Farbe seiner Socken so aus, daß sie zu Schuhen und Hosen passen. In der Wirtschaft ist in Sachen Kleidung wesentlich mehr Toleranz üblich als in der Politik. In Bonn herrschen die Farben Taubenblau und Grau vor. Grüne in selbstgestrickter Naturfaser erregen den Verdacht, nicht nur einen chaotischen Modegeschmack zu haben. Und umgekehrt: Zuviel Eleganz fällt in Bonn ebenfalls unangenehm auf.»Der läuft rum wie auf einer Modenschau von Boss«, wurde Wirtschaftsminister Helmut Haussmann empört gerügt.

Wichtig: Geschmackvolle und teure Accessoires – Gürtel, Krawattennadeln und, nicht zu auffällige, neutrale Einstecktücher (am besten weiß). Vor allen Dingen gute Schuhe, die stets blank gewienert sein sollten, denn viele Karrieren blieben schon in den Anfängen stecken, weil das Schuhwerk nicht gepflegt genug war.

Wie amerikanische Top-Verdiener leben und arbeiten, brachte eine Untersuchung des *Wall Street Journal* zutage. Danach trägt der typische US-Spitzenmanager dunkelblaue Anzüge und dunkelrote Krawatten. Er trinkt zum Mittagessen keinen Alkohol und ist seit etlichen Jahren mit ein und derselben Frau verheiratet. Um zu diesen Erkenntnissen zu gelangen, interviewte das Reporterteam der renommiertesten Wirtschaftszeitung der Welt 351 Spitzenmanager der größten amerikanischen Unternehmen. Wer die Recherchen liest, muß seine Vorstellungen vom Dolce vita der Bosse gründlich revidieren. Zunächst ergab die landesweite Untersuchung, daß die Spitzenmanager im Schnitt täglich zehn bis zwölf Stunden arbeiten. Viele gehen auch an den Wochenenden ins Büro oder nehmen ihre Arbeit mit nach Hause. Sie gönnen sich nur selten mehr als drei Wochen Urlaub im Jahr und fahren dann brav nach Florida und keineswegs an die Traumküsten fremder exotischer Länder. Nur 2,8 Prozent der Befragten gab an, daß sie in den vergangenen zwei Jahren überhaupt noch keinen Urlaub genommen hätten.

Die meisten Chefs räumten freimütig ein, daß sie an der Spitze ihrer Karriereleiter, in der dünnen und verantwortungsgeladenen Atmosphäre der obersten Wolkenkratzeretagen, ziemlich einsam sind. Und was tut ein einsamer Boß? Er sucht sich einen auch einsamen Boß, fühlt sich dann weniger allein und könnte über seine geheimen Probleme sprechen – sollte man meinen. Ganz falsch, fanden die *Wall-Street-Journal*-Reporter heraus. Im Prinzip sind nur gesellschaftliche Kontakte mit anderen Bossen möglich, und dies kaum zu Hause, sondern in privaten Klubs. Man darf den befreundeten Machtinhaber keineswegs in seine intime Sphäre lassen. Denn das könnte doch nur Mißgunst und Neid der anderen hervorrufen. Irving Shapiro, Topmann beim Chemiegiganten DuPont:»Wer andere Bosse zu sich nach Hause einlädt, sendet ungewollt die falschen Signale aus. Das sieht dann in der Branche wie Konspiration aus. Und man kann ja vollkommen unmöglich alle Bosse zu sich nach Hause einladen.«

Da also gesellschaftlicher Verkehr mit den Damen und Herren Kollegen kaum möglich ist, mischt sich zum Beispiel auch Spitzenmanager Roger Smith von General Motors gern anonym unters Volk. Er geht dann wie Otto Normalverbraucher zu McDonald's – und freut sich diebisch an seiner Anonymität wie an einer karnevalesken Verkleidung.

Die US-Bosse, das ergab die Umfrage, finden sich selber größtenteils o.k. Sie sehen ihre Geschäftspartner heutzutage »offener und ehrlicher« als noch vor zehn Jahren. Die politische Grundhaltung ist eher konservativ. Rund 66 Prozent von ihnen würde zögern, einen Homosexuellen in die Managerriege zu befördern. Die meisten Spitzenpositionen in der amerikanischen Wirtschaft werden von Personen eingenommen, die männlich, weiß und protestantischen Glaubens sind. Im Schnitt gesehen haben sie drei Kinder, sind seit zwanzig Jahren mit derselben Nur-Hausfrau und -Mutter verheiratet. Die überwiegende Mehrheit hat einen College- und Universitätsabschluß, doch nur 12,5 Prozent einen Doktortitel. Rund fünf Prozent haben überhaupt keine akademische Ausbildung – wie z. B. Howard Sells, Vormann bei Woolworth. Die US-Großverdiener bestellen in ihren Klubs eher Fisch als Fleisch. 92 Prozent trinken gelegentlich Wein oder Whisky mit Eis, doch nur drei Prozent bereits zum Mittagessen. Damit wäre die in den USA sprichwörtliche Mär vom »Three-Martini-Lunch« widerlegt. 59 Prozent spielen Golf, doch für nur sechs Prozent ist es der Lieblingssport.

Wer im Unternehmen ganz weit oben rangiert, trägt auch die Einheitskleidung des Spitzenmanagements: marineblaue Anzüge, weißes Hemd und eine dunkelrote Krawatte, die Autorität ausstrahlt und beim Herrenausstatter auch entsprechend »power tie« heißt. Der legendäre Schwarze mit den Nadelstreifen ist mittlerweile total out. Zu Strickkrawatten und bunten Hemden (Freizeitlook) bekennen sich nur noch wenige amerikanische Manager.

Dabei verrät die Krawatte – so ziemlich der einzige Schmuck des mächtigen Mannes – viel über seinen Charakter. Das fand zumindest der englische Psychologe Tim Porter heraus, der die geheime Bedeutung der Farbenwahl bei der Krawatte entschlüsselte. Bei einer Untersuchung von tausend Männern aus der Wirtschaft, der Politik und dem Journalismus fand er heraus, daß die meisten zwei Krawatten im Jahr von ihrer Frau oder Freundin geschenkt bekommen. Solche Aufmerksamkeiten stören den Strebsamen eher. Er »fühlt sich auf den Schlips getreten« und möchte seine Krawatten am liebsten selbst aussuchen. Kurzum: Er möchte das Image, das er ausstrahlt, selbst bestimmen.

Laut Porter geben Männer mit eigener Krawattenwahl auch im Berufsleben entsprechende Signale: Rot verrät die aggressive Kämpfernatur. Dieser Krawattenträger möchte zeigen, daß er seine Rivalen ausstechen kann. Er hißt seine Kriegsflagge. Rot ist die Farbe der Männer mit dem Machtkomplex, mit dem »Durchsetzungswillen«, die Farbe der »Systemveränderer«. Andererseits wollen die »Roten« von ihren Vorgesetzten als dynamische Leistungsträger und als kaum zu bremsende Aufsteiger gesehen werden. Ein Tip des Farbpsychologen: Bei Vorstellungsgesprächen die Kriegsflagge vorsichtshalber im Schrank hängen lassen. So waren es bei Porters Test nur zwölf Prozent der Befragten, die rote

Krawatten bevorzugten. Aber sie symbolisieren den Drang, Resultate zu erzielen und Erfolge zu erkämpfen. Porter:»Die Emotionen, die dabei mit im Spiel sind, reichen von der Herausforderung über Liebe zu Mut, Lust, Wut, Mordgedanken und heller Freude.

Ein Beweis für die»Gefährlichkeit« der Farbe Rot – allerdings aus einem intimen Bereich, dafür aber typisch: Selbstbewußte Männer ziehen bei ihrer Partnersuche meist einen roten Schlips an. Sie wollen instinktiv ihre Herzensdame erobern. Wenn sie jedoch bei den Eltern der Auserwählten ihren Antrittsbesuch machen, wird auf die rote Krawatte verzichtet. Man möchte eher zurückhaltend sein und auf Aggressivität verzichten.

Etwa vierzig Prozent der Befragten wählten Blautöne – die Farben der Ausgeglichenen. Tim Porter:»Wer Blau bevorzugt, ist ein beherrschter, gerader Charakter. Er wünscht sich eine ruhige und geordnete Umgebung, die frei ist von Störungen. Der Blautyp möchte Vertrauen und Zuverlässigkeit ausstrahlen, nicht nur in der Familie, sondern gerade am Arbeitsplatz.«

Dunkle und gar schwarze Krawatten symbolisieren Einfallslosigkeit. Dieser Mann hat keine Phantasie. Er hält sich sklavisch an Designerkrawatten – und damit bedeckt. So ein Typ möchte Exklusivität vorgaukeln, dabei ist es nur die reine Schlichtheit.

Manager im gesetzteren Alter bevorzugen im allgemeinen Blau, dunkle Grüntöne, Dunkelbraun und Beige. Jüngere sind da etwas dynamischer und experimentieren auch schon mal mit knalligem Rosa, Neongrün, Gelb, Rot, Purpur und Weiß. Das sind Typen, die überschaubare Risiken nicht scheuen und auch bereit sind, einmal unkonventionelle Wege zu gehen. In Chefetagen am häufigsten verbreitet: die klassisch gestreifte oder gepunktete Seidenkrawatte, meist in Blautönen mit dezentem Rot oder auch Grün.

Im Schnitt besitzt der englische Manager siebzehn Krawatten, diese Tendenz ist steigend. Er ist – auch das ergab Porters Untersuchung – ein heimlicher Rückversicherer: Bei den siebzehn Schlipsen sind meist alle Farbtöne vertreten. Wir dürfen aber den Modeknigge nicht mehr ausschließlich auf die Manager der westlichen Hemisphäre beziehen. Der Osten holt gewaltig auf. Wirtschaftsführer aus dem sozialistischen Lager (ein Begriff, der beim Schreiben dieses Buches noch sehr gewagt war, es aber mittlerweile gar nicht mehr ist) haben einen großen Nachholbedarf. Anfang Dezember 1989 erreicht die Blätter des Springer-Konzerns folgender US-Korrespondentenbericht über amerikanische Beratungsseminare für sowjetische Geschäftsleute:»Gebannt lauschen sowjetische Manager und Ingenieure dem amerikanischen Geschäftsmann Charles Bausman. Er gibt Ratschläge, wie der Einstieg in das internationale Geschäftsleben erfolgreich wird.›Die Kleidung ist besonders wichtig, Amerikaner urteilen nach dem ersten Eindruck. Tragen Sie einen Anzug aus Naturfasern, am besten in Blau oder Dunkelgrau.‹ Die sowjetischen Manager schreiben eifrig mit. Einer von ihnen im hellgrauen Anzug blickt verwirrt.›Die Hemden sollten weiß oder hellblau sein. Und das wichtigste: Nie weiße Socken!‹ Ein Zuhörer meldet sich zu Wort:›Als Staatschef Gorbatschow vor einigen Jahren mit Präsident Reagan zusammentraf, trug der amerikanische Präsident aber weiße Socken.‹«

Hier noch ein anderes Beispiel: Etwa 130 Manager und Ingenieure mit internationalen Geschäftsverbindungen besuchten ein fünftägiges Seminar in Moskau. Die Themen reichten von»Wie organisiere ich Geschäftsessen und private Einladungen?« –»Wie verhalte ich mich bei einem Empfang?« bis zu»Die Brieftasche eines Managers – was soll sie enthalten?« Für das Seminar, das von einem neugegründeten Privatunternehmen in Moskau organisiert wurde, zahlen die Teilnehmer den Preis von 2400 Dollar.»Aber auch die Einflußreichsten können sich irren«, beruhigt ein Seminarleiter zum Schluß,»als Gorbatschow letztes Jahr mit Deng Xiaoping zusammentraf, trug er beige Schuhe zum blauen Anzug.« (SAD)

Uwe und Jochen Holy – Hoppla, die Bosse von Boss

Was machen zwei Bosse, die sich Boss nennen?»Arbeitskleider«, sagt Jochen Holy. Dann kommt der kleine Zusatz:»Für Manager«. Damit ist alles gesagt. Zwei moderne Bosse wie aus dem Bilderbuch. Freundlich, dynamisch, selbstbewußt, sportiv, jugendliches Aussehen. Zwei, die stets so relaxed wirken, als würden sie nur ihre Mode spazierentragen: lässig und selbstsicher. Da ist kaum etwas Unsicheres an ihrer Körpersprache. Alles strotzt nur so von Souveränität –

Schwäbisches Selbstbewußtsein. Zwei smarte Manager als machtbewußte
Tycoons. Wer sollte sie bremsen können? Die BOSS-Bosse Jochen und Uwe
Holy bei der Einführung an der Börse. Mitte Dezember 1989 landeten sie ihren
Überraschungscoup: Ein Teil der Modefirma ging in japanische Hände. Für über
eine halbe Milliarde Mark, wie die Branche munkelt.
Quelle: dpa, Düsseldorf

sogar der breite schwäbische Dialekt miefelt nicht nach Provinz:
»Mer hat's oder mer hat's net.«

BOSS – der Name der Firma ist mehr als nur ein Modebegriff. Er
steht für Zeitgeist und ungewöhnlichen Erfolg. Als die beiden Brüder
Uwe und Jochen Holy, Volkswirt der eine, Diplom-Kaufmann der
andere, in die Firma ihres Großvaters eintraten, hieß das Haus zwar
schon Boss (nach dem Opa) und produzierte auch schon Arbeits-
kleidung – Uniformen für die Post. Das war in der zweiten Hälfte der
sechziger Jahre, und von Mode konnte man bei diesen Produkten
beim besten Willen nicht reden. Das hat sich grundlegend geändert,
seit die Holy-Brüder den Laden führen. (Mittlerweile haben die
Japaner für über eine halbe Milliarde D-Mark die Mehrheitsanteile
gekauft – die Holy-Brüder bleiben allerdings Chefs.) Beide haben ein

ausgeprägtes Gefühl für Schnitte, Farben und Trends. Der elegante Mann von Welt orientiert sich nicht mehr nur in Frankreich oder Italien, sondern mehr und mehr auch in Metzingen bei Stuttgart. Mittlerweile wird dort über eine halbe Milliarde D-Mark umgesetzt. Vierzig Prozent davon im Ausland. Sogar die Edel-Cops von »Miami Vice« tragen Armani und Boss.

Die beiden Holy-Brüder, zwei telegene Sunnyboys wie Crockett und Tubbs? Sybille Krause-Burger porträtierte in der *Stuttgarter Zeitung* (Nr. 204/1987) Jochen Holy: »Da sitzt er mit lilaweiß gestreiftem Hemd und einer Krawatte drüber, die sämtliche Töne seines braunrot-violetten Anzugs wieder aufnimmt und variiert, im schwarzen Lackgestühl auf weißen Lederpolstern. Alles fügt sich zu jedem: die Sportbräune in seinem Gesicht zur Pop-art mit den Motiven von Formel-1-Rennen hinter ihm an der Wand; sein Job als Stylist zu der kreativen Unordnung auf dem Fußboden seines Büros, wo sich Zeitschriften, Schuhkartons und Polohemden den Platz streitig machen; das Flugzeugmodell auf dem Schreibtisch zum Blick eines Unternehmers, der unablässig in die Ferne schweift. Was erzählt sein Gesicht? Kinder-, allenfalls Bubenaugen, die nahe beieinanderliegen; ein kleiner weicher Mund, in den Winkeln zu einem Anflug von Skepsis neigend, kurze Brauen, kaum Konturen. Sein Gesicht hat sich noch nicht entschieden, zu einem Jahr zu gehören. (Anm.: Zum Zeitpunkt des Interviews war Jochen Holy 46). Wo soll man die Wurzeln seines Erfolges entdecken? Ist es die lausbubenhafte Lust am Abenteuer, die – mit den Jahren zur Initiative gereift – ihn immer noch antreibt? Oder hält er sich, um keinen Ernst und schon gar keine Traurigkeit preisgeben zu müssen, die ganze Tollerei nur als Maske vor? In welcher Ecke seiner Person versteckt Herr Boss den Boß?«

Letztlich hat es auch die Reporterin nicht ergründen können. Vielleicht im Sinn für Fleiß und Geschäft. Vielleicht in der Selbstkontrolle und Disziplin. Oder in der Verantwortung für fast 4000 Leute, die direkt oder indirekt von Boss abhängen. Mal anders herum: Ernst oder Traurigkeit des Erfolges wären auch nicht angebracht, wenn die Holy-Brüder über den Sinn des Erfolges oder die Höhe ihrer Bezüge sinnieren sollten. Sie genehmigten sich, hoppladihopp, Geschäftsführergehälter, die – wie Boss selbstverständlich – ebenfalls Spitze in der Bundesrepublik sind: über 2 Millionen im Jahr – Tantiemen nicht mitgerechnet.

19.
Die Stufen der Hierarchie und ihre Rangabzeichen

Ein altes Sprichwort sagt:»Wer viel hat, bekommt noch mehr.« Auf die Hierarchie eines Unternehmens übersetzt bedeutet das: Wer ein hohes Gehalt bezieht, wird mit weiteren Vergünstigungen ausgestattet. Hohe Gehälter sind Ausdruck von Macht, und Macht bedarf neben der Honorierung auch der entsprechenden Symbolik. Der Konzern stattet leitende Angestellte mit Sonderprivilegien (Dienstwagen, eigene Sekretärin etc.) aus. Sie sollen dem Jobinhaber, aber vor allem seinen Untergebenen zeigen, wie wichtig er ist. Es sind Statussymbole, Insignien der jeweiligen Hierarchiestufe, auf der sich der Manager gerade befindet. Diese Statussymbole gehören in den meisten Firmen zum Besitzstand des Chefs, die ihm auch nicht genommen werden können, wenn er in der Karriereleiter nach unten rutschen sollte. Immerhin dienen sie dem Nachwuchs als zusätzlicher Anreiz, selbst in die Etagen der Bosse zu gelangen. Wie hart der Weg ist und was von Stufe zu Stufe als»Extra-Bonbon« dazukommt, verdeutlicht folgende Aufstellung.

Der Sachbearbeiter
Sein Büro, falls er überhaupt ein eigenes hat und nicht im Großraum sitzen muß, ist klein, kärglich ausgestattet, sein Schreibtisch ist alt und nicht besonders groß. Den Kaffee hat er sich auf dem Flur aus dem Automaten im Pappbecher zu holen. Selbstverständlich hat er keine Sekretärin. Er muß höflich im gemeinsamen Schreibpool anfragen, wenn er etwas zu tippen hat. Doch in der Regel schreibt er selbst ins Terminal. Morgens muß er das Konzerngebäude mit seinem Wagen mehrfach umrunden, denn er hat ja keinen eigenen Parkplatz.

Der Abteilungsleiter
Unser Mann hat einen entscheidenden Schritt nach oben getan. Jetzt darf er sein Auto schon auf dem Firmengelände abstellen. In

seinem Büro sitzt eine Sekretärin. Oft hat er auch eine firmeneigene Zimmerpflanze. Er sitzt auf einem Schreibtischsessel aus Lederimitation und hat einen Kühlschrank, aus dem er sich bedienen kann, wenn er ihn auch wieder auffüllt.

Der Direktor
Seine Sekretärin sitzt nun im Vorzimmer, das mit Topfblumen geschmückt ist. Sein Büro hat einen Farbfernseher und eine eigene kleine Bibliothek. Jederzeit wird ihm seine Sekretärin Tee und Kaffee auf Firmenkosten servieren – auf einem Tablett. Auf seinem Firmenparkplatz wurde ein Kennzeichen angebracht. Sein Privatwagen steht zu Hause, er fährt jetzt einen Firmenwagen, den er auf Betriebskosten betanken und auch privat benutzen darf.

Das Vorstandsmitglied
In seinem Vorzimmer sitzen jetzt mindestens zwei Sekretärinnen. Die Schnittblumen werden täglich erneuert. Er hat einen eigenen Toilettenschlüssel und bekommt sein Essen in seinem Büro serviert oder ißt im Chefcasino oberhalb der normalen Kantine. Den Dienstwagen braucht er nun nicht mehr selbst zu steuern, ihm wurde ein Chauffeur zugeteilt. Im Flugzeug benutzt er stets die 1. Klasse.

Der Vorstandsvorsitzende (Generaldirektion)
Er ist ganz oben angelangt und hat fast alle hinter sich gelassen. Von der Chefsuite, meist im obersten Stockwerk, regiert er den Konzern. Er fliegt im Firmenjet auf Geschäftsreise. Neben seinem Büro kann er sich im Privatbad entspannen. Er bewohnt mit seiner Frau eine Dienstvilla im besten Teil der Stadt, selbstverständlich mit Swimmingpool.

Wenn man diese Statussymbole so distanziert auflistet, wirken sie unwichtig, ja fast lächerlich. Doch gerade die Aufsteiger kämpfen meist verbissen um diese Rangabzeichen der Macht, seien es nun Autotelefon, Sitzecke im Arbeitszimmer, ein weiteres Telefon mit direktem Amtsanschluß, ein Couchtisch, eine Zimmerpflanze oder bessere Radkappen am Dienstwagen. Solche Symbole zeugen von Autorität. Sie sind nicht so anonym wie das Gehalt, das man zudem nicht preisgibt, weil man nicht weiß, was der andere, der Konkurrent, verdient. Im Prinzip sind diese Rang-abzeichen ein Fall für den Verhaltensforscher, der dahinter auch dasselbe Imponiergehabe vermutet, das primitive Volksstämme, aber auch höhere Tiere gerne zeigen, wenn sie imponieren und dominieren wollen. Es geht schlicht und einfach gesagt um die Demonstation der Macht.

Die folgenden Beispiele dazu wirken anekdotenhaft, sie sind jedoch belegt:

- Der verstorbene VW-Chef Heinrich Nordhoff fuhr stets mit dem eigenen Lift nach oben, dessen Schlüssel er an einem Band an seiner Hose befestigte.
- Bei Klöckner-Humbold-Deutz fuhren Chefs und übrige Ange-stellte ebenfalls säuberlich getrennt in verschiedenen Fahrstühlen nach oben. Sie hießen im Firmenjargon »Bonzenheber« und »Pro-letenbagger«. Wer den Zutritt zum »Bonzenheber« hatte, dessen Karriere galt als gesichert.
- Bei Carl Zeiss in Oberkochen, so berichtete *Capital* 1972, drückte die Empfangsdame auf einen roten Knopf, wenn der oberste Chef nach oben wollte. Dann leuchtete in einem der bei-den Fahrstühle die Schrift auf »Aussteigen«, der Aufzug mußte auf der nächsten Etage geräumt werden.
- In einem Münchner Betrieb ging die Chefin lieber zu Fuß in ihr Büro im 7. Stock. Sie hatte eine Abneigung, zusammen mit den Angestellten den einzigen, engen Lift des Hauses zu benutzen.
- Zum Thema Dienstzimmer, ebenfalls aus *Capital* (1972): Bei der Karstadt AG in Essen konnten damals die obersten Bosse 51,5 qm für sich nutzen. Sechs Vorstandmitglieder saßen in sol-chen Räumen. Die 14 Direktoren mußten sich mit je 20,25 qm be-gnügen, und den 120 Abteilungsleitern standen nur noch Dienst-zimmer von maximal 18,75 qm zu. Der Rest der Zentralverwaltung (immerhin 2500 Mitarbeiter) werkelte in Großraumbüros, Schreib-tisch an Schreibtisch und die Überflüssigen in der frischen Luft.

Auf kein Privileg wird im mittleren und gehobenen Management so sorgsam und so eifersüchtig geachtet wie auf den Dienstwagen. Wollen wir zunächst den Begriff definieren: Der Betrieb stellt dem leitenden Mitarbeiter einen Firmenwagen zur Verfügung, den er privat nutzen kann. Wartung, Versicherungen, Reparaturen (auch von Unfallschäden) und das Betanken übernimmt der Betrieb. Dafür muß der Benutzer ein Prozent des Listenneupreises des Fahrzeuges versteuern. Das wird von seinem Gehalt abgezogen. Der Dienstwagen darf bei der Urlaubsfahrt benutzt werden, und in den meisten Fällen hat die Firma nichts dagegen, wenn auch die Ehefrau des Managers gelegentlich das Auto steuert. Der Dienstwagen ist ein lukratives »Zubrot«, beliebter als eine Gehaltserhöhung. So weit, so gut. Nun geht es darum, welchen Typ der Chef fahren darf. In einigen Unternehmen kann der Boß zwischen verschiedenen Modellen wählen.

Nehmen wir die Dienstwagenpraxis eines Hamburger Konzerns:

Stellvertretenden Direktoren stehen Mercedes 190E (Baby-Benz), BMW 320i oder BMW 520i zu.

Direktoren können wählen zwischen Mercedes 260E und BMW 535i.

Vorstandsmitglieder steuern ausnahmslos die Mercedes S-Klasse.

Dabei ist anzumerken, daß die Direktoren und stellvertretenden Direktoren eifersüchtig darauf achten, daß gleichrangige Kollegen kein anderes Modell fahren und auch keine Sonderausstattungen haben. Wird Dr. X vom Kollegen Y mit zusätzlichen Kopfstützen im Fond, exklusiveren Felgen oder einem Autotelefon »erwischt«, so dauert es in der Regel keine Woche, bis Herr Y in der zentralen Verwaltung spitz nachfragt, warum eigentlich Dr. X diese Sonderaussattung hat und er nicht. Diese Spirale kann beliebig weitergedreht werden. Beispiel: Dr. X hat die Sonderausstattung auf eigene Kosten gekauft und demonstriert sie regelrecht seinen Kollegen. Er wartet nur darauf, bis Y sich bei der zentralen Verwaltung meldet. Auf etwaige Rückfragen würde Dr. X antworten: »Mein Gott, hat denn der verehrte Kollege Y nichts Besseres zu tun?« – Ein kleines Aperçu aus dem Handbuch der Intrige. Oder: Y sieht die Sonderausstattung des Dr. X. Er sagt nichts, er handelt. Er kauft sich auf eigene Kosten ähnliches Zubehör, vielleicht sogar noch um einen Tick luxuriöser. In diesem Fall überläßt er die Verwunderung dem Herrn Dr. X, der sofort denkt:

»Wieso fährt der Y mit dieser Ausstattung rum, die ich teuer bezahlen mußte?« So lächerlich dieser »Wettbewerb« auch erscheinen mag, so ernst nehmen ihn die beiden Kontrahenten. Es geht um die Zeichen der Macht. Wer diesen Kampf freiwillig aufgibt, mag zwar der Klügere sein, in den Augen des Siegers hat er jedoch weniger zu zeigen, ergo hat er weniger Macht. Eine letzte XY-Variante: Dr. X und Kollege Y sind sich einig: Sie rüsten ihre Firmenwagen dezent auf eigene Kosten aus – und schieben den Schwarzen Peter den anderen Kollegen zu. Eventuell gerät dabei auch ein Ranghöherer in Panik, der schon längst ein größeres Modell fahren darf. Was ist nur mit dem X und dem Y los? Sind die beiden schon so weit vorangekommen auf ihrem aufstrebenden Ast, daß sie mir gefährlich werden können? Gerät die Hackordnung ins Wanken? Über solche Spielchen können selbständige Bosse nur milde lächeln. Sie müssen sich ihr Rangabzeichen selbst kaufen – und tun das nicht nur unter wirtschaftlichen Vorzeichen. Normalerweise müßte ein erfolgreicher kühler Rechner sich sagen: Der Wagen, der mich am wenigsten kostet, ist für mich der beste Wagen. Doch diese kühle Vernunft weicht einem Imponiergehabe, wie es auch bei den angestellten Chefkollegen gang und gäbe ist. Dabei kann man die Typen in drei Kategorien einteilen:

Die Souveränen: Sie steuern bevorzugt Mercedes und die gehobene BMW-Klasse. So etwas renommiert und beinhaltet kein Risiko. Grundsolide Leute.

Die Spießer: Sie fahren Opel, Ford, große Fiats oder Peugeots. Würden zwar lieber Mercedes fahren, doch »dieser Schuh« kommt ihnen eine Nummer zu groß vor. Sie hatten immer Opels und werden auch weiterhin Opels haben. Solide Handwerker, etwas phantasielos.

Die Protzigen: Sie bevorzugen Marken wie Jaguar, Porsche, schnelle Japaner, US-Limousinen. Sie geben sich gar weltoffen und up to date, sind aber in der Regel das Gegenteil. Ihr Imponiergehabe überdeckt oft die fachlichen Fähigkeiten. Hang zum Blenden.

Die Untertreiber: Fahren Autos von Saab, Volvo, Citroën oder auch Alfa-Limousinen. Phantasiebegabt, mögen das Teure, Solide – aber Unauffällige. Als Chefs oft sehr humorvoll und tolerant.

209

Wie teuer und exklusiv darf ein Auto sein, das der Unternehmer als Betriebsausgabe bei der Steuer angibt? Dazu ein Urteil des Bundesfinanzhofs. Wer beim Geschäftspartner Eindruck machen muß, darf auch seinen Luxuswagen steuerlich absetzen. Und das Finanzgericht Hamburg ging noch einen Schritt weiter:»Es leuchtet ein, daß ein Geschäftsführer eines ungewöhnlichen Fahrzeugs bedarf, um den hierarchischen Abstand zwischen dem Chef und den Mitarbeitern zu behaupten.«

20.
Frauen und Macht

Im Vorstand des VW-Konzerns herrschte mühsam unterdrückter Unmut gegen den Vorsitzenden – und eine Frau: Hahn, so stand es prompt im *Spiegel*, wollte die Parade-Karrieredame der Republik, Gertrud Höhler, in das Führungsgremium berufen, damit die Professorin aus Paderborn den trägen Wirtschaftlern etwas Kultur und Zeitgeist einimpfe. Gut, es war ein etwas ungewöhnlicher Versuch – aber eben leider nur ein Versuch. Gertrud Höhler, stets auch in Kohls Regierungsbank im Gespräch, wurde von der Männerriege in Wolfsburg einfach abgeschmettert: Nichts gegen eine Frau, aber...

Ach ja, Frauen und Karriere – ein unerschöpfliches Thema. Und man kann es drehen und wenden wie man will: Frauen in Führungspositionen oder hochbezahlten Stellungen sind in der Minderheit. Gerade weil sie so selten sind, werden sie stark beobachtet. Spätestens dann fällt auf, daß beide Geschlechter ein unterschiedliches körpersprachliches Verhalten haben. Das hat weniger mit den anatomischen Unterschieden zu tun, als vielmehr mit einer unterschiedlichen Erziehung: Zwar zeigen viele Studien, daß Jungen von Geburt an stärker, aktiver und unternehmungslustiger sind. Doch in nahezu allen Kulturen werden diese Eigenschaften bei Jungen auch stärker unterstützt als bei Mädchen. Jungen und Mädchen werden bereits in ihren ersten Lebensjahren unterschiedlich behandelt, um ihren Rollenerwartungen zu entsprechen. Doch während sich viele Untersuchungen mit den unterschiedlichen Sprach- und Mathematikleistungen bei Jungen und Mädchen beschäftigen, weiß man bis heute kaum etwas über das Erlernen der unterschiedlichen Körpersprache. Tatsache ist jedoch, daß Männer und Frauen eine andere Körpersprache haben, die bei näherer Betrachtung wiederum eng mit ihrer gesellschaftlichen Rolle zusammenhängt. Frauen verhalten sich daher nicht so, weil sie Frauen sind, sondern weil sie als Frauen erzogen wurden. Auch wenn die strikte Rollenverteilung

211

zwischen Mann und Frau heute immer mehr aufbricht, so tun sich Frauen immer noch schwer, in die männliche Domäne der Führungsetagen einzudringen.

Ursache dafür sind grundlegende Unterschiede zwischen Männern und Frauen, was ihren Lebensstil und ihr Verhältnis zur Umwelt betrifft. Frauen schenken ihrer Umgebung mehr Aufmerksamkeit und legen mehr Wert auf gute Beziehungen, während Männer sich stärker an ihren Zielen orientieren und sich nicht darum kümmern, was um sie herum passiert.

Da gute zwischenmenschliche Beziehungen für Frauen wichtiger sind, sind sie auch abhängiger von der Zustimmung anderer. Frauen sind stärker betroffen und beunruhigt, wenn andere sie mißbilligen, und neigen eher dazu, ihr Verhalten den Vorstellungen anderer anzupassen. Männer nehmen dagegen Ablehnungen oder Mißbilligungen manchmal überhaupt nicht wahr oder kümmern sich nicht um sie. Häufig sind sie sogar taub und blind gegenüber den Dingen, die um sie herum passieren, und konzentrieren sich verbissen auf ihre Aufgabe. In Arbeitsgruppen äußern Männer sich daher überwiegend zur Sache, während Frauen häufiger Bemerkungen zu den sozialen und emotionalen Beziehungen innerhalb der Gruppe machen. Ein weiterer charakteristischer Unterschied ist folgender: Männer interessieren sich für Dinge, Frauen für Personen. Frauen beobachten daher andere Menschen häufiger.

Männer und Frauen begegnen der Welt unterschiedlich. Der männliche Lebensstil ist analytisch und manipulativ. Männer nehmen ihre Umwelt aktiv in Augenschein, betrachten die Dinge isoliert, reißen sie aus ihrem Zusammenhang und setzen sie neu zusammen. Frauen handeln und reagieren mehr kontextbezogen. Sie sehen eher Zusammenhänge und Wechselwirkungen und widmen dem Gesamtbild mehr Aufmerksamkeit als einzelnen Dingen. Während Männer eine Präferenz für das Einfache, Geschlossene und Direkte haben, sind Frauen am Komplexen, Offenen und weniger Eindeutigen interessiert. Männer sind daher eher Spezialisten, Frauen Generalisten, die es gelernt haben, alle Informationen – besonders wenn sie die zwischenmenschlichen Beziehungen betreffen – aufzunehmen. Frauen widmen der Aufgabe, ihre Beziehungen erfolgreich zu regeln, mehr Kraft und Zeit.

Allein diese verschiedenen Grundeinstellungen machen die Schwierigkeiten der Frauen im Umgang mit Macht deutlich. Wer abhängig von intakten zwischenmenschlichen Beziehungen und der Zustimmung anderer ist, dessen Machtposition kommt schnell ins Wanken. Wer sich mehr für Menschen als für Sachen interessiert, der stößt in der von Logik und Ratio geprägten Geschäftswelt schnell auf Widerstand. Frauen an der Spitze haben es daher schwer, denn sie befinden sich in einer Art Vakuum. Zeigen sie ein typisch weibliches Verhalten und sind einfühlsam und nachgiebig, dann wird ihnen von den Männern schnell die Führungskompetenz abgesprochen. Verhalten sie sich wie ihre männlichen Kollegen, gelten sie häufig als Emanzen oder Mannweiber.

Daß Frauen nicht zur Macht erzogen werden, spiegelt sich deutlich in ihrer Körpersprache wider. Bestimmte körpersprachliche Signale treten bevorzugt beim weiblichen Geschlecht auf, und es ist frappierend, wie durchgängig Frauen dabei nichtdominante Signale zeigen.

Dazu einige Beispiele:

– Männer nehmen in ihrer Körperhaltung einen wesentlich größeren Raum ein. So halten Frauen beim Sitzen stets ihre Beine und Oberschenkel zusammen. Selbst wenn sie die Beine übereinanderschlagen, bleiben die Füße zusammen und die Beine in paralleler Haltung. Der Mann sitzt breitbeinig. Eine Frau in dieser Pose würde ordinär und provozierend wirken – auch wenn sie Hosen anhat. Während er – die Arme weit vom Oberkörper abgespreizt und entspannt zurückgelehnt – gelassen der Dinge harrt, die da kommen, sitzt sie – die Arme eng am Körper anliegend und den Oberkörper leicht nach vorn gebeugt – angespannt und wartet, was auf sie zukommt.

– Frauen nehmen nicht nur mit ihrer Körperhaltung weniger Raum ein, sie haben auch meist einen kleineren persönlichen Raum zur Verfügung. Männer haben nicht nur größere Büros und Autos, sondern oft auch zu Hause ihr Revier, in dem sie nichts zu suchen hat: das eigene Arbeitszimmer oder zumindest den eigenen Fernsehsessel. Frauen haben nicht nur weniger Raum als Männer, sie weichen auch schneller und häufiger aus und überlassen ihren Raum bereitwillig dem starken Geschlecht.

- Weibliche Körperhaltungen sind – oft bedingt durch Kleidung und Schminke – kontrollierter als männliche. Enge Röcke, die Frisur und das geschminkte Gesicht erfordern ständige Aufmerksamkeit und Kontrolle über das eigene Verhalten. Schon eine kleine unkontrollierte Bewegung, wie ein unüberlegter Griff in die Haare, kann die sorgsam gefönte Frisur zerstören.
- Frauen haben eine unterwürfige Kopfhaltung. Man/Frau kann es sehr gut in der Werbung oder in Frauenzeitschriften beobachten. Fast immer neigt das Mädchen den Kopf zur Seite. Diese Haltung vermittelt Schüchternheit, Anschmiegsamkeit und wenig Dominanz. Dagegen ist die typisch männliche (Angriffs-)Haltung: Kopf hoch und Kinn nach vorne.
- Frauen sind in ihren Bewegungsabläufen wesentlich eingeschränkter als Männer. Das ist wiederum reine Erziehungssache und hängt eng mit der Kleidung zusammen: Frauen bücken sich stets mit zusammengepreßten Knien und achten darauf, daß ihr Gesäß nicht provozierend hochsteht. Manchmal müssen sie in dieser relativ komplizierten Haltung noch einen Arm quer über die Brust legen, damit man(n) ihnen nicht in den Ausschnitt schaut.»Normale« Frauen (also Frauen, die keinen Leistungssport betreiben) haben einen völlig anderen Laufstil. Wenn sie rennen, halten sie ebenfalls ihre Knie eng zusammen und müssen daher hohe, kurze Schritte machen. Ein komplizierter und anstrengender Laufstil. Auch Stöckelschuhe erlauben keine großen Schritte. Frau tippelt unsicheren Schrittes durchs Leben, während Mann mit weiten und festen Schritten seine Standfestigkeit demonstriert.
- Frauen haben größere Schwierigkeiten, negative Gefühle wie Ärger oder Aggressionen auszudrücken als Männer. Sie zeigen daher seltener ihren Ärger oder ihre Wut. Tun sie es doch, dann haben sie meist Schuldgefühle. Ihren Ärger verstecken sie häufig hinter Tränen, Enttäuschung, Angst oder einem nervösen Lächeln.
- Frauen haben eine ausgeprägtere Mimik als Männer. Sie geben damit mehr Informationen preis, sind leichter zu verstehen, aber auch verletzbarer. Bei einigen führt die verinnerlichte Forderung, als Frau stets freundlich zu sein, aber auch zu einem maskenhaften Gesichtsausdruck und einer stereotypen Mimik.

- Frauen lächeln mehr als Männer, jedoch weniger aus Freude oder Vergnügen als aus Besänftigung oder Unsicherheit. In ihrem Lächeln zeigt sich dann mehr Spannung als Entspannung. Daher stimmt bei Frauen das Lächeln seltener mit der verbalen Aussage überein als bei Männern. Lächelnde Frauen wirken auf männliche Beobachter sympathisch, angenehm, zärtlich, bescheiden, ruhig, weich und lieb. Dagegen werden Frauen, die nicht so häufig lächeln (und zudem den Kopf nicht seitlich geneigt, sondern gerade halten), eher als unsympathisch, kalt, grob, arrogant, distanziert und abweisend angesehen.

- Männer dürfen Frauen anstarren. Aber wehe, es ist umgekehrt. Das ist dann gleich herausfordernd, bestimmend, unangenehm. Selbst beim Flirt liebt es der Mann, wenn die Frau nach einem kurzen Blickkontakt verschämt den Blick senkt, um ihm dann nach kurzer Zeit wieder zuzulächeln und zu ihm aufzuschauen (mit seitlich geneigtem Kopf natürlich).

- Frauen halten einen intensiveren Blickkontakt zu ihrem Gegenüber als Männer. Der Grund: Sie sind abhängiger von der Meinung anderer und damit von Informationen über die Angemessenheit ihres Verhaltens.

- Gleiche Gesten haben bei Frauen oft eine andere Bedeutung. Frauen geben guten Freundinnen so gut wie nie die Hand zur Begrüßung. Männer tun dies, auch wenn sie sich bereits lange und gut kennen. Der Händedruck hat etwas Distanzierendes. Ein anderes Beispiel ist dies: Wenn sich Männer mit der flachen Hand auf die Brust schlagen, bedeutet das: Ich bin ehrlich zu dir. Ich bin aufrichtig. Die gleiche Geste bei einer Frau signalisiert Überraschung, Schreck oder Furcht.

- Männer berühren Frauen häufiger als umgekehrt. Frauen differenzieren wesentlich genauer zwischen verschiedenen Arten der Berührung. Männer interpretieren Berührungen von Frauen dagegen häufig als sexuelle Aufforderung, auch wenn sie nur freundschaftlich gemeint sind. Daß dies zu vielen Mißverständnissen führt, liegt auf der Hand.

- In aller Regel begegnen Frauen männlicher Dominanz wie folgt: anstarren – den Blick senken oder abwenden; unterbrechen – verstummen; strenger Blick, die Stirn runzeln – lächeln; mit dem Finger zeigen – gehorchen, in der Haltung oder Rede innehalten, sich in die zugewiesene Richtung bewegen. Diese Reaktionen wirken auf Männer angenehm. Sie fühlen ihre Dominanz bestätigt, das schwache Geschlecht gehorcht, das maskuline Weltbild hat sich mal wieder bestätigt, und die Welt ist in Ordnung.

Marianne Wex hat in ihrem Buch *Weibliche und männliche Körpersprache als Folge patriarchalischer Machtverhältnisse* anhand von über 2000 Fotos und Abbildungen die unterschiedliche Körpersprache bei Mann und Frau dokumentiert. Sie schreibt:»Die Körperhaltungen von Frauen wirken, mit ihren Armen und Beinen eng am Körper gehalten, sich schmal machend, verkleinernd, verniedlichend, verharmlosend, demütig, sich anbietend, sich versteckend, vorwiegend eingeschüchtert und angstbestimmt.« Wie es wirkt, wenn Männer eine»weibliche«Körpersprache zeigen, demonstriert Marianne Wex am Beispiel von Dick und Doof:»Doof signalisiert seine Dummheit durch eine ›weibliche‹ Haltung. Die Arme eng am Körper, die Hände auf dem Schoß zusammengelegt, die Knie aneinandergepreßt und die Fußspitzen nach innen gekehrt. Während Dick seine Überlegenheit, seinen Hohn und Spott durch breite, ›männliche‹ Haltung unterstreicht.«

Was passiert nun, wenn die Frau eine typisch»männliche« Haltung einnimmt? Bei Frauen, die breitbeinig sitzen oder stehen, wird diese Haltung – von Männern – entweder als sexuell einladende Pose gedeutet, oder die Frau gilt als schlecht erzogen (sie benimmt sich nicht wie eine Dame). Frauen, die eine»männliche« Körpersprache zeigen, werden daher häufig negativ (als Emanze oder unweiblich) oder als Sexobjekt betrachtet. Da beide Bewertungen für die meisten Frauen nicht erstrebenswert sind, bleibt alles beim alten, und die weibliche Körpersprache signalisiert weiterhin Unterlegenheit.

Frauen, die in der Hierarchie steigen und dabei auch ihre angestammte Körpersprache verändern, rufen daher tiefes männliches Mißtrauen hervor. Sie brauchen nur einige Verhaltensmuster, lässige Machtpositionen des Mannes zu imitieren. Kathryn Stechert schreibt in ihrem Buch *Frauen setzen sich durch – ein Leitfaden für den Berufsalltag mit Männern*:»Frauen können zum Beispiel im Büro des Mannes durch entspanntes Verhalten Macht ausüben. Sie können in seinen Machtbereich eindringen, wenn sie sich auf seinen Schreibtisch lehnen. Sie können ihn in seinem Betätigungsfeld einengen und sein Eigentum berühren, indem sie ihre eigenen Unterlagen und Arbeitsmaterialien ausbreiten. Sie können auch gelegentlich und mit Vorsicht die herablassenden Gesten benutzen, denen Frauen und Kinder so oft ausgesetzt sind und ihrem Gegenüber den Kopf tätscheln oder auf die Nase tippen. Frauen können auch lernen, die Machtgesten der Männer zu interpretieren, und so vermeiden, diesen Gesten durch unterwürfiges Verhalten zu entsprechen. Wenn ein Mann Aggressivität und Machtfülle zeigt, indem er beispielsweise eine Frau aus ihrem Bereich drängt, muß sie nicht weichen. Sie muß auch nicht lächeln, wenn er die Stirn runzelt, oder ihre Augen senken, wenn er sie anstarrt. Solche nonverbalen Ergebenheitsreaktionen verstärken den höheren Status und die Macht der Männer.«

Wir können davon ausgehen, daß Gertrud Höhler den Herren im VW-Vorstand nicht die Wangen getätschelt oder die Nase berührt hätte. Aber etwas an ihrer Körpersprache, ihr fester und gemeinhin attraktiver Blick, ihre aufrechte Haltung (auch hoch zu Roß), ihre angenehme, aber auch feste Stimme muß die Wolfsburger aus ihrem ritterlichen Rollenverhalten gebracht haben. So eine Dame wollten sie nicht – oder gab es nur rein sachliche Gegenargumente?

Wie männliches und weibliches Rollenverhalten funktioniert, beschreibt Ursula Gersbacher im *Erfolgs- und Karrierehandbuch für Selbständige und Führungskräfte*:»Sie sehen ihn vor sich, wie er leibt und lebt, der gestandene Mann, wie er mit beiden Beinen auf der Erde, festen Tritts durchs Leben marschiert. Er hält sich gerade und die Ohren steif; eine Hand lässig in der Hosentasche, steht er, die markanten Gesichtsfurchen zu einem angedeuteten Lächeln gefältet, am Flipchart und doziert uns was. Sie schwebt, tänzelt, stöckelt, ein Mäppchen vor die Brust haltend, verbindlich lächelnd (faltenlos) durch den Konferenzraum. Dezent duftende, unaufdringliche Eleganz verbreitend, dabei ungeheuer tüchtig, spricht sie wenig, aber fundiert mit ebenso sanfter wie fester Stimme. Kooperativ, nie belehrend ... ein Bild perfekt gestylter Kompetenz.« Soll es so sein, das perfektionierte Rollenspiel? »Der Mann ist das Normale«, heißt es weiter. »Er ist der Natur nahe. (Ein Hund gähnt, streckt sich, schüttelt sich, ist fertig zum

Ausgang.) Der Mann duscht, rasiert sich, zieht den Anzug von gestern an – fertig.« Dagegen steht sie vor dem Riesenberg von Problemen: Sie duscht, fönt die Locken, bessert den Nagellack aus. Dann Körperlotion, Parfum, Puder, Deo, Haarspray, Gesichtslotion, Lidstrich, Lippenstift, ein anderes Make-up. Welche Unterwäsche? Welche Ohrringe? Welche Strümpfe? Doch andere Schuhe? Eine andere Handtasche? Nein, nicht dieser Schal.»Typisch weibisches Theater«, meint er, der Normale mit den kurzen pflegeleichten Haaren und den flachen und bequemen Schuhen.

Er wirkt durch sich selbst, sie ist schmückendes Beiwerk oder Dekoration. Richtig gekleidet und gestylt, hat die Frau meist schon gewonnen. Denn nach wie vor läßt sich die Männerwelt oft vom Äußeren blenden. Nicht Intelligenz und Wissen sind gefragt, eine Augenweide soll sie sein. Was tut nun die Frau, die nicht »naives Weibchen« sein möchte? Wie muß sie reagieren, sich kleiden, wie spricht, gestikuliert sie – die Alpha-Frau, wie etwa Gertrud Höhler, die zwar nicht bei VW, aber sonst überall ankommt? Alpha-Frau? Eine reizvolle Metapher für die Frau in leitender Position. Na klar, sie *muß* angstfrei sein und nie überfordert. Sie *darf* keine Verspannungen kennen und bewegt sich stets natürlich. Sie kopiert viel vom männlichen Rollenspiel, ohne ihre weibliche Attraktivität aufzugeben.

Das Ganze funktioniert im Gespräch mit einem männlichen Boß etwa so: Die Frau ignoriert rigoros die männlichen Dominanzsignale und nimmt sie zum Anlaß, ihre Führung klarzustellen. Ist ihr der Gesprächspartner im Stehen zu nahe gerückt, wird sie nicht zurückweichen, sondern ihn am Arm fassen und sagen: »Wollen wir uns nicht setzen?« Oder sie führt ihn zum Fenster. So hat sie ihn »an der Leine« und bestimmt auch wieder den Abstand. Wichtig dabei ist der unbeirrbare Blickkontakt: Nicht starren, sondern fest und bestimmt in die Augen des Mannes blicken und seinem Blick ebenso souverän standhalten. Auf keinen Fall den Kopf schräg halten! Die selbstsichere Frau erkennt man auch an den freigehaltenen Händen. Sie trägt weder ein Champagnerglas spazieren noch eine Aktenmappe. Sie hält sich auch nicht an einer Kette oder Haarlocke fest, das käme fast einer Bankrotterklärung gleich. Nein, die Hand hängt ganz locker herunter, die andere hält sie unverkrampft und aktionsbereit in Bauchnabelhöhe. Ihre

Gestik ist offen: Sie geht in Richtung des Gesprächspartners. Armbewegungen kommen aus dem Schultergelenk heraus, die Ellbogen sind nicht an den Körper gepreßt. Wird für eine Weile die Gesprächsführung abgegeben, kann die Frau ruhig mal die Arme lässig vor der Brust verkreuzen. Das muß – bei entsprechender Mimik – kein »Mauer«-Signal sein, eher eines von Souveränität. Beim Grüßen neigt sie keinesfalls den Kopf, sondern hebt ihn leicht an und öffnet die Augen in Richtung des Gegenübers. Sie muß ihren Hals nicht hinter Colliers verbergen. Im Gegenteil: Wer die Kehle zeigt, bezeugt Angstfreiheit. Vorsicht mit der sogenannten weiblichen Koketterie: Diese Signale sind eigentlich Dominanzanzeigen: den Hals zeigen, die Brust dehnen, Ellbogen anwinkeln, mit den Beinen Raum einnehmen etc. Doch sie können als reine Sexbotschaften gedeutet werden, die die selbstbewußte Frau nur zum Weibchen machen. Das superkurze Röckchen, die superhohen Stöckelabsätze, der supertiefe Ausschnitt (ohne BH) werden zu Anbietposen.

Beim Stehen ist darauf zu achten, daß das Körpergewicht gleichmäßig auf beide Beine verteilt ist und die Füße nebeneinander in kleinem Abstand stehen. Ein ruhiger, sicherer Stand drückt Überlegenheit aus. Beim Sitzen sollte sie folgendes beachten: Ein Tisch zwischen den Gesprächspartnern verstärkt die sachliche Atmosphäre. Die Mitte des Menschen, der Beckenbereich wird nicht sichtbar. Die Verhandlung mit einem Mann läuft einfach »verkopfter« ab. Besonders selbstsichere und furchtlose Frauen verzichten auf diesen Schutz. Sie setzen die nonverbalen Signale des ganzen Körpers ein. Deshalb sollten mutige und gute Rednerinnen immer auf das geschlossene Pult verzichten. »Ich habe nichts zu verbergen«, signalisiert der Körper dem Gegenüber – und so kommt es meist auch an. Fehlt der Tisch, wird häufig der Aktenkoffer als Tablett auf die Knie gelegt. Auch das sollte frau bleibenlassen, denn es sieht nach Schutzmaßnahme aus. Wenn sie am Tisch sitzt, kann sie ihren Stuhl zurückschieben. Damit bekommt sie mehr Bewegungsfreiheit und kann ihre Körpersprache besser einsetzen. In Momenten erhöhter Aufmerksamkeit ist es empfehlenswert, den Oberkörper interessiert nach vorne zu beugen. Die sachliche Aufmerksamkeit bezeugt der nach vorne und gerade gehaltene Kopf. Augen und Ohren sind damit näher am Objekt des Interesses. Und: Nicht total verkrampft mit damenhaft geschlossenen Knien dasitzen. Das verursacht Spannungen bis in die Gesäßmuskeln und irritiert die innere Ruhe. Außerdem nimmt die Frau dadurch zuwenig Platz ein. Die Selbstsicherheit aber benötigt räumliche Ausdehnung und nicht Einengung. Wichtig ist die richtige Kleidung. Frau sollte sich in ihr wohl fühlen und sich frei bewegen können. Sie sollte Kleidung tragen, die zwar nicht provozierend wirkt, aber doch unmißverständlich selbstbewußt und sicher. Kleidung ist stets eine Form der Selbstdarstellung. Unauffällige Kleidung bewirkt daher häufig, daß frau überhaupt nicht beachtet wird. Auffällige Kleidung lenkt von der Persönlichkeit ab. Frau sollte sich daher überlegen, durch was sie wirken will: Durch ihre Eleganz, ihren Charme, ihre erotische Ausstrahlung oder ihre fachliche Kompetenz. Will frau als gleichberechtigte Geschäftspartnerin anerkannt werden, kleidet sie sich am besten »neutral«.

Wenn all diese Dinge berücksichtigt wurden – dann müßte es klappen. Die Alpha-Frau dominiert den Mann. Der männliche Boß hat gegen seine weibliche Partnerin keine Chance mehr. Und das liest sich dann bei Ursula Gersbacher so: »Mein Gastgeber kommt mir mit kurzausgestreckter Hand entgegen, strahlt mich an mit (entwaffnender!) Herzlichkeit. Höflich bittet er mich zur Sitzgruppe, ohne im mindesten beherrschend zu wirken. (Ha, geschickt eingesetzte Raumatmosphäre! Ich soll mich wohl fühlen und ihn sympathisch finden!) Der Sessel ist sehr benutzerfreundlich, nicht zu tief, worin ich eine ungeschickte Figur machen könnte; nicht zu steif, was sachliche Konferenzstimmung erzeugen würde. Der Schreibtisch am Fenster ist offensichtlich Arbeitsplatz, nicht Statussymbol. (Unsere Verhandlung soll wohl als partnerschaftlich-freundliches Gespräch ausgegeben werden, in dessen Entwicklung frau eingewickelt werden soll!)

Der Manager ist tadellos gekleidet. Er hat die Figur eines gesundheitsbewußten Menschen und die klare Haut des Nichtrauchers . . . Auch hat er sein Zeitmanagement im Griff. Der Schreibtisch versinkt nicht im Chaos und – ich muß zweimal hinsehen – seine Finger sind manikürgepflegt. Mir wird klar, das ist ein ganz gerissener Fuchs . . . Der Wunsch nach Tee ist durch die Sekretärin sofort erfüllt. Kein Telefongespräch wird durchgestellt.

Der Boß gießt mir ein. Dann setzt er sich entspannt zurück, läßt mir Zeit zur Erholung, ist interessiert und aufmerksam. (Was für eine Demonstration perfekter Verhandlungsvorbereitung! Genauso charmant wird er – denkt er! – mich mit seiner Gesprächstaktik in die Tasche stecken.) Nun, auch ich habe meine Lektion gelernt. Ich habe mich über sein Unternehmen und seine Philosophie informiert. Er gibt sich den Anschein eines Ästheten, sein Image ist edel und anspruchsvoll. Ein Hochleistungstyp, der seinen Stab ausgezeichnet motivieren kann. Auf Frauen fällt der nicht herein, er hält sie eher auf Abstand ...

Dementsprechend habe ich mein Äußeres sorgfältig auf Sachlichkeit und Leistungsbereitschaft gestylt ... Mein Kostüm ist moderne Klassik, kniebedeckend, elegant und farblich zurückhaltend. Bestes Material, teuerste Verarbeitung – sehr unauffällig. Als Schmuck nur eine dezente Goldkette und kleine Ohrstecker. Kein Armband, kein Ring, kein Nagellack. Aber polierte Nägel und die Rolex. Ich habe gesehen, daß er alles registriert hat ...

Den Gegenstand der Verhandlung, unsere künftige Geschäftsbeziehung, behandelt er gentlemanlike. Nicht der geringste Druck wird spürbar. Seine Vorstellungen sieht er in völliger Harmonie mit meinen Zielen. Weil sie das im finanziellen Teil keineswegs sind, muß er sich meine Vorschläge anhören. Er tut es mit wohlwollender Aufmerksamkeit, stimmt mir zu, sooft es geht. Seine sanfte Art, mich aushorchen zu wollen, kontere ich auf ähnliche Weise. Er spielt den überaus kommunikationsfreudigen Menschenfreund und muß also auf meine unterhaltende Art eingehen. Den Gedanken, ob ich mit einem dezenten Flirtangebot ein Loch anbohren könnte, lasse ich schnell wieder fallen; er ist zu schlau.

Ich setze jetzt mehr auf Entschiedenheit, rede Klartext: hier Gemeinsamkeiten, hier Unvereinbarkeiten. Wir fassen zusammen. Er gibt keinen Schritt nach. Verbale Festlegung des Standpunktes, danach sofort freundlichstes Anbieten von Tee und Gebäck. Augenblicklich ist mir klar: Ich habe einen Fehler gemacht. Mein Körperausdruck ist der Kontrolle entglitten, als ich meine Zusammenfassung gab. Ich habe mich eingegrenzt, verschlossen. Das ist fatal, denn jetzt weiß er, wie wichtig mir dieses Gespräch ist und daß ich meine Chancen für einen vorteilhaften Abschluß schwinden sehe. Die Spannung hat sich in den Armen und Schultern festgemacht. Ich halte die Ellbogen zu eng am Körper, habe mich zurückgelehnt und die Hände ineinander gelegt. Ich nehme Tee und Keks, und sein Bestreben, mich zu lockern, funktioniert natürlich. Durch die rasch eingetretene Entspannung spüre ich mein aufkeimendes Gefühl von Dankbarkeit und Vertrauen. Das bringt mich wieder zu mir – so wird eine Niederlage eingeleitet!

Ich schaffe es, bevor er womöglich mit väterlicher Güte den letzten Zug zum »Schachmatt« vollendet, hier das erste Wort zu ergreifen und das Thema zu bestimmen. Jetzt lehnt er sich, etwas überrascht, zurück. Ich bin gerettet! Bevor er die Taktik auf harten Geschäftskurs wechseln kann – was ihm unweigerlich die Führung zuspielen würde –, setze ich nun auf Weiblichkeit. Ich nutze die Chance: Seine Tasse ist leer. Ich gieße ihm nun ein und bringe mich wieder voll in Form. Der Rock ist zwar nicht kurz, aber ziemlich eng, was bei entsprechender Sitzposition präsentabel ist. Ich entschärfe die Argumentation auf sanfte Art, verständnisvoll stimme ich ihm zu und kann glücklicherweise eine gute plazierte Schmeichelei anbringen. Das bringt Punkte! Er entspannt sich sichtbar – ich habe die Führung.

Wir schaffen eine ausgeglichene Position, eine Annäherung der Interessen, kein Patt. Leider bemerke ich eine aufkommende Müdigkeit ... Gerade rechtzeitig schaffe ich es, die Niederschrift einer Aktennotiz zu erbitten, um den Stand der Besprechung festzuhalten. Während er der Sekretärin nach unseren Notizen diktiert, kann ich beim Zuhören wunderbar entspannen und bin nach wenigen Minuten wieder so fit, den vorläufigen Abschluß unserer Verhandlung und meinen Abgang mit gewohnter Energie und Überzeugung durchzustehen.«

Jil Sander – Die Hohepriesterin des Erfolges

Ihr Gesicht kennt in der Bundesrepublik fast jedes Kind: die hohe Stirn, die großen blauen Augen, der kleine Mund, die Haare etwas wirr und halbnaß nach hinten geworfen, als käme sie gerade aus der Dusche – insgesamt ein schönes Gesicht, doch irgendwie puppenhaft leer: Markenzeichen und Lockbild für viele Frauen, die ebenso schön, kühl und blond aussehen wollen. Jil Sander, eine Top-Mode-designerin, stattet sie mit den Insignien ihres Erfolges aus. Seit über zwanzig Jahren tritt die blonde Hamburgerin mit ihrer eigenen Kollektion auf. Der Umsatz ihrer Modefirma (über 200 Angestellte) wird auf knapp 100 Millionen Mark taxiert.

Das ist die eine Seite, eine Jil Sander, die attraktiv und cool von Werbeplakaten und Illustriertenanzeigen lächelt und blickt. Die andere Seite ist Jil Sander, die Geschäftsfrau. Und die widerspricht dem Puppengesicht schon ganz erheblich. Da wird im Gespräch der Blick packend und der Mund hart. Ihre Hände zirkulieren in der knappen Gestik der Machtbewußten und Erfolgsgewohnten. Obwohl im Ton moderat, signalisiert ihre Körpersprache eindeutig Dominanz. Widerstände und andere Positionen werden weggefegt. Kein Zweifel, diese Frau ist der Boß, mit allen Insignien und Signalen der Macht, auch wenn sie hübsch und äußerst apart verpackt sind.

Die Chefin, eine zarte Person, 46 Jahre alt, hat ihre Firma, die Jil Sander AG, fest im Griff. In Italien arbeiten drei Fabriken ausschließlich für die deutsche Modeschöpferin und fertigen bis zu 70 Prozent

Ein Puppengesicht mit hohem Durchsetzungs-vermögen. Die Hamburger Modeschöpferin Jil Sander. Hinter der zerbrechlichen und aparten Fassade steckt eine knallharte Geschäftsfrau.
Quelle: dpa, Düsseldorf

ihrer Produkte an. Seit März 1989 besitzt sie auch eine eigene Produktionsstätte in Ellerau (Schleswig-Holstein). Sie ist Alleininhaberin der kleinen Aktiengesellschaft – und das Rezept ihres Erfolges liegt darin, daß sie absolut alles kontrolliert und wirklich erst zufrieden ist, wenn auch kleinste Details stimmen. So weit, so gut. Jil Sander (bürgerlich: Heidemarie Jiline Sander) verkauft ihren eigenen Geschmack. Sie verweigert sich modischen Extravaganzen. Alles ist, wie die Designerin selbst, zeitlos elegant, nicht grell und laut, ihre Kleidung wirkt beiläufig, keine theatralische Selbstdarstellung. Sie liebt sanfte, gebrochene Farben, ihre Schnitte erscheinen reduziert. Aber die Stoffe müssen von bester Qualität sein, nichts Billiges, nur edle Materialien. Mode als Lebensgefühl à la Jil Sander:»Sie muß gesichtsbezogen sein und darf die Trägerin nicht erschlagen.«

So machte eine Frau Karriere mit ihrem individuellen Geschmack, mit abgehobener Selbstdarstellung, mit dem Gespür für Luxus, das tief in ihr sitzt. Im Grunde verkauft sie»keine Schönheit, sondern Persönlichkeit« (Sander über Sander), persönlichen Lebensstil, den sie wie eine Hohepriesterin pflegt.»Eine Vestalin eines Kultes der Selbständigkeit, des Selbstgenusses« (*Spiegel* Nr. 13/82).

Benazir Bhutto – Der mystische Schatten des Vaters

Sie ist die schönste Regierungschefin der Welt, keine Frage. Ihr Amt ist eines der gefährlichsten, auch kein Zweifel. Seit 1988 regiert Benazir Bhutto Pakistan – eine Frau versucht in einer archaischen Männergesellschaft die Lunte am Pulverfaß auszutreten. In einer explosiven Region, in der Umsturz und Attentate zur politischen Auseinandersetzung gehören, lebt sie nur für den letzten Willen ihres hingerichteten Vaters, für die Macht über Pakistan. Sie kennt ihr eigenes Risiko und sagt:»Leben und Tod liegen in Gottes Hand.« So beginnt eine Legende, die wahr ist, ein fortwährendes Requiem, das zum Lebensinhalt dieser Figur wird: der Vater, lebend, vital und charismatisch, als allgegenwärtiges Vorbild, als lebensbegleitender Spiegel – ohne Entrinnen. Mit allen Konsequenzen an Form und Inhalt.

Rückblende: Ein schönes Mädchen, ein reiches Mädchen, das mit einem silbernen Löffel zur Welt gekommen ist. Aufgewachsen in den Villen des Adels, verwöhnt, kapriziös, westlich orientiert, studierte Benazir Bhutto an einem College für höhere amerikanische Töchter in der Nähe von Harvard. 1977, der Papa wurde zum zweitenmal gewählt, war sie Oxford-Studentin, Vorsitzende des legendären »Debattierklubs« (was Margaret Thatcher in ihrer Jugend verwehrt blieb). Ein Jet-set-Girl, schön, rassig, mit offenem Sportwagen.

Dann kam der 4. April 1979 – das Datum, das die junge Frau veränderte. Zulfikar Bhutto war gerade von Zia ul-Haq gestürzt und zum Tode verurteilt worden. Kurz bevor er den Galgen bestieg, durfte ihn seine Tochter besuchen – an diesem Tag wurde die Politikerin Benazir (»Die Unvergleichliche«) geboren: Er sagte mir, daß ich alles für mein Land opfern muß. Das ist meine Berufung.«

Der große Bhutto ist tot. Wirklich? Die Tochter hatte damals Rache

Eine Frau im ewigen Schatten des Vaters. Pakistans Regierungschefin Benazir Bhutto liebt die mystische Pose wie Zulfikar Bhutto, der hingerichtete Märtyrer. Er ist überall gegenwärtig. Hier an der Wand in der Wohnung der schönen Politikerin. Er ist ihr Vorbild, ihre Vergangenheit, ihre Zukunft – ihr Spiegel? Quelle: Associated Press, Frankfurt geschworen, das hat sich in ihre Gesichtszüge eingegraben. Wenn sie nicht gerade mal für die Massen lächelt oder die Fotografen fern sind, liegen Ernst, Herbheit, vielleicht sogar Trauer tief in ihrem Gesicht. Ihr Vater war ein Märtyrer, und Märtyrer dürfen nicht sterben: Er ist allgegenwärtig (*ZEIT-Magazin* 20. Oktober 1988). Um sie, in ihr, im Land. Zu Hause in Karatschi, Clifton 70, ist seit Bhuttos physischem Tod nichts verändert worden. Wo Benazir auch hinblickt – der Vater ist da. Wie eine geheime, mystische Macht, die sie lenkt und führt. Wohin sie sich auch bewegen mag, das magische Auge des Toten starrt aus allen Winkeln auf sie: Bilder an allen Wänden, auf allen Vertikos. Bhutto in Öl, in Gips, in Stein, Bronze, Holz und auf Papier. Bhutto, der Geist – und Benazir in der Falle?

Der Todfeind Zia ul-Haq ist tot, ebenfalls ermordet. Die Rache wurde nicht erfüllt, den Opfergang für das Land aber hat sie bereits angetreten. Für was? Für die Liebe des Volkes, das sie verehrt? Für den Haß einiger Gruppen, die gerade diese Frau nicht akzeptieren können?»Für den Bhuttoismus«, sagt sie und meint»die Ideale, die ich verwirklicht sehen möchte«. Welche? Da kommt ein Konglomerat von allem:»Der Islam ist unser Glaube, Demokratie unsere politische Leitidee, Sozialismus unser Credo und im übrigen – alle Macht dem Volk.«

Und von den Wänden lächelt stumm Zulfikar Ali Bhutto herab – auf seine Tochter, die seinen letzten Willen in Fleisch und Blut verkörpert: Die Unvergleichliche.

Margaret Thatcher – Ein einsamer Falke auf der Suche nach Beute

Ihre Zeit geht wohl zu Ende. Die Wähler wollen nicht mehr so recht, die alten Freunde laufen davon, und 60 Prozent der Briten stimmen bei einer repräsentativen Umfrage dafür, daß Margaret Thatcher abtritt. Selbst die konservative Tageszeitung»Daily Mail«, sonst eine der Treuesten, liegt auf Gegenkurs. Die britische Premierministerin sei»rechthaberisch, unbelehrbar und kaltherzig mit diktatorischen Zügen«. Es käme wohl niemand auf die Idee, Frau Thatcher anders zu beschreiben, selbst wenn sie die warmherzigste Ansprache halten würde. Sie hat eben das körperliche Outfit des Machtmenschen:

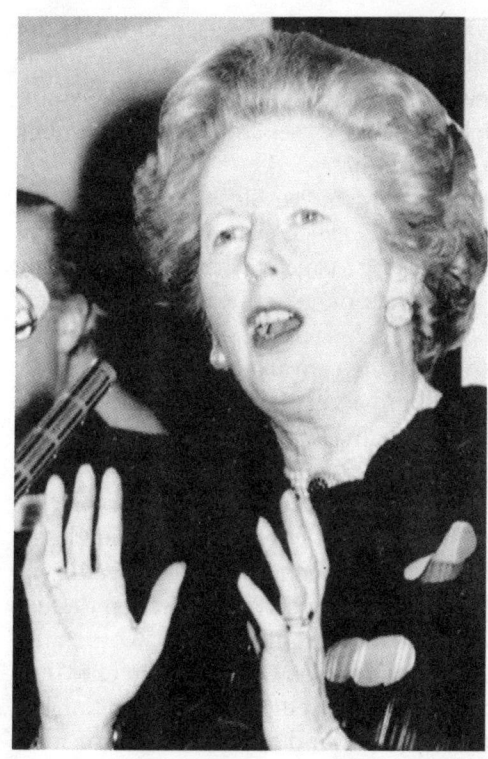

Margaret Thatcher spricht auf einer Ausstellung von britischen Designern. Sie lobt die Produkte und den Einfallsreichtum der einheimischen Industrie. Doch ihre Hände sind warnend nach oben gehoben, und ihre Augen blicken kalt auf die Zuhörer: Ein Ausdruck tiefen Mißtrauens?
Quelle: epa, London

den kühlen, bisweilen arroganten Blick, die abweisende und nur selten freundliche Mimik, und wenn sie wirklich erregt ist, dann legt sie ihre Zähne frei wie eine Wölfin kurz vor dem tödlichen Biß. Nach über elf Jahren als Regierungschefin zahlt Margaret Thatcher einen bitteren Tribut für ihre Karriere als »eiserne Lady«. Ihre Bilanz sieht in der Tat bitter aus: Die Arbeitslosenzahlen sind auf über vier Millionen geklettert, die wirtschaftliche Lage entwickelt sich katastrophal, die neue Steuerreform begünstigt nur die Reichen, und die sozialen Spannungen in den Gettos in Liverpool, Birmingham und Brighton wachsen – es tickt eine Zeitbombe. Doch Maggie bleibt sich selbst treu. Barsch, mit verachtungsvoller Miene und kurzen zackigen Handbewegungen, kanzelt sie Freund und Feind ab. Die Atmosphäre in ihrem Regierungssitz wird als kalt und abweisend beschrieben. Maggie, so ihre Kritiker, verbreite »Bunkermentalität«.

Ein ungerechtes Urteil über eine Frau, die es geschafft hat, in der rigiden Männerwelt Großbritanniens Karriere zu machen? Maggie Thatcher, ein ellbogenbewehrtes Mannweib oder die große Ausnahme, das Paradebeispiel einer Frau, die es stellvertretend für ihre Geschlechtsgenossinnen geschafft hat?

»Sie ist eine emanzipierte Frau«, schrieb Valeska von Roques im *Spiegel* (Nr. 41/1985),»und will sie zugleich nicht sein. Im Verhältnis zu ihrem eigenen Geschlecht lebt Margaret Thatcher ambivalent und widersprüchlich. In ihrer stets perfekten Kostümierung einer Dame aus der Oberschicht, der schier unversehrbaren Frisur und dem unumgänglichen Handtäschchen am angewinkelten Arm, trägt sie ihre Weiblichkeit vor sich her wie ein brokatbesticktes Banner, und wehe dem Mitarbeiter, der es im Umgang mit der Premierministerin an chevaleresker Aufmerksamkeit fehlen ließe. Aber sie sagt auch: ›Ich bemerke gar nicht, daß ich eine Frau bin. Ich betrachte mich als Premierministerin.‹ Sie bevorzugt entschieden die Gesellschaft von Männern, und es gibt Anzeichen dafür, daß sie Frauen, ihr eigenes Geschlecht, im Grunde verachtet. Wie alle Frauen ist auch Margaret Thatcher während ihrer Karriere gedemütigt worden. Sie durfte nicht, wie damals alle Studentinnen Oxfords, dem ehrwürdigen Debattierclub »Oxford Union« beitreten – einem traditionsreichen Nährboden politischer Talente und späterer Kontakte, dem zahlreiche Premierminister angehört hatten. Ihr erstes Anfangsgehalt lag 50 Pfund unter dem ihrer männlichen Kollegen, ihre politische Laufbahn wurde zunächst behindert: Einige Male wurde sie in konservativen Wahlkreisen mit dem Argument abgeschmettert, es schicke sich nicht für eine Frau mit zwei kleinen Kindern, in die Politik zu gehen.

Trotz all dieser Behinderungen hat Margaret Thatcher später, als sie im Zentrum der Macht saß, Forderungen nach Gleichberechtigung immer abgelehnt. »Was hat denn Women's Liberation jemals für mich getan?« empörte sie sich kurz nach ihrer Wahl zur Premierministerin. Zitat von Valeska von Roques:»Darin verhält sich Margaret Thatcher ganz nach dem Muster anderer erfolgreicher Frauen: Weil sie auf dem Marsch nach oben soviel wegstecken mußte an Schmerz und Verletzung, darf es anderen nicht leichter gemacht werden. Diskriminierungen gibt es für sie in Großbritannien nicht mehr, wohl aber gebe es Frauen, die Möglichkeiten hätten, ohne sie

228

zu nutzen . . . Dabei ist ihre Amtsführung, ihr Umgang mit der Macht, ganz entschieden davon geprägt, daß sie eine Frau ist. In einem politischen System, das in besonderem Maße von männlichen Kommunikationsformen und Ritualen lebt, ist Margaret Thatcher ein Fremdling geblieben.«

Ihr fehlt die typisch britische »Clubability« – ein Gebaren englischer Politiker und Manager, das bereits auf den exklusiven Knabeninternaten und Universitäten antrainiert wird. Und zwar in Klubs, die Maggie verschlossen bleiben. Hier werden die Umgangsformen gelehrt, die man auch im Unterhaus beobachten kann: Das dröhnende Gelächter, das Scharren mit den Füßen, das kollektive Aufröhren, der Wirrwarr der Zwischenrufer. Aber: Nach diesen Droh-, Imponier- und Dominanzritualen sitzen die Herren später im Club einträchtig beisammen und pflegen nach der Schlacht ihre Wunden und selbstverständlich auch die Gegner mit ein paar Whiskys. Diese Versöhnungsbereitschaft fehlt Margaret Thatcher vollkommen. Sie verzeiht ihrem Gegner nicht, sie versöhnt sich auch nicht mit ihm. Sie vernichtet ihn. »Und jeder, der ihren Kurs nicht unterstützt, wird als rückhaltlose Kreatur gebrandmarkt, die eine behagliche Lösung für jedes Problem suche«, schrieb der von Frau Thatcher gefeuerte Außenminister Francis Pym in seinem Buch »The Politics of Consent«, in dem er mit seiner ehemaligen Chefin abrechnete.

Sie ist angeschlagen, nicht als Frau, sondern als Politiker. Doch vor der Frau fürchten sich ihre Parteifreunde nach wie vor, jedenfalls mehr als vor der Premierministerin. »Durch die Korridore von Downing Street, diesem merkwürdig leeren Ort«, schrieb das Londoner Wirtschaftsblatt *Economist*, »streicht die Premierministerin wie ein einsamer Falke auf der Suche nach Beute.«

Selbst dieser Vergleich, so männlich er auch gemeint ist, bestätigt das typisch Frauliche an Margaret Thatcher: In der Natur ist der weibliche Raubvogel wesentlich größer und aggressiver als der männliche.

III.
Ist Macht machbar?

1.
»Regeln« der Körpersprache

Zur Erinnerung noch einmal die wichtigsten Regeln beim Umgang mit der Körpersprache:

1. Jede Kommunikation verläuft auf zwei Ebenen: der Inhalts- und der Beziehungsebene.
2. Der Inhalt einer Information wird im wesentlichen über die Sprache, die Art der Beziehung über die Körpersprache vermittelt.
3. Die Beziehungsebene ist der Inhaltsebene übergeordnet. Erst aufgrund der Beziehung zu unserem Gegenüber wissen wir, wie wir mit dem Inhalt umgehen sollen. (Ist es ein gutgemeinter Rat oder eine abschätzige Bemerkung?)
4. Je positiver die Beziehung der Gesprächspartner zueinander ist, um so besser werden die Signale der Inhaltsebene verstanden. »Beziehungsprobleme« (Ablehnung, Machtkämpfe ...) beeinträchtigen das Verständnis.
5. Signale der Inhalts- und Beziehungsebene sind entweder kongruent oder inkongruent.
6. Wer inkongruente Signale wahrnimmt, weiß lediglich, daß Inkongruenz stattfindet, aber nicht, worauf diese zurückzuführen ist.
8. Kein körpersprachliches Signal hat für sich allein eine exakte Bedeutung. Körpersprache und Sprache (Beziehung und Inhalt) sind stets voneinander abhängig.
9. Ein körpersprachliches Signal allein hat keine Aussagekraft. Erst das Zusammenwirken verschiedener Signale (Gestik, Mimik, Körperhaltung ...) ergibt den Gesamteindruck.
10. Wer die Körpersprache anderer verstehen will, muß sich seiner eigenen Körpersprache bewußt werden.

2.
Macht erfordert Selbst-Bewußt-Sein

Was bringt nun das Wissen über Körpersprache dem Leser? Welchen Nutzen kann er aus den neugewonnenen Informationen ziehen?

Viele, die sich mit dem Thema Körpersprache beschäftigen, tun dies in erster Linie mit der Absicht, andere besser durchschauen zu können. Vermutlich entspringt dieser Wunsch dem menschlichen Grundbedürfnis, die Welt rational zu erfassen, die Ursache für jedes Ereignis zu kennen und daher sichere Vorhersagen machen zu können. Denn Wissen bringt Sicherheit. Wer anhand bestimmter körpersprachlicher Signale feststellen kann, wie der andere denkt und fühlt, der kann ihn und seine Reaktionen besser einschätzen. Aus diesem Sicherheitsbedürfnis heraus erklärt sich auch der Erfolg der unzähligen Nachschlagwerke über Körpersprache. Nur leider versprechen sie etwas, was es in dieser Form nicht geben kann: die eindeutige und allgemeingültige Deutung der Körpersprache.

Doch trotz fehlender universeller Regeln kann die Beschäftigung mit der Körpersprache zu einer besseren Menschenkenntnis führen. Voraussetzung dafür ist jedoch die aktive Mitarbeit des einzelnen und seine Bereitschaft, das neuerworbene Wissen auch in seinem eigenen Verhalten umzusetzen. Wer sich eingehender mit der Körpersprache befaßt, ist stets unmittelbar davon betroffen. Sei es, daß er plötzlich auf seine eigene Körpersprache achtet oder daß ihm die anderer Menschen auffällt. Wer erst einmal für dieses Thema sensibilisiert ist, dem wird sich eine neue Welt erschließen. Er wird Dinge bemerken und beobachten, die ihm bisher gänzlich entgangen sind oder die bestenfalls ein vages Gefühl bei ihm hinterließen.

Die Beobachtung anderer Menschen ist jedoch nur eine Seite der Medaille. Denn das Verhalten einer Person variiert mehr oder weniger stark, je nachdem, wem sie gegenübersteht. Jeder weiß, daß er sich gegenüber seinem Chef anders verhält als gegenüber seinen Kollegen. So kommt es, daß manche Menschen bei verschiedenen Personen einen vollkommen unterschiedlichen Eindruck hinterlassen. Wer im Berufsleben schüchtern und zurückhaltend wirkt, kann im Kontakt mit seinen Freunden dominant und aktiv sein. Und so mancher große Boß wirkt außerhalb seines Machtbereichs eher unscheinbar und bescheiden.

Einige Menschen führen sogar ein regelrechtes Doppelleben, was ihr Verhalten im Beruf und Privatleben betrifft. Soziale Rollen beeinflussen das Verhalten einer Person und häufig auch ihre persönliche Ausstrahlung. Dabei wird das Verhalten des Gegenübers meist zum Spiegelbild der eigenen Ausstrahlung. Wer vertrauenswürdig wirkt, dem wird auch mehr Vertrauen entgegengebracht. Wer einen abweisenden und unnahbaren Eindruck macht, dem begegnen seine Mitmenschen häufig auch verschlossen. Jeder kennt dieses Phänomen: Wer selbst zufrieden und glücklich ist, dem begegnen auch die anderen Menschen freundlich. Wer daher mit dem Verhalten seines Gegenübers nicht zufrieden ist, sollte sich stets überlegen, in welchem Ausmaß er selbst zu diesem Verhalten beigetragen hat. Wer die Bedürfnisse anderer mit Füßen tritt, kann nicht mit ihrem Wohlwollen rechnen. Wer nur leere Versprechungen macht, muß sich nicht wundern, wenn er nicht mehr ernst genommen wird. Wer die Leistungen seiner Mitarbeiter ständig nur kritisiert, trägt dazu bei, daß ihre Leistungsbereitschaft immer weiter sinkt. Aber viel zu selten machen sich Menschen Gedanken über ihr eigenes Handeln, und viel zu häufig werden Probleme und Schwierigkeiten ausschließlich auf das Verhalten des anderen geschoben. Der ist dann unzugänglich, unmotiviert oder unzuverlässig. Doch menschliche Beziehungen basieren stets auf Wechselwirkungen: Unser Verhalten beeinflußt das unseres Gegenübers und umgekehrt. Ursache und Wirkung lassen sich dabei häufig nur schwer auseinanderhalten. Wer das Verhalten anderer dauerhaft und ohne den ständigen Einsaz von Machtmitteln verändern will, der muß stets bei sich selbst beginnen. Selbst kleine Veränderungen, wie beispielsweise ein freundliches Lächeln statt eines überheblichen Blicks, bewirken manchmal Wunder.

Warum sich eine Person uns gegenüber so und nicht anders verhält, liegt auch an dem Bild, das sie von sich selbst hat. Genauso wie wir anderen Personen bestimmte Eigenschaften, Fähigkeiten und Fertigkeiten zuschreiben, tun wir das auch bei uns selbst. Das Selbstbild umfaßt alle Bereiche unseres Verhaltens und unsere Wirkung auf andere Personen. Bei seiner Entstehung spielen verschiedene Faktoren wie Erfahrungen, Erwartungen, Wünsche, Ängste, Selbstzweifel und der Wunsch nach Anerkennung eine Rolle. Menschen, die ständig an sich selbst zweifeln und sich für wertlos halten, haben ein negatives Selbstbild. Sie betrachten sich selbst als unfähig, unattraktiv oder langweilig. Ihr Selbstwertgefühl ist gestört. Meist handeln sie auch ihrem Selbstbild entsprechend und verstärken damit den negativen Eindruck bei sich selbst und anderen. Im Gegensatz dazu entspricht das Selbstbild mancher Menschen eher ihren Wunschvorstellungen als der Realität. Sie überschätzen ihre Wirkung auf andere. Je größer die Diskrepanz zwischen dem Selbst- und Fremdbild ist, um so mehr leidet die Qualität der Kommunikation. Eine falsche Selbsteinschätzung führt stets dazu, daß andere uns nicht so behandeln, wie wir es gerne möchten. Wer sich selbst für selbstsicher und souverän hält, auf andere jedoch unsicher und unterlegen wirkt, wird von diesen auch nicht so behandelt, wie es seiner Vorstellung entspricht. Dies wiederum nagt auf Dauer am Selbstbewußtsein. Der vermeintliche souveräne Mensch wird immer unsicherer und verstärkt so den – unerwünschten – Eindruck.

Selbst-Bewußt-Sein kann daher nur haben, wer sich seines Verhaltens und seiner Wirkung auf andere bewußt ist. Selbst-Bewußt-Sein ist die Grundlage für ein stabiles Selbstwertgefühl. Erst wer seine eigenen Stärken und Schwächen kennt, weiß, was er wert ist. Er ist unabhängiger von der Meinung anderer und hat somit mehr Möglichkeiten, sich – auch gegen den Willen anderer – durchzusetzen. Ein realistisches Selbstbild ist daher auch Voraussetzung für eine stabile – nicht nur durch Druck und Repressalien aufrechterhaltene – Machtposition.

Natürlich unterliegt jeder Mensch einer mehr oder weniger starken Selbsttäuschung. Das Bild, das wir von uns selbst haben, entspricht nur selten dem, welches eine andere Person von uns hat. Je größer unserer Fehleinschätzung ist, desto erfolgloser wird auch unser Handeln. Wer glaubt, seinem Gegenüber weit überlegen zu sein, der wird stets scheitern, wenn diese Grundannahme falsch ist. Dabei ist die Selbsttäuschung häufig um so krasser, je mächtiger Menschen sind. Die Ursache dafür liegt einmal in ihrer Position. Denn um so höher eine Person innerhalb einer Hierarchie steht, desto seltener bekommt sie ehrliche Rückmeldungen über die Wirkung ihres Verhaltens. Was sie sagt und tut, ist scheinbar immer gut und richtig – wie im Märchen vom Kaiser und seinen neuen Kleidern. Kritik jeglicher Art wird vermieden. Dabei sind die Betroffenen manchmal gar nicht schuld am kritiklosen Verhalten ihrer Untergebenen. Schon allein ihr hoher Rang wirkt entmutigend.

Häufig wollen Mächtige allerdings die Realität gar nicht sehen und lieber an ihrem falschen Selbstbild festhalten. Je mächtiger Menschen sind, um so mehr Angst scheinen sie zu haben, sich selbst auf die Spur zu kommen. Dafür gibt es einen plausiblen Grund. Nicht selten hängt das Selbstwertgefühl des Mächtigen ausschließlich von seiner Position ab. Das Gefühl, gebraucht zu werden und unabkömmlich zu sein, ist für viele Bosse ein wichtiges Lebenselixier. Daher wird alles getan, um Dinge, die diese Position gefährden könnten, fernzuhalten. Im Extremfall wird Kritik jeglicher Form als Bedrohung empfunden und nicht zugelassen.

Wer Angst vor Kritik hat, informiert seine Umwelt darüber. Die Mittel reichen dabei von offen ausgesprochenen Sanktionen bis hin zu subtileren Formen mit Hilfe körpersprachlicher Signale. In ihnen spiegelt sich wider, wer keine Kritik duldet oder wer offen für sie ist. Problematisch sind dabei die widersprüchlichen Botschaften: Verbal wird Offenheit und Kritikfähigkeit gefordert, nonverbal wird jedoch signalisiert: Kritisiere mich ja nicht. In diesem Fall werden Untergebene in der Regel stärker auf die nonverbalen Signale reagieren und diese als die ehrlichere Information bewerten. So mancher Manager, der sich einmal mit seiner eigenen Körpersprache beschäftigt, wird schnell merken, daß es mit seiner vermeintlichen Souveränität und Toleranz nicht weit her ist.

Die Auseinandersetzung mit dem eigenen Selbstbild erfordert Mut. Nicht alles, was da zutage tritt, ist angenehm. Für einige bleibt dabei nur die bittere Erkenntnis, daß sie ihr Leben lang nie das waren, was sie eigentlich sein wollten. Noch mehr Mut erfordert die Auseinandersetzung mit dem Fremdbild, dem Bild der anderen von uns. Natürlich ist die Meinung einer anderen Person immer nur ihre subjektive Meinung, die nie den Anspruch auf Allgemeingültigkeit erheben kann. Trotzdem ist sie ein Anhaltspunkt für die Richtigkeit der eigenen Selbsteinschätzung. Jede Rückmeldung ist ein Mosaiksteinchen unseres Fremdbildes und damit unserer Wirkung auf andere. Bei der Auswahl der Befragten ist jedoch Vorsicht angebracht. Wer die ehrliche und offene Meinung hören will, braucht ein intaktes Vertrauensverhältnis seinem Gesprächspartner gegenüber. Chefs, die ihre Mitarbeiter jahrelang gegängelt und beherrscht haben und nun in einem plötzlichen Sinneswandel die ehrliche und kritische Meinung ihrer Untergebenen erfahren wollen, werden kaum die Wahrheit zu hören bekommen. Bereits festgelegte Beziehungen lassen sich nur schwer verändern. Die Betroffenen sind – verständlicherweise – zunächst einmal mißtrauisch, und es dauert manchmal sehr lange, bis sie sich an neue Verhältnisse gewöhnen.

In jedem Fall führt eine Angleichung von Selbst- und Fremdbild zu einer besseren Kommunikation und einem besseren Umgang miteinander. Wer weiß, was der andere von ihm denkt, kann auch offener und ehrlicher mit ihm umgehen.

Gerade bei Führungskräften sollte die Auseinandersetzung mit ihrem Selbst- und Fremdbild ein permanenter Prozeß sein. Denn sie sind in besonderem Maße auf die Unterstützung ihrer Mitarbeiter angewiesen. Und stimmt die Kommunikation aufgrund eines falschen Selbstbildes nicht, dann leiden auch die Motivation und Leistungsbereitschaft darunter. Wer Macht hat und sie behalten möchte, ohne massive Machtmittel einsetzen zu müssen, der braucht eine realistische Selbsteinschätzung. Denn die Art wie andere Menschen uns behandeln, hängt wesentlich davon ab, wie diese uns sehen. Alle äußeren Symbole der Macht nützen nichts, wenn der betreffenden Person nicht die Fähigkeit zur Macht zugeschrieben wird.

Wer daher Respekt, Stärke oder Selbstsicherheit ausstrahlen möchte, der muß zuerst einmal seine wahre Persönlichkeit kennenlernen. Sich selbst zu verstehen, ist daher unabdingbare Voraussetzung für den Aufbau einer stabilen und für die Untergebenen akzeptablen Machtposition. Leider stehen für viele Manager sachliche Entscheidungen immer noch an erster Stelle. Nach wie vor können viele Vorgesetzte besser mit Maschinen als mit Menschen umgehen. Und erst langsam setzt sich die Erkenntnis durch, daß sich ein guter Manager vor allem durch seine soziale Kompetenz auszeichnet. Um in unterschiedlichen sozialen Situationen angemessen handeln zu können, ist eine realistische Selbsteinschätzung unabdingbare Voraussetzung.

Wer ernsthaft daran interessiert ist, mehr über sich und seine Wirkung auf andere zu erfahren, der muß sich mit der Körpersprache beschäftigen. Denn sie bestimmt den Eindruck, den wir auf andere machen.

Axel Springer – Der pragmatische Visionär

Nur wenige Stunden nach dem Tod Axel Cäsar Springers 1985 hielt sein damaliger stellvertretender Vorstandsvorsitzender Günter Prinz eine spontane Trauerrede an die Redaktionen des Hauses: »Wir werden seine Löwenpranke vermissen, mit der er uns schützte.«

Löwenpranke? Zunächst nur wenig vorstellbar bei einem Mann, der die Philosophie seines beispiellosen Erfolges auf das Motto »Seid nett zueinander« stützte. Ein Mann, dessen Charme nicht nur die Damen verblüffte. 1946 soll der spätere Konzernchef bei der Bewerbung um eine Zeitschriftenlizenz auch die britischen Alliierten sprachlos gemacht haben. Damals tischten fast alle Antragsteller den Lizenzvergebern auf, wie sehr sie doch unter den Verfolgungen der Nazis gelitten hatten. Nun fragten die englischen Prüfer auch Axel Springer, von wem er denn nun verfolgt wurde. Der junge Mann lächelte und antwortete: »Wenn ich es recht überlege, meine Herren, so bin ich in meinem Leben eigentlich nur von Frauen verfolgt worden . . .« Er bekam die Lizenz.

Ein solcher Mann mit Löwenpranken? Gewiß hatte Springer ein enormes Durchsetzungsvermögen, sonst hätte er seinen Betrieb nicht vom Nullpunkt an zum größten Zeitungs- und Zeitschriftenverlag Deutschlands führen können. Der im täglichen Umgang konziliante Mann war sehr hartnäckig, wenn es um die Realisierung besonders seiner ideellen Ziele und Aufgaben ging. So mußte (und muß immer noch) jeder Springerredakteur die berühmten vier Ver-

Der Verleger Axel Springer applaudiert, doch nicht begeistert und nach vorne gewandt, sondern eher nachdenklich und, wie sein Gesichtsausdruck verrät, in sich gekehrt – eine Pose der stillen Zustimmung.
Quelle: Gerd Pfeiffer, München

tragsessentials unterschreiben, in denen es um die Wiedervereinigung geht, die Verteidigung der sozialen Marktwirtschaft, die Aussöhnung mit Israel und das Bekämpfen jeglichen Extremismus, sei es von links oder von rechts. 1961, als die damaligen DDR-Machthaber eine Mauer durch Berlin zogen und später eine tödliche Grenze durch ganze Deutschland, wurde Springer mit seiner Aktion »Macht das Tor auf« belächelt und auch angefeindet. Er galt als kalter Krieger. 28 Jahre später, als wirklich der freiheitliche Wille des DDR-Volkes dieses Tor aufstieß, erinnerte man sich fast wehmütig und ohne Aversion an die Worte des Verlegers, der seine Vision nie angezweifelt hatte.

In der Politik hat er immer ganz eindeutig Position bezogen. Er war konservativ, gewiß. Für die linke Bewegung, auch für die meisten Linksliberalen, war Springer das Synonym des Spätkapitalismus, ja sogar der Volksfeind. Der Verleger ließ sich jedoch nicht beirren. Mancher seiner ehemaligen Gegner hat posthum Abbitte geleistet – wie der Konkurrent Rudolf Augstein, der nun wirklich nicht des heimlichen Überschwenkens ins erzkonservative Lager bezichtigt werden kann. In jüngster Zeit schrieb er von »seinem Freund Axel Springer«.

Also doch Löwenpranke – beharrlich und geduldig. Freilich auch ein Schöngeist, der seine Neigung zu den schönen und kostbaren Dingen des Lebens nicht leugnete. Seine Anzüge ließ er sich in Savile Row (London) schneidern. In seinem Büro standen englische Antiquitäten aller Art. Seine Arbeitszimmer im Berliner Hochhaus an der Mauer wurden mit der alten Eichentäfelung der »London Times« dekoriert, die er eigens in London gekauft hatte und nach Berlin bringen ließ.

In einem Interview mit Ben Witter von der Wochenzeitschrift *Die Zeit* zitiert Springer Martin Luther – und meint sich selbst: »Selbstbewußtsein und Demut schließen einander nicht aus, sie bedingen einander.«

Beispiele für sein Selbstbewußtsein lieferte er in demselben Gespräch: »Im Weidner Prominentensanatorium – es war Anfang der dreißiger Jahre – machte ich die Bekanntschaft eines berühmten Berliner Nervenarztes. Er sagte mir, daß aus mir entweder etwas ganz Großes oder gar nichts werden würde. In seinen Lebenserinnerungen las ich später, daß ich einen sehr starken Eindruck auf ihn gemacht hätte. Er erwähnte meinen trockenen, niederdeutschen Humor und die, wie er es nannte, wirklich geistvollen, schnellen Einfälle und Formulierungen.

Meine Freunde lachten sich halbtot, als ich ihnen aus dem Schweinestall in der Lüneburger Heide, wo ich in den letzten Kriegstagen Zuflucht gesucht hatte, schrieb: ›Es grüßt euch euer Mammutverleger‹. Ich hatte meine Pläne für die Nachkriegszeit fix und fertig ausgearbeitet und war meiner Sache sicher.«

Das mag man glauben oder nicht – Erfolg hatte der Mann, der sich Deutschland zur Aufgabe gemacht hatte, konservativ und menschenfreundlich, ohne Löwenpranken.

3.
Anregungen für die Praxis

Wenn Sie bis hierher gelesen haben, haben Sie eine Vielzahl von Informationen über die Körpersprache, ihre Funktionen und möglichen Bedeutungen erfahren. Manches davon wird Ihnen bereits bekannt gewesen sein, anderes wird Ihnen zu neuen Erkenntnissen verholfen haben. Um Ihr neu erworbenes theoretisches Wissen jedoch zu nützen, müssen Sie es anwenden. Das Lesen über Körpersprache nützt genausowenig wie das Lesen einer Anleitung für körperliche Übungen. Sie müssen handeln und Ihre eigenen Erfahrungen machen. Möglichkeiten dazu gibt es im täglichen Leben mehr als genug. Wo immer Sie Menschen begegnen, können Sie auch den Einsatz von Körpersprache beobachten.

Die folgenden Übungen sollen Ihnen daher Anregungen geben, wie Sie Ihr theoretisches Wissen über Körpersprache praktisch anwenden können.

1. Fassen Sie Ihre Beobachtungen in Worte
Eine bewußte Analyse der Körpersprache ist nur möglich, wenn Sie Ihre Beobachtungen in Sprache umsetzen. Denn die Wahrnehmung körpersprachlicher Signale läuft in der Regel unterhalb Ihrer Bewußtseinsschwelle ab. Das führt dann zu den vagen, manchmal rational nicht erklärbaren Empfindungen. Bemühen Sie sich daher, Ihre Beobachtungen in Worte zu fassen. Dabei werden Sie merken, wie schwierig es ist, für einzelne Signale die richtigen Worte zu finden.

Beginnen Sie daher mit Bildern oder Fotos, auf denen Personen abgebildet sind. Versuchen Sie, sämtliche körpersprachlichen Signale zu beschreiben. Welche Haltung nehmen die Personen ein? Wie ist ihre Mimik und Gestik? Haben Sie Blickkontakt miteinander? Welcher Abstand besteht zwischen Ihnen? Sind sie einander zu- oder abgewendet?

Sie werden schnell merken, wie sich dabei tatsächlich beobachtbare Dinge mit Ihren Interpretationen vermischen. Aussagen wie

»Der Mann sieht die Frau vorwurfsvoll an« oder »Der Chef klopft seinem Mitarbeiter anerkennend auf die Schulter« beinhalten bereits Interpretationen (vorwurfsvoll und anerkennend), die richtig oder falsch sein können. In dieser Übung geht es jedoch nicht um die Richtigkeit Ihrer Interpretationen, sondern um die Verbalisierung Ihrer Beobachtungen. Denn überprüfen können Sie Ihre Beobachtungen erst, wenn Sie wissen, was Sie überhaupt wahrgenommen haben. Gerade hier liegt häufig die Crux der Körpersprache. Wer keinen Anhaltspunkt dafür hat, warum er bestimmte Gefühle hat, wird sie auch nicht überprüfen. Trotzdem bleibt der Eindruck – unbewußt – bestehen und kann manchmal fatale Folgen haben.

Wenn Ihnen die Beschreibung körpersprachlicher Signale auf Bildern oder Fotos keine Schwierigkeiten mehr bereitet, können Sie in realen Situationen üben. Beobachten Sie Menschen beim Einkaufen, in der U-Bahn, im Restaurant, im Büro oder an der Bushaltestelle. Auch das Fernsehen, insbesondere Spielfilme oder Diskussionsrunden, eignet sich für diese Übung. Natürlich können Sie niemals alle körpersprachlichen Signale gleichzeitig beobachten und beschreiben. Sie müssen stets eine Auswahl treffen – wie im täglichen Leben.

2. *Beobachten Sie sich selbst*
Versuchen Sie, möglichst detailliert wahrzunehmen, was Sie selbst tun. Registrieren Sie die körpersprachlichen Signale, die Sie aussenden, und fassen Sie diese in Worte. Also zum Beispiel: Ich sitze aufrecht auf meinem Stuhl, mein linkes Bein habe ich über das rechte geschlagen, meine Hände liegen auf meinen Oberschenkeln. Jetzt lehne ich meinen Oberkörper leicht zurück und unterbreche den Blickkontakt mit meinem Gesprächspartner.

Nehmen Sie sich einmal täglich zehn Minuten Zeit, und beschreiben Sie jeden körpersprachlichen Aspekt, den Sie bei sich entdecken. Dabei kann Ihnen auch ein Blick in den Spiegel äußerst wertvolle Aufschlüsse geben.

3. *Achten Sie auf Ihre Gefühle*
Versuchen Sie herauszufinden, welche körpersprachlichen Signale bei Ihnen mit welchen Gefühlen verbunden sind. Was tun Sie,

242

wenn Sie nervös, ärgerlich oder enttäuscht sind? Auf diese Weise lernen Sie sich selbst besser kennen und erfahren, welches Gefühl bei Ihnen ein bestimmtes Signal auslöst. Gefühle können sich bei jeder Person anders äußern. Wenn Sie jedoch wissen, welche Signale bei Ihnen welches Gefühl widerspiegeln, können Sie in der betreffenden Situation schneller reagieren und für Veränderungen sorgen. Wenn Sie beispielsweise anhand einer bestimmten Handbewegung merken, daß Sie sich unsicher fühlen, dann verändern Sie diese sofort. Ihr Gefühl wird sich ebenso ändern wie Ihre Wirkung auf den anderen.

Die meisten Menschen nehmen in einer bestimmten Gefühlslage eine bestimmte Haltung ein. Versuchen Sie daher, einmal herauszufinden, wie Ihre Körperhaltung ist, wenn Sie sich gutgelaunt, mutig, ärgerlich oder aggressiv fühlen. Sie werden weiter feststellen, daß es kaum möglich ist, gutgelaunt zu sein, wenn Sie sich in Ihrer »Ärgerhaltung« befinden. Auch wenn es Ihnen zunächst sonderbar erscheint: Erkenntnisse dieser Art sind keineswegs aus der Luft gegriffen, sondern durch neuere wissenschaftliche Untersuchungen belegt.

Wer mit Hilfe der eigenen Körpersprache seinen augenblicklichen Gefühlzustand erkennt, hat die Möglichkeit, sein Verhalten schnell und gezielt seinen entsprechenden Vorstellungen zu ändern.

4. *Zeigen Sie Ein-Fühlungs-Vermögen*
Um die Körpersprache anderer zu verstehen, müssen Sie sich in diese Personen ein-fühlen können. Bevor Sie Ihren körpersprachlichen Beobachtungen eine Standardinterpretation überstülpen, sollten Sie einmal selbst ausprobieren, wie sich der andere fühlen könnte. Nehmen Sie einfach einen Moment seine Haltung ein. Setzen Sie sich auf einen Stuhl. Beugen Sie Ihren Oberkörper nach vorn, und lassen Sie Ihre Schultern hängen. Nun senken Sie Ihren Kopf nach unten, und richten Ihren Blick auf den Boden. Verharren Sie etwa eine Minute in dieser Stellung, und achten Sie auf Ihre Gefühle und Empfindungen. Kann sich ein Mensch in dieser Haltung sicher und selbstbewußt fühlen? Zwar bestehen bei der Körpersprache individuelle Unterschiede, und ein Signal hat nicht bei jeder Person dieselbe Bedeutung, trotzdem ist es sehr

hilfreich, sich einmal in die Lage des anderen zu versetzen. Wenn Sie als Vorgesetzter Ihren Mitarbeitern in Ihrem Büro stets einen bestimmten Platz zuweisen, dann probieren Sie einmal selbst aus, wie Sie sich dort fühlen. Zwischen den Gefühlen und der Körpersprache besteht stets eine Wechselwirkung. Eine einfache Übung verdeutlicht dies. Versuchen Sie einmal, einen bestimmten Gesichtsausdruck zu zeigen und gleichzeitig in eine andere Richtung zu fühlen und zu denken. Machen Sie ein verbissenes Gesicht, und denken Sie an ein erfreuliches Ereignis. Oder lächeln Sie und denken Sie an etwas sehr Ärgerliches. Sie werden merken, daß dies kaum oder gar nicht möglich ist. Ein bewußter Umgang mit der Körpersprache bedeutet daher auch, den inneren Vorgängen, die damit verbunden sind, nachzuspüren. Dadurch erhalten Sie wichtigere Hinweise für die richtige Deutung körpersprachlicher Signale bei Ihren Mitmenschen als durch viele Bücher.

5. *Überprüfen Sie Ihre Beobachtungen*
Um zu erfahren, ob Ihre Beobachtungen oder Interpretationen richtig sind, gibt es eigentlich nur eine Möglichkeit: Sie müssen die betreffende Person fragen. Allerdings werden Sie dabei nicht immer die Wahrheit erfahren. Denn in der Körpersprache sickern ja häufig Gefühle oder Einstellungen durch, die der Betroffene gerade nicht zeigen will. Ob Sie die Wahrheit erfahren, liegt in erster Linie an der Beziehung Ihrem Gesprächspartner gegenüber. Besteht große Offenheit und Vertrauen, dann können Sie es durchaus riskieren, eine geschlossene Frage zu stellen. Zum Beispiel: Sie scheinen verärgert zu sein? Ich habe den Eindruck, daß Ihnen diese Sache nicht gefällt? Wichtig ist es dabei, die Frage ermunternd und nicht fordernd zu stellen.

Bei fremden und förmlichen Beziehungen wird diese Art der Fragestellung schnell als Einbruch in die psychologische Intimsphäre gewertet. Besonders Psychologen machen sich mit diesen Fragen häufig unbeliebt.

Hier ist die offene Frage besser geeignet: Wie sehen Sie die Sache? Wie meinen Sie das? Wie ist ihre Einstellung dazu? Je nach Art der Beziehung können Sie hier wichtige Zusatzinformationen bekommen, die Ihnen helfen, Ihre eigenen Beobachtungen zu überprüfen. Vermeiden Sie jedoch Suggestivfragen. Fragen wie »Da stimmen Sie mir doch sicher zu?« oder »Sie empfinden das doch sicher belastend?« unterstützen in keinster Weise die freie Meinungsäußerung Ihres Gesprächspartners. Sie bewirken meist nur, daß dieser den Weg des geringsten Widerstandes geht und im Sinne des Fragestellers antwortet. Manchmal hilft auch ein Schweigen. Da die meisten Menschen ein längeres Schweigen nur schwer ertragen können, kann eine Pause den Gesprächspartner dazu anregen, seine Aussagen zu erklären und zu begründen oder selbst Fragen zu stellen. Wie wirkungsvoll Schweigen sein kann, beweisen die Psychoanalytiker, bei denen das Schweigen des Therapeuten ein wesentlicher Bestandteil der Therapie ist.

Die Entscheidung, welche Form der Erfolgskontrolle im jeweiligen Fall geeignet ist, muß jeder selbst treffen. Dabei gilt es stets aufs neue abzuwägen, wie sich Irrtümer, die durch eine falsche Interpretation der Körpersprache entstehen, vermeiden oder revidieren lassen.

6. Experimentieren Sie mit Veränderungen

Nun haben Sie bereits Dinge bewußt wahrgenommen, die früher unbewußt abgelaufen sind. Auch geringfügige Veränderungen können Ihnen helfen, die Wirkung von körpersprachlichen Signalen besser zu erkennen. Experimentieren Sie mit Ihrer Körpersprache, indem Sie Kleinigkeiten verändern. Verändern Sie Ihren Standort. Setzen Sie sich zum Beispiel einmal nicht auf Ihren gewohnten Platz, und betrachten Sie die Situation aus einer neuen Perspektive. Ändern Sie den Abstand zu Ihrem Gesprächspartner. Schauen Sie ihn öfter oder seltener an. Lächeln Sie häufiger. Verwenden Sie andere Gesten, oder unterlassen Sie bestimmte Handbewegungen. Bei dieser Übung ist jedoch Fingerspitzengefühl angebracht. Zu große Veränderungen können Ihr Gegenüber verunsichern und daher zu einer Verschlechterung der Beziehung führen. Seien Sie daher besonders aufmerksam auf die Signale des anderen. Vermittelt er durch körpersprachliche Zeichen, daß er sich unwohl fühlt, dann machen Sie sofort einen Rückzieher. Ziel dieser Übung ist es nicht, daß Sie bei Ihrem Partner etwas erreichen. Vielmehr soll Ihnen der spielerische Umgang mit Ihrer Körpersprache zu neuen Erfahrungen verhelfen.

7. *Angleichung schafft guten Kontakt*

Wer einen guten Kontakt zu seinem Gesprächspartner hat, ist mit ihm auf gleicher Wellenlänge. Dies spiegelt sich auch in der Körpersprache wider.

Stellen Sie sich folgende Szene an der Theke eines Lokals vor: Eine junge Frau sitzt leicht nach vorne gebeugt, die Ellbogen aufgestützt an der Theke und wartet auf ihre Freundin. Da betritt ein gutaussehender junger Mann das Lokal, geht zur Theke und stellt sich neben sie. Den Kopf hoch erhoben, die Hände in den Taschen, in siegesbewußter Haltung beginnt er sofort auf die junge Frau einzureden. Sie beachtet ihn kaum, antwortet nur kurz und wendet sich ab. Auch ein weiterer Versuch endet erfolglos. Der junge Mann geht. Kurz darauf kommt ein anderer, eher unauffälliger junger Mann an die Theke und bestellt ein Getränk. Während er auf sein Bier wartet, lehnt er sich nach vorne und stützt die Ellbogen auf der Theke auf. Als die junge Frau neben ihm ihre Zigaretten aus ihrer Handtasche nimmt, zieht er ein Feuerzeug aus der Tasche, gibt ihr Feuer und macht dabei eine kurze Bemerkung. Sie lächelt und antwortet freundlich. Bis sein Bier kommt, sind beide in ein angeregtes Gespräch vertieft.

Diese kurze Szene verdeutlicht, was sich im Alltagsleben ständig beobachten läßt: Zwei Menschen, die einen »guten Draht« zueinander haben, gleichen sich auch in ihrer Körpersprache. Beide zeigen eine ähnliche Körperhaltung, ähnliche Gesten oder einen ähnlichen Gesichtsausdruck. Zu große Unterschiede in der Körpersprache erschweren den Kontakt – wie im Falle des »Eroberers« in der Kneipe. Wo immer man daher zwei Menschen beobachtet, die Körpersprache gibt stets Aufschlüsse darüber, ob die beiden einen guten Kontakt zueinander haben, miteinander streiten oder desinteressiert aneinander sind.

Wer mit seinem Gesprächspartner auf der gleichen Wellenlänge ist, zeigt »automatisch« eine ähnliche Körpersprache. Aber wirkt diese Ähnlichkeit auch, wenn sie mit Absicht geschieht? Kann man sich auf seinen Gesprächspartner bewußt einstellen? Zunächst einmal funktioniert die Angleichung natürlich besser, wenn sie unbewußt bleibt. Das bewußte Anpassen wirkt schnell unecht oder fällt dem Gesprächspartner auf. Dennoch läßt sich das Angleichen auch lernen. Wer versucht, sich vorsichtig auf das

Verhalten seines Gegenübers einzustellen und dieses Vorgehen sorgfältig übt, der wird sich irgendwann automatisch so verhalten. Die bewußte Einstimmung auf den anderen funktioniert ähnlich wie das Erlernen einer Fremdsprache. Zunächst übersetzt man jedes Wort bewußt. Später, wenn man besser mit der Sprache vertraut ist, spricht man automatisch, ohne sich Wort für Wort vorher zu überlegen.

Nun geht es Mächtigen im allgemeinen ja eher darum, Macht auszuüben, als einen guten Draht zu ihren Untergebenen zu haben. Daher unterscheidet sich auch ihre Körpersprache deutlich von der ihrer Untergebenen. Die Angleichung in der Körpersprache führt jedoch nicht notwendigerweise zum Verlust der Machtposition. Im Gegenteil, wer erkennt, daß er auf die Mitarbeiter und die Leistungsbereitschaft anderer angewiesen ist, der braucht zunächst einmal einen guten Kontakt zu ihnen. Denn auf dieser Grundlage ist es viel einfacher, seine Bedürfnisse durchzusetzen. Macht wird dann häufig nicht als solche empfunden. Der Widerstand sinkt.

4.
Hilft ein Training?

Körpersprache ist der Schlüssel für erfolgreiches und überzeugendes Auftreten. Gibt es daher Möglichkeiten, Körpersprache zu trainieren? Läßt sich Körpersprache überhaupt lernen oder lehren? Oder stört das Bewußtsein über das eigene Verhalten die natürlichen Kommunikationsabläufe? Führt der bewußte Einsatz nicht zu einem verkrampften und unechten Verhalten?

Daß ein Körpersprachetraining nicht nur für Erwachsene sinnvoll ist, bewiesen amerikanische Wissenschaftler. Sie empfehlen daher bereits Kinder zu lehren, ihre Körpersprache zu beherrschen und die ihrer Spielkameraden und der Erwachsenen richtig zu deuten. Können sie das nicht, haben sie im täglichen Leben oft Nachteile, ohne zu wissen warum.

Der Psychologe Stephen Nowicki von der Emroy-Universität in Atlanta beobachtete mehr als 1000 Kinder im Alter von neun bis elf Jahren und analysierte dabei die Wirkung ihres Gesichtsausdrucks und ihrer Bewegungen untereinander. Sein Ergebnis:
– Manche Schulkinder waren in ihrem Übereifer zu zappelig. Von ihren Mitschülern wurde das als aggressives Verhalten mißgedeutet.
– Andere Kinder wiederum rückten ihren jeweiligen Gesprächspartnern zu sehr »auf die Pelle« oder faßten sie dauernd an. Dadurch fühlten sich die Partner bedrängt oder eingeengt.
– Wer die Spielkameraden oder Schulfreundin beim Sprechen nicht anschaute, machte sich ebenfalls unbewußt unbeliebt.
– Zu lautes oder zu leises Reden oder auch ein zu fester Händedruck versetzte die getesteten Kinder in eine nachteilige Lage, ohne daß es ihnen bewußt war.

All diese Kinder, die Dr. Nowicki untersuchte, gehörten unter ihren Klassen- bzw. Testfreunden zu den am wenigsten gemochten Mitgliedern. Freilich kannte keiner den Grund dafür.

Stephen Nowicki in der Fachzeitschrift *Journal of Genetic Psychology* meint hierzu: »Für die Betroffenen, die nicht wissen, was sie falsch machen oder warum sie so unsympathisch wirken, können tiefe Depressionen die Folge sein.« Im Rahmen seines Forschungsprogrammes hat Nowicki versucht, den Kindern zu zeigen, wie sie sich richtig gegenüber anderen Menschen verhalten sollen. Das Resultat:»Die meisten von ihnen haben es nun leichter, Freundschaften zu schließen, und kommen nun auch besser mit ihren Lehrern zurecht.«

Was die Kinder in diesem Training lernten, könnte sicher auch vielen Erwachsenen nicht schaden.

Das Interesse am Thema Körpersprache steigt, und entsprechend breit ist auch das Angebot an Seminaren zu dieser Thematik. Was kann ein Körperspracheseminar nun bieten und bewirken? Zunächst einmal sei vor Trainern gewarnt, die ihren Seminarteilnehmern versprechen, nach einem zwei- oder dreitägigen Training als »neue« Menschen herauszukommen.

Körpersprache ist stets Ausdruck der Persönlichkeit, und Veränderungen in diesem Bereich erfordern Zeit. Werden bestimmte – erfolgversprechende – Körpersignale antrainiert, wirken sie unecht und aufgesetzt. Ein unsicherer Mensch wirkt nicht automatisch sicher, wenn er die richtige Haltung einnimmt. Eine Reihe anderer Signale, wie ein unsteter Blickkontakt oder fahrige Gesten, können dem beabsichtigten Eindruck widersprechen. Eine vollständige Kontrolle über alle körpersprachlichen Signale ist für den Laien nicht möglich. Wer also glaubt, ein Training könne ihm ein Standardrezept für erfolgreiches Auftreten liefern, der irrt. Antrainierte Verhaltensweisen, die nicht mit dem Gesamteindruck übereinstimmen, wirken schnell aufgesetzt und mechanisch. Dazu kommt, daß sich die betreffende Person meist auch nicht wohl fühlt in ihrer »aufgesetzten« Rolle und dies wiederum ausstrahlt. Zu große Kontrolle der eigenen Körpersprache geht auf Kosten der Spontaneität und Individualität. Es besteht die Gefahr des »Tausendfüßler-Syndroms«: Würde man einen Tausendfüßler darum bitten, alle Beine mit seinem vollen Bewußtsein zu bewegen, wäre er zu keinem Schritt mehr fähig. Körpersprache ist schwerer zu kontrollieren und zu manipulieren als Sprache. Sie ist daher authentischer und ehrlicher. Sie ist stets ein Spiegelbild der inneren Einstellung.

Deutlich wird die Beziehung von Einstellung und Körpersprache in der Auffassung der östlichen Philosophie. In ihr *hat* der Mensch nicht nur einen Körper, er *ist* auch sein Körper. So bewirkt eine dauerhafte Veränderung der Körpersprache eine Veränderung der Einstellung, und umgekehrt führt eine andere Sichtweise oftmals auch zu einer veränderten Körpersprache. Wer sich in seiner Körpersprache selbstsicher verhält, fühlt sich nach einiger Zeit auch so, und wer sich selbstsicher fühlt, verhält sich auch körpersprachlich entsprechend. Diese Veränderungen vollziehen sich jedoch langsam und setzen das Bewußtsein der eigenen Einstellungen voraus. Hier kann ein Seminar allenfalls Anstöße geben.

Ist ein Mensch von einer Sache überzeugt und fühlt er sich in der entsprechenden Situation wohl, dann zeigt er in der Regel auch automatisch die richtige Körpersprache. Problematisch wird es meist dann, wenn er daran denkt, welche körpersprachlichen Signale er nicht zeigen darf oder welche er zeigen sollte. Vielfach sind diese Vorschriften und Regeln jedoch schon so verinnerlicht, daß sie dem Betroffenen nicht mehr bewußt sind. So kann beispielsweise die Ermahnung der Eltern, beim Sprechen die Hände ruhig zu halten, die Ursache für die schwach ausgeprägte Gestik einer Person sein. Umgekehrt neigen Verkäufer, denen antrainiert wurde, bei Verkaufsgesprächen möglichst viel Gestik zu zeigen, zu übertriebenen Handbewegungen. Ziel sollte es daher sein, sich dieser verinnerlichten Regeln wieder bewußt zu werden, andressierte Verhaltensweisen abzulegen und zurück zu seinem natürlichen Verhalten zu finden.

Im Mittelpunkt eines Körperspracheseminars sollte daher stets die Sensibilisierung für die körperlichen Reaktionen bei sich selbst und anderen stehen. Ein Trainer, der für jeden Teilnehmer sofort die richtige Interpretation parat hat, steigert zwar seinen Showeffekt, aber hilft den Teilnehmern nicht weiter. Denn viel wichtiger als schnelle Deutungen ist die bewußte Wahrnehmung der Körpersprache und das Erkennen der Zusammenhänge von verbalem und nonverbalem Ausdruck. Dies erfordert Geduld und viel Übung.

Dabei sollte ein Körperspracheseminar ein Schonraum für die Teilnehmer sein, in dem sie ihre Eindrücke und Meinungen offen äußern können, ohne mit nachteiligen Folgen rechnen zu müssen. Denn im Alltag ist es nur selten möglich, seinem Gegenüber ehrlich zu sagen, wie es wirkt.

Ein Seminar sollte daher Möglichkeiten bieten, mit der eigenen Körpersprache zu experimentieren und gleichzeitig die Wirkungen seines Handelns überprüfen zu können. Nur so kann der einzelne erfahren, inwieweit er durch den bewußten Einsatz nonverbaler Signale den Ablauf von Verhandlungen und Gesprächen beeinflussen kann. Nur durch die Rückmeldung der anderen Gruppenmitglieder kann der einzelne erfahren, wie seine körpersprachlichen Signale von anderen aufgenommen und erlebt werden. Die Teilnehmer können sich gegenseitig neue Anregungen geben und neue Aspekte einbringen.

Als besonders effektiv beim Training nonverbaler Verhaltensweisen hat sich das Rollenspiel in Verbindung mit einer Videoaufnahme erwiesen. Videoaufnahmen ermöglichen es, sich die Szenen noch einmal gemeinsam anzusehen und eignen sich hervorragend dazu, den Betroffenen ihre Wirkung auf andere einmal selbst vor Augen zu führen.

Aufgabe des Trainers ist es vor allem, eine vertrauensvolle Atmosphäre zu schaffen, die einen spielerischen Umgang mit der Körpersprache ermöglicht. Ziel eines guten Seminars sollte es sein, die Teilnehmer für die Körpersprache zu sensibilisieren, ihnen die Wirkungsweisen verschiedener Signale zu verdeutlichen und sie mit bestimmten Verhaltensweisen vertraut zu machen. Die Umsetzung des Gelernten muß stets im Alltag erfolgen und erfordert Zeit.

Doch mit dem Bewußtsein über das eigene Handeln ist bereits der entscheidende Schritt getan. Denn erst wer weiß, was er macht, kann auch tun, was er will.

Schlußwort

»Lerne alles, was du kannst über die Theorie, aber wenn du dem anderen gegenübersitzt, vergiß das Textbuch!« (C. G. Jung) Sie haben gerade 252 Seiten über die Körpersprache der Mächtigen und Ohnmächtigen gelesen. Der perfekte Menschenkenner sind Sie damit noch lange nicht. Weil aber mehr Wissen auch mehr Macht bedeutet, sind Sie jetzt ein bißchen mächtiger geworden. Doch Vorsicht – wenn das Buch in die Hände Ihres Chefs gerät. Denn dann ist alles wieder beim alten.

Bibliographie

Argyle, M.: *Körpersprache und Kommunikation.* Paderborn. Junfermann, 1978.

Argyle, M.: *Bodily communication.* 2. Auflage. London. Methuen & Co Ltd., 1988.

Birdwhistell, R. L.: *Kinesics and Context.* Philadelphia. University of Pennsylvania Press, 1970.

Birkenbihl, V.: *Signale des Körpers.* Landsberg/L. Moderne Verlagsgesellschaft mbH, 1985.

Birkenbihl, V.: *Erfolgstraining.* München/Landsberg am Lech. Moderne Verlagsgesellschaft, 1988.

Birkenbihl, V.: *Kommunikationstraning.* München/Landsberg am Lech. Moderne Verlagsgesellschaft, 1989.

Blickhan D. und C.: *Denken, Fühlen, Leben.* München/Landsberg am Lech. Moderne Verlagsgesellschaft, 1989.

Castaneda, C.: *Reise nach Ixtlan.* Frankfurt. Fischer, 1988.

Darwin, C.: *Der Ausdruck der Gemütsbewegungen bei dem Menschen und den Tieren.* Stuttgart. Schweizerbart'sche Verlagsbuchhandlung, 1987.

Der Papalagi. *Die Reden des Südseehäuptlings Tuiavii aus Tivea.* Nürnberg. UPN-Volksverlag, 1973.

Devrient, P.: *Mein Schüler Hitler.* Pfaffenhofen. Ilmgau Verlag, 1975.

Ekman, P./Friesen, W.: »The repertoire of nonverbal behavior: Categories, origins, usage, and coding.« *Semiotica,* 1, S. 49–98, 1969.

Engelmann, Bernt: *Die Macht am Rhein.* München. Franz Schneekluth Verlag, 1968.

Fast, J.: *Körpersprache.* Reinbek. Rowohlt, 1979.

Fast, J.: *Körpersignale der Macht.* München. Wilhelm Heyne Verlag, 1988.

Feldenkrais, M.: *Bewußtheit durch Bewegung.* Frankfurt. Suhrkamp, 1978.

Feuchtwanger, L.: *Erfolg.* Frankfurt. Fischer Verlag, 1989.

Gersbacher, U.: »Weibliche Körpersprache in einer patriarchalischen Geschäftswelt.« In: *Das neue Erfolgs- und Karrierehandbuch für Selbständige und Führungskräfte.* München. Verlag Beste Unternehmensführung, 7/88.

Gersbacher, U.: »Die Körpersprache der Macht.« In: *Das neue Erfolgs- und Karrierehandbuch für Selbständige und Führungskräfte.* München. Verlag Beste Unternehmensführung, 8/88.

Gersbacher, U.: »Das Weib in der Gemeinde!« In: *Das neue Erfolgs- und Karrierehandbuch für Selbständige und Führungskräfte.* München. Verlag Beste Unternehmensführung, 11/88.

Goffman, E.: *Wir alle spielen Theater. Die Selbstdarstellung im Alltag.* München. Piper, 1988.

Goffman, E.: *Verhalten in sozialen Situationen. Strukturen und Regeln der Interaktion im öffentlichen Raum.* Gütersloh. Bertelsmann, 1971.

Gordon, T.: *Managerkonferenz.* München. Wilhelm Heyne Verlag, 1989.

Hall, E. T.: *The Hidden Dimension.* New York. Doubleday, 1966.

Henkels, W.: *Lokaltermin in Bonn.* Düsseldorf. Econ Verlag, 1968.

Henley, N.: *Body Politics.* New Jersey. Prentice-Hall, 1977.

Hoffmann, H. J.: *Kleidersprache.* Frankfurt. Ullstein, 1985.

Jourard, S.:»An Exploratory Study of Body-Accessibility.« In: *British Journal of Social and Clinical Psychology,* 5, S. 221–231, 1966.

Iacocca, L.; Novak, W.: *Iacocca – Eine amerikanische Karriere.* Düsseldorf. Econ Verlag, 1985.

Kuby, Erich: *Der Fall »Stern« und die Folgen.* Hamburg. Konkret Literatur Verlag, 1983.

Lauster, P.: *Menschenkenntnis ohne Vorurteile.* Stuttgart. Deutsche Verlags-Anstalt GmbH, 1973.

Lay, R.: *Dialektik für Manager.* Frankfurt/Berlin. Ullstein, 1989.

Lorenz, K.: *Das sogenannte Böse.* Zur Naturgeschichte der Aggression. München. Piper, 1984.

Lowen, A.: *Bio-Energetik.* Reinbek. Rowohlt, 1988.

Macgowan, J.: *Sidelights on Chinese Life.* Philadelphia. Lippincott, 1908.

Molcho, S.: *Körpersprache.* München. Mosaik Verlag, 1984.

Morris, D.: *Der Mensch, mit dem wir leben.* München. Droemer, 1978.

Morris, D.: *Körpersignale.* München. Heyne, 1986.

Pfungst, O.: *Das Pferd des Herrn von Osten* (Der kluge Hans). Leipzig. Barth, 1907.

Pym, Sir F.: *The Politics of Consent.* London. Hamish & Hamilton, 1984.

Ridder, P.: *Prozesse sozialer Macht.* München. Ernst Reinhardt, 1979.

Rosenthal, R.: *Experimental Effects in Behavioral Research.* New York. 1966.

Rückle, H.: *Körpersprache für Manager.* Landsberg/L. Moderne Verlagsgesellschaft mbH, 1981.

Sapir, E.:»The Unconscious Patterning of Behavior in Society«, 1927. In: D. G. Mandelbaum (Hrsg.), *Selected Writings of Edward Sapir.* Berkeley. University of California Press, 1949.

Sapir, E. A.: *Language: An introduction to the study of speech.* New York. Harcourt, Brace, Jovanovich, 1921.

Schefflen, A. E.: *Körpersprache und soziale Ordnung.* Stuttgart. Klett Verlag, 1972.

Scherer, K./Walbott, H.: *Nonverbale Kommunikation.* Weinheim, Basel. Beltz, 1979.

Schneider, H. D.: *Sozialpsychologie der Machtbeziehungen.* Stuttgart. Ferdinand Enke, 1977.

Schober, O.: *Körpersprache.* München. Heyne Verlag, 1989.

Schwertfeger, B.: *Macht ohne Worte.* München. Heyne Verlag, 1988.
Schwertfeger, B. u. Koch, K.: *Der Therapieführer.* München. Heyne Verlag, 1989.
Stechert, K.: *Frauen setzen sich durch. Leitfaden für den Berufsalltag mit Männern.* Frankfurt/New York. Campus Press, 1988.
Thomas, G. u. Morgan-Witts M.: *Der Vatikan.* Herrsching. Manfred Pawlak Verlag, 1984.
Watzlawick, P./Beavin, J. H./Jackson, D. D.: *Menschliche Kommunikation.* Schweiz. Huber, 1985.
Wex, M.: *Weibliche und männliche Körpersprache als Folge patriarchalischer Machtverhältnisse.* Hamburg. Verlag Marianne Wex, 1979.
Whorf, B. L.: *Sprache, Denken, Wirklichkeit.* Reinbek. Rowohlt, 1984.

Personen- und Sachregister

Claus Peter Müller-Thurau/Harm Keilholz

Einführung in die
deutsche Wirtschaft

Ein Comic. 224 Seiten, mit Schutzumschlag

Jeder Betrieb läßt sich in einem Organigramm abbilden, und alles könnte so wunderschön funktionieren, wenn es bloß diese Leute in den Kästchen nicht gäbe. – So lautet das abgründige Leitmotiv der »Einführung in die deutsche Wirtschaft« von Claus Peter Müller-Thurau und Harm Keilholz. Eine Realsatire ohne boshaften Blick.

Mitarbeiter und Manager reiben sich munter an ihren psychischen Eigenarten und Defekten – und an den betrieblichen Strukturen. Gezeigt wird also jene Wirklichkeit, die in keinem Lehrbuch der Betriebswirtschaftslehre zu finden ist.

Vom großen strategischen Wurf bis zur listigen Taktik im Bewerbergespräch, vom drohenden Desaster bis zu den ganz alltäglichen Kalamitäten im Betrieb – der Blick hinter die Kulissen wird durch keinen akademischen oder ideologischen Dunst getrübt. Und wenn es dabei für den Leser und Betrachter auch noch recht vergnüglich zugeht, dann liegt das offenbar an dem heimlichen Erfolgsrezept zumindest einiger Akteure. Wer ständig begreift, was er tut, bleibt unter seinem Niveau, ist die Devise.

Freilich, es sind auch Déjà-vu-Erlebnisse zu haben, bei denen man sich ruhig einmal die Augen reiben darf: Bin ich nicht dabeigewesen? Im Zweifelsfall kann diese Frage mit Ja beantwortet werden – und mit einem konzillanten Schmunzeln.

ECON Verlag · Postfach 30 03 21 · 4000 Düsseldorf 30

Heinz Goldmann

Wie Sie Menschen überzeugen

Kommunikation für Führungskräfte

240 Seiten, gebunden mit Schutzumschlag

Verhandlungs- und Redeaufgaben für Manager haben sich in den letzten Jahren vervielfacht. Führungskräfte stehen vor einer kritischen Umwelt, werden beurteilt, gemessen und bewertet. Nicht nur im eigenen Unternehmen, in bezug auf die Motivation von Mitarbeitern beispielsweise, sondern auch nach außen. Bei Vorträgen, Diskussionsrunden oder im Fernsehen.
»Management is communication« – nach dieser Prämisse schult Heinz Goldmann seit Jahren Manager aus aller Welt. In fünf Sprachen und zwanzig Ländern hat der bekannte Kommunkationsexperte bereits über 3000 Unternehmer mit seiner Methode trainiert. Die Crème de la crème der Wirtschaft gibt sich bei Goldmann die Klinke in die Hand.
In seiner Neuerscheinung verrät Heinz Goldmann zum erstenmal einem breiteren Publikum seine Gesetze effektiven Kommunizierens: wie ein Manager Redeaufgaben sicher löst, wie ein Unternehmer auch harte Debatten besteht, wie Chefs die Belange und Umweltbeziehungen Ihres Unternehmens stärken, wie man vor Presse, Rundfunk und Fernsehen eine gute Figur macht.
Heinz Goldmanns Ratschläge sind als Trainingsbuch angelegt: übersichtlich im Aufbau, mit lebendigen Beispielen und einer praxisnahen Umsetzung. Es ist ein Standardwerk für jeden, der Menschen führen und überzeugen will.

ECON Verlag · Postfach 300321 · 4000 Düsseldorf 30

Heinz Commer

Stil

Selbstdarstellung, Ambiente und Lifestyle:
Eine Orientierung für den Wertewandel

240 Seiten, gebunden mit Schutzumschlag

Heinz Commer, der durch seine Erfolgstitel »Managerknigge«
und »Knigge International« schon den Stil der achtziger Jahre
entscheidend mitprägte, widmet sich hier dem Thema Stil.
In einer Epoche größter Veränderungen ist unser Lebensstil,
der Rahmen und Inhalt unseres gesamten Daseins bestimmt,
häufigem Wandel unterworfen. Deshalb ist es besonders bedauer-
lich, daß über diesen Begriff eine heillose Sprach- und Begriffsver-
wirrung besteht. Um so erfreulicher ist es also, wenn Heinz Commer ebenso gründlich wie praxisnah der gesamten Problematik
nachgeht und grundlegende Werte zu vermitteln versucht, die in
Ihren Auswirkungen Konflikte vermeiden und abbauen und unser Leben angenehmer – und stilvoller – machen können.
Commer schreibt über Grundsätzliches (Stil – unser Lebens-
rahmen und -inhalt, Standortbestimmung, Politischer Stil) und
Praktisches (Stil im Berufsleben, Praktische Orientierungen: eine
Checkliste, ausländische Lebensstile). Von grundsätzlichen Problemen des generellen Miteinanders zwischen den Geschlech-
tern, den Generationen und sozialen Partnern bis hin zu im Alltag
manchmal kniffligen Detailfragen wie beispielsweise Anreden,
Tischordnung und Gastgeschenken spannt sich der breite Bogen
dieser immer anregenden, oft nachdenklich stimmenden, meist
aber auch amüsanten Lektüre für alle, die sich durch Stil auszeich-
nen wollen.

ECON Verlag · Postfach 30 03 21 · 4000 Düsseldorf 30